# o diabo

Dados Internacionais de Catalogação na Publicação (CIP)
(Câmara Brasileira do Livro, SP, Brasil)

Almond, Philip C.
  O Diabo : uma biografia / Philip C. Almond ; tradução Nélio Schneider. – Petrópolis, RJ : Vozes, 2021.

  Título original: The devil : a new biography
  Bibliografia.
  ISBN 978-65-571-3080-3

  1. Diabo  2. Diabo – Cristianismo  3. Religião – História  I. Título.

20-35798                                                          CDD-235.4

Índices para catálogo sistemático:
1. Diabo : Teologia dogmática cristã    235.4

Maria Alice Ferreira – Bibliotecária – CRB-8/7964

PHILIP C. ALMOND

# o diabo

## Uma biografia

Tradução de Nélio Schneider

Petrópolis

© Philip C. Almond 2014

Tradução realizada a partir do original em inglês intitulado *The Devil – A new biography*

Direitos de publicação em língua portuguesa – Brasil:
2021, Editora Vozes Ltda.
Rua Frei Luís, 100
25689-900 Petrópolis, RJ
www.vozes.com.br
Brasil

Todos os direitos reservados. Nenhuma parte desta obra poderá ser reproduzida ou transmitida por qualquer forma e/ou quaisquer meios (eletrônico ou mecânico, incluindo fotocópia e gravação) ou arquivada em qualquer sistema ou banco de dados sem permissão escrita da editora.

**CONSELHO EDITORIAL**

**Diretor**
Gilberto Gonçalves Garcia

**Editores**
Aline dos Santos Carneiro
Edrian Josué Pasini
Marilac Loraine Oleniki
Welder Lancieri Marchini

**Conselheiros**
Francisco Morás
Ludovico Garmus
Teobaldo Heidemann
Volney J. Berkenbrock

**Secretário executivo**
João Batista Kreuch

*Editoração*: Maria da Conceição B. de Sousa
*Diagramação*: Raquel Nascimento
*Revisão gráfica*: Alessandra Karl
*Capa*: WM design

ISBN 978-65-571-3080-3 (Brasil)
ISBN 978-1-78453-639-8 (Inglaterra)

Editado conforme o novo acordo ortográfico.

Este livro foi composto e impresso pela Editora Vozes Ltda.

*Mesmo sendo ruim do jeito que é, o Diabo pode ter sofrido abuso. Pode ter sido falsamente acusado e acusado sem razão, quando os humanos não quiseram levar a culpa sozinhos e despejaram sobre ele seus próprios crimes.*

DEFOE, D. *A história do Diabo*, 1727.

*Para Lotus.*

# Sumário

*Agradecimentos*, 11
*Prólogo*, 13
1 Nasce o Diabo, 20
   Anjos e demônios, filhos e amantes, 20
   "O livro das sentinelas", 23
   Anjos, ascensão e queda, 26
   O nascimento de "Satanás", 27
   O arquidemônio Belial, 41
   Satanás e Jesus, 45
   A queda do dragão, 51
2 A queda do Diabo, 54
   A queda do homem, 54
   A serpente satânica, 58
   A soberba precede a queda, 64
   O descenso de Lúcifer, 68
   A história como campo de batalha, 74
3 O anjo do inferno, 77
   Liquidando o Diabo, 77
   O paradoxo demoníaco, 83

A desolação do Hades, 86
No inferno e no ar, 93
4 O Diabo escapa ileso, 103
Um papa enfeitiçado, 103
Cátaros: moderados e extremistas, 105
Anjos e demônios, 111
A demonização da magia, 114
A magia definida, condenada e defendida, 121
Conjurando demônios e conversando com anjos, 129
5 Corpos endiabrados, 138
A demonização da magia popular, 138
Erros não catárticos, mas satânicos, 142
Diabo, sexo e sexualidade, 146
Demônios corpóreos, 160
6 O Diabo e a bruxa, 171
Infanticídio e canibalismo, 171
Viagens sabáticas, 175
O pacto satânico, 184
A marca do Diabo, 193
7 Um Diabo muito possessivo, 200
O corpo possuído, 200
Possessão, remédio e ceticismo, 205
Demonologia forense, 213
Além dos limites do humano, 221
Exorcizando o Diabo, 226

8 O Diabo derrotado, 237
　Prisão e soltura de Satanás, 237
　O Anticristo, 243
　Adso e o Anticristo, 247
　A prisão futura de Satanás, 252
　Apocalipse já, 256
　Satanás e as chamas do inferno, 267

9 A "morte" do Diabo, 274
　Satanás e superstição, 274
　A cessação de milagres, 278
　O Diabo privado de suas habilidades, 282
　O Diabo desencarnado, 287
　Corpos platônicos e demoníacos, 295
　Desencantando o mundo, 300

*Epílogo*, 305
*Referências*, 309
*Índice*, 333

# Agradecimentos

Este livro foi escrito no Centro para a História dos Discursos Europeus, da Universidade de Queensland, na Austrália. Tive o privilégio de ter sido membro desse Centro nos últimos oito anos. Ele sempre me proporcionou um contexto agradável, estimulante e, com mais frequência do que seria de esperar, instigante para trabalhar. Devo isso em particular ao Professor Peter Harrison, o diretor do Centro, aos professores Peter Cryle, Ian Hunter e Simon During, bem como à Dra. Elizabeth Stephens, colega pesquisadora australiana. Sou grato também aos colegas de pós-doutorado do Centro, cuja dedicação ao trabalho me encorajou bastante para realizar o meu.

Um livro de amplo espectro como este inevitavelmente deve muito a estudiosos que trabalharam previamente esse domínio demoníaco. Sem o seu trabalho, muitas vezes pioneiro, este livro não teria sido possível. Gostaria de expressar meu reconhecimento em particular às obras de Jeffrey Burton Russell, Henry Ansgar Kelly, Stuart Clark, Claire Fanger, Richard Kieckhefer, Walter Stephens, Bernard McGinn e Miguel Bailey. Aproveito o ensejo para agradecer, uma vez mais, a Alex Wright, meu editor da I.B. Tauris, por seu apoio e estímulo para a realização desta obra. Agradeço a Bec Stafford pela elaboração do índice deste livro. Sou grato também à minha parceira Patricia

11

Lee. Mais uma vez ela permitiu que eu lesse o texto para ela na medida em que ele progredia e deu muitas dicas úteis. Este livro é dedicado à minha neta Lotus Linde, mais anjo do que demônio.

# Prólogo

*O sacerdote:* "Pois bem, apresentemo-nos. Eu sou Damien Karras".
*O demônio:* "E eu sou o Diabo! Agora, por gentileza, desamarre estas correias!"
*O sacerdote:* "Se você é o Diabo, por que não fazer com que essas correias desapareçam?"
*O demônio:* "Isso seria uma demonstração demasiado vulgar de poder, Karras".
*O sacerdote:* "Onde está Regan?"
*O demônio:* "Aqui dentro. Conosco".
*O exorcista*, 1973.

Com essas palavras o Diabo voltou a emergir na cultura ocidental do final do século XX. *O exorcista* foi um filme que lembrou as plateias do Outro numinoso que esteve presente na consciência ocidental por mais de dois mil anos. Ele falou de um ser que representou o lado obscuro do Sagrado, um ser que foi personificado como o mau, o Diabo. A menina na qual o Diabo passou a residir falava com uma voz de contralto profundo, berrava obscenidades, vomitava e levitava, girava sua cabeça a 180 graus, masturbava-se com um crucifixo e caminhava como uma aranha. As plateias ficaram horrorizadas e amedrontadas, mas também cativadas e fascinadas.

Essa retomada do interesse pelo demoníaco no filme, na televisão, na literatura e na música durou até o início do século XXI. Ela levou a um crescimento de supostas possessões demoníacas na corrente conservadora principal das igrejas cristãs, tanto da Católica quanto das protestantes, provocando um aumento da quantidade de ministérios de exorcismo e libertação. Ela influenciou o pânico moral referente ao abuso sexual imaginário de crianças nos cultos satânicos. Ela também contribuiu para o aumento das suspeitas (todavia, não comprovadas) dos cristãos conservadores quanto à influência demoníaca sobre os crescentes movimentos Nova Era, particularmente, a bruxaria moderna (Wicca) e o neopaganismo.

O ressurgimento do Diabo na cultura ocidental de cunho popular e também na de elite faz parte de um novo interesse ocidental pelo imaginário encantado dos seres sobrenaturais, tanto bons quanto maus: vampiros e fadas, bruxas e feiticeiros, lobisomens e espectros, metamorfos e super-heróis, anjos e demônios, fantasmas e dragões, elfos e alienígenas, súcubos e íncubos, *hobbits*, habitantes de Hogwarts e zumbis. Esse interesse está integrado no ressurgimento de um conjunto de tecnologias esotéricas e ocultas do *self* (tanto do Oriente quanto da fase inicial do Ocidente moderno) que serve para reforçar um sentido no qual nem a ciência nem o conhecimento dos fatos são úteis: astrologia, cura mágica e espiritual, adivinhação, profecias antigas, meditação, práticas dietéticas, terapias complementares e assim por diante. O moderno mundo encantado é um dos múltiplos sentidos nos quais o espiritual ocupa um espaço entre realidade e irrealidade. É um domínio no qual a crença é questão de escolha e a descrença é suspensa, voluntária e alegremente.

Crer ou não no Diabo passou a ser uma questão de escolha. Isso não foi sempre assim. Em boa parte dos últimos dois mil anos no Ocidente, era tão impossível não crer no Diabo quanto era impossível não crer em Deus. Ser cristão não era só crer na salvação posta à disposição por Cristo, mas também esperar as punições infligidas por Satanás e seus demônios nas chamas eternas do inferno para aqueles que não estão entre os escolhidos. A história de Deus no Ocidente também é a história do Diabo, e a história da teologia também é a história da demonologia.

A narrativa cristã é uma narrativa histórica. Ela começa com a criação dos anjos, do mundo, dos animais, do homem e da mulher por Deus. Ela relata o evento cataclísmico da queda do homem após a criação, quando Adão e Eva foram tentados pela serpente no Jardim do Éden, desobedeceram a Deus e foram expulsos do seu reino paradisíaco. O estranhamento entre Deus e o ser humano como consequência da queda constituiu a motivação para Deus se tornar homem em Jesus Cristo, o que levou à reconciliação entre Deus e o ser humano em decorrência da vida, morte e ressurreição de Cristo. Por fim, a narrativa cristã trata do ponto culminante e do fim da história, quando Deus virá para julgar os vivos e os mortos ressuscitados, para destinar os salvos à felicidade eterna no céu e os condenados à punição eterna nas chamas do inferno.

Não há como fazer essa narrativa cristã sem o Diabo. Na história cristã ele desempenha, ao lado do próprio Deus, o papel mais importante. Ele é o primeiro e o chefe dos anjos criados no início. Ele foi o primeiro a desobedecer a Deus e a ser expulso do céu com seus companheiros, os anjos caídos. A partir desse momento a história é um registro do conflito entre Deus, com suas forças angelicais, e o Diabo, com seu exército demoníaco. É o Diabo que, logo depois da sua queda, assume a forma de uma serpente e ocasiona a queda do ser humano.

15

Em última análise, ele foi o responsável pela necessidade de Deus se tornar homem em Jesus Cristo e foi ele que Cristo teve de derrotar. No centro da resultante reconciliação entre Deus e o homem está a derrota preliminar, se não definitiva, do Diabo através da vida, morte e ressurreição de Cristo. É o Diabo que, sem se intimidar com sua manifesta derrota, continua sendo a fonte do mal cósmico e do sofrimento humano. E é o Diabo e seus aliados demoníacos que acabarão sendo derrotados na grande batalha cósmica entre bons e maus no fim da história, do que resultará que ele e seus demônios serão destinados à punição eterna nas chamas do inferno.

Contudo, trata-se de uma narrativa extremamente paradoxal. O Diabo é o inimigo mais implacável de Deus e escapa ao seu controle, como consequência de ter recebido de Deus a liberdade de rebelar-se contra Ele. Contudo, ele também é servo fiel de Deus, agindo somente por ordem de Deus ou, pelo menos, com seu consentimento. O Diabo, literal e metaforicamente, personifica o paradoxo no coração do teísmo cristão. Pois, de um lado, na medida em que o Diabo é inimigo implacável de Deus e escapa ao seu controle, a responsabilidade pelo mal pode ser posta no Diabo. O amor de Deus está assegurado, ainda que ao preço de não ser mais onipotente. Por outro lado, na medida em que o Diabo é servo de Deus e executor de sua vontade, a responsabilidade pelo mal que o Diabo faz é de Deus. A onipotência de Deus está assegurada, mas às custas do seu amor. Esse "paradoxo demoníaco" do Diabo como executor da vontade de Deus e como seu inimigo se encontra no centro da narrativa cristã.

Este livro é uma nova *vita* do Diabo, uma que situa sua vida dentro da narrativa cristã mais ampla, da qual ela inextricavelmente faz parte. O capítulo 2, "A queda do Diabo", traça sua vida, do "nascimento", pouco depois da criação, até sua queda do céu com seus colegas anjos e seu envolvimento na queda do homem. O capítulo 3, "O anjo do inferno", examina seu lugar na obra redentora de Jesus Cristo, sua aparente derrota preliminar, embora não final, e sua atividade no inferno, na história e no mundo após a "vitória" de Cristo sobre ele. O capítulo 7, "Um Diabo muito possessivo", investiga o aumento de suas atividades nos corpos de homens e mulheres, na medida em que o fim da história e a hora de sua derrota final se aproximam. O capítulo 8, "O Diabo derrotado", explora sua "encarnação" como o Anticristo, sua derrota final por Deus no fim da história e sua destinação ao inferno no Dia do Juízo, quando ele paradoxalmente será tanto torturador quanto torturado, tanto punidor dos condenados quanto um deles.

Ao mesmo tempo, este livro faz outra narrativa. Entrelaçada no relato da história cristã do Diabo há outra história complexa e complicada; uma que precede a narrativa cristã, corre paralela a ela, cruza-se com ela e se sobrepõe a ela: a história da "ideia" do Diabo no pensamento ocidental. A história cristã do Diabo só começa a tomar forma nos primeiros séculos da Era Cristã. Porém, a história da "ideia" do Diabo já começa cerca de 500 anos antes disso.

Portanto, o capítulo 1, "Nasce o Diabo", investiga como surge a ideia do Diabo nas fontes bíblicas e extrabíblicas judaicas, como ela evolui de modo variado e é enfeitada e elaborada nos manuscritos do Mar Morto e no Novo Testamento. O capítulo seguinte, "A queda do Diabo", analisa a construção da narrativa cristã do Diabo nos cinco primeiros séculos da Era Cristã e a origem do paradoxo demoníaco. O capítulo 3, "O anjo do inferno", examina o relato dominante durante o primeiro milênio da Era Cristã referente à vitória de Cristo sobre Satanás – a assim chamada teoria do resgate pela expiação. Trata-se da natureza ambivalente da vitória de Cristo sobre o Diabo, na qual se dá a entender – o que leva a outro "paradoxo demoníaco" na história cristã – que o Diabo foi derrotado por Cristo, mas permanece livre para percorrer o mundo.

A ideia do Diabo na história intelectual do Ocidente atinge seu ponto alto na segunda metade do segundo milênio. O capítulo 4, "O Diabo escapa ileso", analisa a expansão da magia "de elite" no Ocidente a partir do século XI e sua crescente demonização daí resultante. O capítulo seguinte, "Corpos endiabrados", investiga a centralidade cada vez maior do "Diabo" na demonização da magia e feitiçaria "populares" no interior da demonologia clássica do período posterior ao século XV. O capítulo 6, "O Diabo e a bruxa", prossegue com a análise do modo como a demonologia clássica impulsionou as perseguições à bruxaria nos séculos XV, XVI e XVII.

O capítulo 7, "Um Diabo muito possessivo", explora a idade de ouro da possessão demoníaca de 1550 a 1700, na qual o Diabo foi visto em atividade tanto no corpo do indivíduo quanto na natureza e na história em termos mais gerais. Esse surto de possessão demoníaca foi interpretado na época como indício de que a derrota definitiva do Diabo estava próxima e que o fim da história era iminente. Nessa linha, o capítulo 8, "O Diabo derrotado", analisa a teorização cristã sobre o papel do Diabo e seu comparsa, o Anticristo, nos dias finais, tanto no catolicismo quanto no protestantismo emergente dos séculos XVI e XVII.

Na história cristã, o Diabo não pode morrer, já que é um espírito imortal. No fim da história ele continuará a viver, ainda que confinado ao inferno. Porém, ideias morrem ou, pelo menos, somem da paisagem intelectual. O capítulo 9, "A 'morte' do Diabo", investiga o declínio da ideia do Diabo no pensamento ocidental. Enquanto em 1550 era impossível não acreditar no Diabo, esse capítulo examina a mudança nas condições intelectuais, durante o período do final do século XVI até meados do século XVIII, que levaram pelo menos alguns dentre a elite "letrada" a considerar a não existência do Diabo ou, no mínimo, a questionar se ele ainda teria um papel na natureza, na história ou nas vidas humanas. A partir dessa época se dá a entender a possibilidade de que o Diabo exista só "espiritualmente" ou até apenas "metaforicamente" dentro do coração e da mente dos humanos.

Embora o Diabo ainda esteja "vivo" na cultura popular moderna, nos últimos 250 anos ele se tornou marginal às preocupações dominantes do pensamento intelectual ocidental. Mas de modo algum se esqueceu de que a vida não pode ser pensada nem imaginada sem ele, que ele fez parte do cotidiano, continuamente presente na natureza e na história e ativo nas profundezas do nosso *self*. O objetivo desta obra é proporcionar aos leitores modernos uma apreciação mais profunda do modo como, desde os primeiros séculos do período cristão até os recentes primórdios do mundo moderno, a narrativa humana não pôde ser contada e a vida humana não pôde ser vivida separadamente da "vida" do Diabo. Daí advém o reconhecimento mais profundo de que, em boa parte dos últimos 2 mil anos, a batalha entre o bem e o mal no coração e na mente de homens e mulheres nada mais foi do que um reflexo da batalha cósmica entre Deus e Satanás, entre o divino e o diabólico, travada no coração da própria história.

# 1
# Nasce o Diabo

*Quando os seres humanos começaram a multiplicar-se na terra e tiveram filhas, vendo os filhos de Deus que as filhas dos humanos eram bonitas, escolheram para mulher as que entre elas mais lhes agradavam. E o Senhor disse: "Meu espírito não ficará para sempre com os seres humanos, porque eles são apenas carne. Não viverão mais do que 120 anos". Havia então nefilim na terra, mesmo depois que os filhos de Deus se uniram com as filhas dos humanos e lhes geraram filhos. São eles os heróis famosos dos tempos antigos* (Gn 6,1-4)[1].

## Anjos e demônios, filhos e amantes

No primeiro livro da Bíblia, o Gênesis, entre a narrativa do assassinato de Abel por Caim e a decisão de Deus de destruir toda a humanidade, excetuando Noé e sua família, encontra-se a estranha narrativa dos filhos de Deus e das filhas dos humanos. Nas tradições judaicas tardias e nas tradições cristãs iniciais, esses quatro versículos foram elaborados na forma de um relato complexo a respeito da origem do mal no mundo como resultado do desejo sexual dos anjos de Deus pelas filhas dos huma-

---

1. As passagens bíblicas são citadas de acordo com a *Bíblia Sagrada*. 51. ed. Petrópolis: Vozes, 2012. Em caso de discrepância com o texto original acompanha-se o texto em inglês [N.T.].

nos, associado à queda dos anjos do conselho celestial de Deus e o povoamento do mundo com demônios e espíritos maus. A partir do tempo em que se tornaram amantes de mulheres, os filhos de Deus passaram a ser anjos *e* demônios.

No seu contexto original no Livro do Gênesis, o sentido do texto é razoavelmente claro. Os filhos de Deus eram membros da corte celestial de Deus, eram seres divinos que, por estarem destinados a "unir-se" com mulheres e gerar crianças, foram criados como seres masculinos. Nessa primeira sentença não há indício de que suas ações de tomar as filhas dos humanos como esposas nem de que a ação das mulheres de se deixarem tomar como tais seriam ações pecaminosas ou uma questão de culpa ou vergonha.

Porém, a segunda sentença já poderia nos levar a pensar desse modo. Porque, embora Deus não se refira às atividades dos filhos de Deus ou das filhas dos humanos, poderia parecer que os seres humanos foram punidos pelas ações dos filhos de Deus e das filhas dos humanos. Antes disso, os humanos alcançavam uma longa idade – Adão viveu 930 anos; Set, 912; Enós, 905; Jared, 962; Henoc, 365 anos, e assim por diante. Mas então, o Espírito de Deus foi retirado da humanidade e o tempo de vida de 120 anos foi fixado como punição por essa mistura do divino com o humano.

A terceira sentença nos diz que as filhas dos humanos geraram filhos e filhas com os filhos de Deus. Este não é o propósito principal da sentença. Antes, seu interesse principal é nos contar que, naqueles dias em que os filhos de Deus geraram filhos e filhas com as filhas dos humanos, havia *nefilim* na terra. Quem foram esses *nefilim*? O quarto livro da Bíblia, o Livro dos Números, nos dá uma dica. Nele lemos que Moisés enviou espiões para fazerem o reconhecimento da Terra Prometida. Após a expedição eles relatam a Moisés que "toda gente que aí vimos é de estatura alta. Vimos por lá até mesmo os *nefilim* [...]. Diante deles parecíamos simples gafanhotos, e era assim que eles nos viam" (Nm 13,32-33). Assim, os *nefilim* que habitavam a terra antes do dilúvio, "os heróis famosos dos tempos antigos", eram idênticos aos habitantes aborígenes de estatura gigante de Canaã, a Terra Prometida.

Acompanhando essa identificação dos *nefilim* de Gênesis e Números, a tradução grega da Bíblia Hebraica, a Septuaginta, verteu o termo hebraico *nefilim* por γίγαντες (gigantes). A tradução latina da Bíblia de São Jerônimo do século IV[2], a Vulgata, seguiu nessa linha e verteu por "gigantes". Dessa forma foi inaugurada a tradição dos gigantes anteriores ao dilúvio. A *King James Version* [KJV = tradução bíblica do Rei Jaime para o inglês] assim formulou em 1611: "Havia gigantes na terra naqueles dias" (Gn 6,4).

Os versículos que se seguem à narrativa dos filhos de Deus formando pares com as filhas dos humanos e gerando descendência apontam para o sentido que mais tarde seria encontrado nela: "O Senhor viu o quanto havia crescido a maldade das pessoas na terra e como todos os projetos de seus corações tendiam unicamente para o mal. Então o Senhor arrependeu-se de ter feito os seres humanos na terra e ficou com o coração magoado" (Gn 6,5-6). Deus, então, decidiu destruir toda a humanidade "e com ela os animais, os répteis e até as aves do céu" (Gn 6,7), exceto Noé e sua família e as aves e os animais que Noé acolheu na arca.

---

2. Quando não houver outra indicação, as datas são todas a.D (do ano do Senhor).

Se a narrativa original de Gênesis dá a entender, ainda que de modo incipiente, que a união sexual dos filhos de Deus com as filhas dos humanos foi o ato final da maldade cósmica que fez Deus decidir o recomeço da criação, mais tarde só restou aos "filhos de Deus" a identificação com o termo άγγελοι (anjos), e aos gigantes anteriores ao dilúvio a identificação com os filhos e as filhas que nasceram da união sexual dos filhos de Deus com as filhas dos humanos. Desse modo, estava montado o cenário para a queda dos anjos, o nascimento dos espíritos maus e a origem sobrenatural do mal no mundo. E para isso temos de nos voltar a 1Henoc[3].

## "O livro das sentinelas"

As tradições contidas em 1Henoc foram escritas entre o século IV a.C. e o início da Era Cristã. Essa coletânea contém um conjunto de tradições narrativas conhecido como "O livro das sentinelas" (cap. 1–36), cuja conclusão ocorreu em torno de meados do século III a.C. Nas palavras de Elaine Pagels, esses capítulos são "o primeiro grande marco na demonologia judaica"[4].

"O livro das sentinelas" entrelaça duas versões da queda das sentinelas. A primeira delas é uma elaboração de Gn 6,1-4. Em contraste com a narrativa do Gênesis, em Henoc, o ato dos filhos de Deus, que são as sentinelas, torna-se um ato de rebelião contra Deus que se originou de seu desejo sexual e que resultou na geração de "bastardos" e "mestiços" (Henoc 10,9). De acordo com ele, 200 sentinelas, sob o comando de seu líder Semiaza,

---

3. As citações de Henoc foram extraídas de NICKELSBURG, G.W.E. *A Commentary on the Book of 1Henoc, Chapters 1–36; 81–108*. Mineápolis: Fortress, 2001.
4. PAGELS, E. "The Social History of Satan, the 'Intimate Enemy': A Preliminary Sketch". In: *Harvard Theological Review*, vol. 84, 1991, p. 116.

tomaram esposas para si dentre as filhas dos filhos dos humanos e se contaminaram por meio delas. Eles ensinaram feitiçaria e encantamentos às mulheres e lhes mostraram como cortar raízes e plantas. As mulheres lhes geraram gigantes que, por sua vez, geraram os *nefilim*. Diferentemente do Gênesis, em Henoc, os gigantes eram impiedosos. Eles exploraram o trabalho dos humanos, começaram a matá-los, beber seu sangue e a comer a carne uns dos outros.

A segunda versão dessa narrativa traz a sentinela Azael ensinando aos humanos a metalurgia – como fabricar todos os instrumentos bélicos, de joalheira e adorno pessoal para mulheres –, bem como magia e adivinhação. Enquanto na primeira versão da narrativa as sentinelas levaram os humanos para o mau caminho, nesta são os humanos que fizeram armas para si e adornos para suas mulheres, levando as sentinelas para o mau caminho (Henoc 8,1-3).

Então os humanos clamaram aos quatro arcanjos – Miguel, Sariel, Rafael e Gabriel –, que viram o sangue derramado sobre a terra; estes, então, retransmitiram a Deus a mensagem dos humanos:

> Viste o que tem feito Azael, que ensinou todo tipo de iniquidade sobre a terra e revelou os mistérios eternos que estão no céu e que os filhos dos humanos se empenham por aprender. E [o que tem feito] Semiaza, a quem deste autoridade para reger os que estão com ele. Eles foram até as filhas dos humanos da terra, deitaram-se com elas e se contaminaram com as mulheres. E eles lhes revelaram todos os pecados e lhes ensinaram a fazer encantamentos que provocam ódio. E eis que as filhas dos humanos geraram filhos deles, gigantes, mestiços. E o sangue humano foi derramado sobre a terra. E a terra inteira está repleta de iniquidade (Henoc 9,6-9).

Deus passa a agir como juiz e incumbe os arcanjos Sariel de instruir Noé sobre a aproximação do fim; Rafael a aprisionar Azael debaixo da terra; Gabriel a destruir os gigantes; e Miguel a amarrar Semiaza e os outros que se uniram com as filhas dos humanos, aprisionando-os debaixo da terra. Assim, pela primeira vez no pensamento ocidental, lugares escuros debaixo da terra se tornaram morada de espíritos maus. Porém, não por toda a eternidade. Porque também há – de novo, pela primeira vez no pensamento ocidental – o anúncio de um grande Dia do Juízo vindouro, pois Azael será "levado embora para a fornalha ardente" (Henoc 10,7).

Contudo, a prisão das sentinelas caídas debaixo da terra e a destruição dos gigantes não representou o fim do mal sobre a terra. Depois que os gigantes foram mortos, seus espíritos emergiram dos seus cadáveres para protagonizar, como demônios, uma constante perseguição à humanidade:

> Porém, então, os gigantes que foram gerados pelos espíritos e pela carne eles os chamarão de espíritos maus sobre a terra, porque sua morada será na terra. Os espíritos que deixaram o corpo de sua carne são espíritos maus, porque passaram a existir a partir dos humanos, e a origem de sua criação foi a partir das santas sentinelas. Eles serão espíritos maus na terra e de espíritos maus serão chamados [...]. E os espíritos dos gigantes [...] se levantarão contra os filhos dos humanos e contra as mulheres, pois deles provieram (Henoc 15,8-9.12).

Na condição de espíritos desencarnados, eles escaparam do dilúvio que Deus mandou e que destruiu todos, exceto os que estavam na arca de Noé. No fim dos tempos, todavia, os espíritos dos gigantes também seriam destruídos. Miguel foi encarregado por Deus para destruir todos os espíritos dos filhos das sentinelas na época do juízo. Embora Deus não tenha perdido o controle dos espíritos maus nessa época, eles, não obstante, continuaram a operar no mundo como inimigos do divino, se bem que acabariam sendo derrotados por Deus no fim da história.

## Anjos, ascensão e queda

1Henoc nos deixa cientes de quando os anjos pecaram pela primeira vez e de quando eles serão definitivamente derrotados. Porém, ainda estamos por descobrir quando foram criados pela primeira vez. A respeito do nascimento dos anjos temos de olhar para outro texto judeu de meados do século II a.C., o Livro dos Jubileus[5]. Ele reconta o Livro do Gênesis e a primeira metade do Livro do Êxodo. Em contraste com estes, todavia, possui uma angelologia e uma demonologia bem elaboradas.

De acordo com os Jubileus, os anjos foram criados no primeiro dia, como o quarto dos 7 atos de criação. Há uma hierarquia de grupos de anjos celestiais de presença e santidade – "estes dois grandes tipos" (Jubileus 2,18). À semelhança das sentinelas em 1Henoc, os grupos mais elevados eram sexuados, pois foram criados já circuncisos. O papel das ordens inferiores era supervisionar o mundo natural (Jubileus 2,2).

No Livro dos Jubileus, os anjos desempenharam um papel significativo na vida de Adão e Eva. Eles trouxeram os animais até Adão para serem nomeados, prestaram assistência na criação de Eva, levaram Adão até o Jardim do Éden 40 dias depois de ter sido criado e, mais tarde, 80 dias depois, também levaram Eva até o jardim. Eles ensinaram a Adão como trabalhar. Porém, não tiveram nenhum papel na queda de Adão e Eva

---

5. VANDERKAM, J.C. (trad.). *The Book of Jubileus*. Lovaina: E. Peeters, 1989.
• VANDERKAM, J.C. *The Book of Jubileus*. Sheffield: Sheffield Academic Press, 2001.

e em sua expulsão do jardim. Somos informados de que, depois de 7 anos no jardim, foi a serpente que se aproximou da mulher. Ela e Adão comeram do fruto da árvore proibida que estava no centro do jardim, e Deus os expulsou de lá. Apesar da angelologia elaborada, a serpente é só uma serpente. Temos um longo caminho a percorrer até a identificação da serpente com um ente espiritual como Satanás. De fato, no tempo da queda, os anjos de presença e santidade ainda eram seres benevolentes na corte celestial.

Como em 1Henoc, também no Livro dos Jubileus, a queda dos anjos só aconteceu após a morte de Adão e durante o tempo de Noé. À semelhança de 1Henoc, em Jubileus a narrativa dos espíritos maus foi desenvolvida em torno da narrativa dos filhos de Deus que casaram com as filhas dos humanos. A prole desses casamentos foram os gigantes:

> Quando a humanidade começou a se multiplicar na superfície de toda a terra e filhas lhe nasceram, os anjos do Senhor [...] viram que elas eram belas de se olhar. Assim eles casaram com qualquer uma das que escolhiam. Elas deram à luz crianças, e estas eram gigantes (Jubileus 5,10).

Em 1Henoc, o dilúvio foi anunciado logo após a descrição das atrocidades perpetradas pelos gigantes e da intercessão feita a Deus pelos anjos em nome da humanidade oprimida. Nos Jubileus, em contraposição, o dilúvio foi, em primeira linha, consequência da maldade humana (Jubileus 5,3-4). Não obstante, Deus ficou irado com as ordens inferiores de anjos que foram enviadas à terra. Ele ordenou que os anjos celestiais "os prendessem nas profundezas da terra; agora eles estão presos e sozinhos" (Jubileus 5,6). Ali eles teriam de permanecer "até o grande dia do juízo, quando haverá condenação para todos os que corromperam seus caminhos e suas ações diante do Senhor"

(Jubileus 5,10). Quanto aos gigantes, Deus "enviou sua espada para o meio deles, de modo que matariam uns aos outros", e "eles começaram a matar uns aos outros até que todos caíram pela espada e foram eliminados da terra" (Jubileus 5,9). A punição de Gn 6,3, de que a idade da humanidade não passaria de 120 anos, é aplicada aqui aos gigantes.

Não obstante, como em 1Henoc, os gigantes – ou pelo menos os seus espíritos – sobreviveram ao dilúvio, pois logo em seguida ouvimos falar de "demônios impuros" que começaram a desencaminhar, cegar e matar os netos de Noé. Sendo informado das ações deles por seus filhos, Noé implora a Deus: "Tu sabes como tuas sentinelas, os pais desses espíritos, agiram durante a minha vida. Quanto a esses espíritos que permaneceram vivos, aprisiona-os e os mantém cativos no lugar do juízo" (Jubileus 10,5). Em consequência, Deus ordenou que os anjos os amarrassem.

Diferentemente de Semiaza em 1Henoc, que desempenhara um papel na queda dos anjos, entrou em cena pela primeira vez Mastema, ou o príncipe de Mastema, o líder dos espíritos maus. Ele pede que Deus não prenda todos os espíritos, "porque, se não me restar ninguém, não serei capaz de impor minha vontade no meio da humanidade. Pois eles estão aí para destruir e desencaminhar antes da minha punição [final] porque a maldade da humanidade é grande" (Jubileus 10,8). Como dá a entender a solicitação de Mastema, Deus manteve a autoridade última sobre o espírito mau dos gigantes, mas "terceirizou" aos espíritos maus sua capacidade de punir a humanidade por seus pecados, permitindo que um décimo deles permanecesse ativo no mundo, "enquanto faria com que os outros nove décimos descessem ao lugar do juízo" (Jubileus

10,9). Quando Deus permitiu que os espíritos maus, ou pelo menos alguns deles, permanecessem ativos no mundo até o Dia do Juízo, ficou estabelecida a relação-chave entre Deus e os demônios na demonologia ocidental: os espíritos maus só podem atuar no mundo com a permissão de Deus e, embora Deus possa controlá-los, Ele escolheu não fazer isso.

Então os anjos que continuaram na corte celestial agiram de acordo com a ordem de Deus. Eles amarraram todos os anjos maus no lugar do juízo debaixo da terra e deixaram um décimo deles para exercer poder na terra. Pelo fato de os espíritos maus serem a causa de doenças no mundo, os anjos deram a Noé todos os remédios de que ele necessitava para curá-las por meio das plantas da terra. No futuro glorioso, Mastema seria destruído. Lemos que Mastema é um satanás. Porém, no Dia do Juízo Final, "não haverá nem satanás nem qualquer maligno a causar destruição" (Jubileus 23,29).

Reverberações dessa narrativa da queda dos anjos, como foi recontada em 1Henoc, podem ser encontradas no Novo Testamento. Assim, por exemplo, em 1Pedro, que podemos datar entre os anos 60 e 100, lemos isto:

> [Cristo] sofreu a morte em sua carne, mas voltou à vida pelo Espírito. E neste mesmo Espírito foi pregar aos espíritos que estavam na prisão; rebeldes outrora, quando nos dias de Noé os esperava a paciência de Deus, enquanto se fabricava a arca, na qual poucos, isto é, 8 pessoas, se salvaram pela água (1Pd 3,18-20).

Como veremos mais adiante, este é um texto que forneceria a base bíblica para a posterior doutrina da "desolação do inferno"; segundo a qual, entre sua morte e sua ressurreição, Cristo pregou aos que morreram antes de ter a chance de obter a salvação por meio dele. Em seu contexto original, "espíritos que estavam na prisão" era uma referência aos anjos que erraram por terem se unido sexualmente com as filhas dos humanos e, em consequência, foram aprisionados debaixo da terra. De modo similar, na Epístola de Judas, o autor invoca 1Henoc para lembrar a seus leitores como, no passado, Deus puniu aqueles de quem antes havia gostado e cuidado: "Os anjos que não conservaram a própria dignidade e abandonaram seu domicílio, Ele os manteve presos em cadeias eternas, nas trevas, para o julgamento do grande dia" (Jd 6).

O mesmo motivo pode ser encontrado em 2Pedro. Composta em torno do final do século I, seu autor advertiu seus leitores de falsos mestres que se levantariam exatamente do mesmo modo que falsos profetas se levantaram em tempos passados. Ele os lembrou de julgamentos passados:

> Pois Deus não poupou os anjos que pecaram, mas precipitou-os nos abismos tenebrosos do inferno, reservando-os para o juízo. [...] É que o Senhor sabe livrar das tentações os piedosos e reservar os malvados para castigá-los no dia do juízo (2Pd 2,4.9).

Fora do Novo Testamento, a primeira referência à narrativa de Gênesis sobre a queda dos anjos na literatura cristã encontra-se nos escritos de Justino Mártir (século II). Em sua *Primeira apologia* do cristianismo, Justino respondeu à acusação de que os cristãos seriam ateístas. Ele argumentou que aqueles que faziam essas alegações eram orientados a fazer isso pelos demônios que estavam por trás da religião greco-romana. Ele declarou que, desde tempos antigos, esses demônios têm aterrorizado os humanos a tal ponto que, "sem saber que são demônios, eles os chamaram de deuses e deram a cada qual o nome que cada um dos demônios escolheu para si [...]. Nós não só negamos que os que fizeram tais coisas sejam deuses [δαίμωνες, *daímones*], mas ainda afirmamos que são demônios perversos e ímpios"[6]. Tema comum da apologia cristã inicial consistia em que as religiões que se opunham ao cristianismo – tanto as tradições greco-romanas quanto o judaísmo – eram demoníacas. Quem eram esses demônios? Como descobrimos na *Segunda apologia* de Justino, eles eram nada mais nada menos do que os anjos caídos de Gn 6,1-4, vistos pelas lentes de 1Henoc. Deus confiara o cuidado de todas as coisas debaixo do céu aos anjos que Ele havia designado para isso. No entanto,

> Os anjos transgrediram essa designação e ficaram fascinados pelo amor das mulheres e geraram filhos e filhas, que são os assim chamados demônios; e, além disso, eles subjugaram a raça humana a si mesmos, em parte por meio de escritos mágicos, em parte por temores e punições que aplicavam e, em parte, ensinando-lhes a oferecer sacrifícios, incenso e libações, coisas de que necessitavam depois de terem sido escravizados por paixões lascivas; e, no meio dos humanos, eles semearam homicídios, guerras, adultérios, feitos intempestivos e todo tipo de maldade[7].

Ao culpar os espíritos maus por trás da religião e cultura pagãs pela perseguição aos cristãos, Justino estava inaugurando a tradição cristã de demonizar os que ele percebia como seus oponentes, independentemente dos seus méritos ou deméritos. Ao proceder assim, ele também estava advertindo seus leitores cristãos de que "eles ainda vivem em um mundo regido pelos representantes dos anjos caídos e de seus filhos – um mundo no

---

6. "The First Apology of Justin". In: DODS, M.; REITH, G. & PRATTEN, B.P. (trads.). *The Writings of Justin Martyr and Athenagoras*. Edimburgo: T. & T. Clark, 1879 [Ante-Nicene Christian Library, vol. 2, cap. 5). Aqui Justino usa a mesma palavra (δαίμωνες) para se referir tanto a deuses como a demônios.
7. "The Second Apology of Justin". In: Ibid., cap. 5. Na versão de Justino os demônios são descendentes dos anjos mais do que dos espíritos dos gigantes mortos.

qual os espíritos maus estão à espreita em toda parte, escondidos atrás de toda estátua e dentro de todo templo, sussurrando mentiras aos ouvidos de seus vizinhos pagãos"[8].

Atenágoras, apologista do século II, um filósofo ateniense que se convertera para o cristianismo, usou a narrativa da queda dos anjos para o mesmo fim que Justino; a saber: para explicar a origem da idolatria e da religião falsa. Em sua *Petição em favor dos cristãos* (c. 177) fica claro que a tradição da queda das sentinelas lhe é familiar. De acordo com essa obra os anjos, a exemplo dos humanos, foram criados com liberdade de escolha no que se refere à virtude tanto quanto ao vício. Alguns se mantiveram no governo das coisas que lhes fora confiado por Deus. Alguns, porém – incluindo seu chefe, que Atenágoras chama de "esse regente da matéria" –, ultrajaram tanto a constituição da sua natureza quanto o governo confiado a eles. Ele escreveu que estes últimos incorreram no amor impuro com virgens e foram subjugados pela carne. Desses amantes de virgens foram gerados os assim chamados gigantes. Diante disso, ele declarou:

> Esses anjos, então, que caíram do céu e assombram o ar e a terra, não sendo mais capazes de ascender às coisas celestiais, e as almas dos gigantes, que são os demônios que erram pelo mundo, praticam ações similares, uns (i. é, os demônios) à natureza que receberam, os outros (i. é, os anjos) aos apetites com que foram indulgentes[9].

O apologista latino Lactâncio, em suas *Instituições divinas*, do início do século IV, pode muito bem ter tido conhecimento da

---

8. REED, A.Y. "The Trickery of the Fallen Angels and the Demonic Mimesis of the Divine: Aetiology, Demonology, and Polemics in the Writings of Justin Martyr". In: *Journal of Early Christian Studies*, vol. 12, 2004, p. 171.
9. "A Plea for the Christians". In: DODS, M.; REITH, G. & PRATTEN, B.P. (trads.). *The Writings of Justin Martyr and Athenagoras*. Op. cit., cap. 24.

tradição de Henoc, mas sua versão da queda dos anjos apresenta algumas nuanças significativamente diferentes[10]. Diferindo de todos os relatos anteriores, a queda dos anjos ocorreu após o dilúvio. Também diferentemente daqueles, os anjos foram enviados à terra por Deus para cuidar da humanidade. A necessidade de eles procederem assim resultou do fato de Deus ter previsto que "o diabo" (*"diabolus"*), a quem Ele tinha dado o controle da terra no início, poderia corromper ou destruir o homem com suas enganações. Deus disse aos anjos que, acima de tudo, eles deveriam evitar se macular mediante o contato com a terra. A despeito disso,

> Na medida em que passava tempo com os humanos, aquele traiçoeiro senhor da terra pouco a pouco os habituou com o engodo da maldade e os contaminou mediante a união com mulheres. Então, quando se tornaram inaceitáveis no céu por causa dos pecados em que mergulharam a si mesmos, eles caíram na terra e, em consequência, o Diabo transformou-os de anjos de Deus em seus asseclas e servidores. Pelo fato de sua prole não ser nem de anjos nem de humanos, mas terem uma natureza metade angelical e metade humana, eles se tornaram mais aceitáveis embaixo do que seus pais foram em cima. Assim, foram criadas duas espécies de demônios, uma celestial e outra terrena. As terrenas são os espíritos impuros, autores de toda a maldade que acontece, e o Diabo é seu chefe[11].

Desses demônios se originou a magia e as artes divinatórias, a astrologia, a aruspicação e o augúrio, associados com as religiões pagãs[12]. E pelo fato de os demônios terem corpos feitos de ar

---

10. BOWEN, A. & GARNSEY, P. (trads.). *Lactantius*: Divine Institutes. Liverpool: Liverpool University Press, 2003, 2.14-17.
11. Ibid., 2.14.2-5.
12. Ibid., 2.14.12-13.

muito fino, "tênues e difíceis de pegar", são capazes de possuir as pessoas: "Eles se infiltram nos corpos das pessoas e secretamente chegam às suas entranhas, destruindo sua saúde, causando doença, assustando seu juízo com sonhos, desestabilizando sua mente com insanidade, até as pessoas serem forçadas a buscar a ajuda deles para resolver problemas causados por eles"[13].

Em Lactâncio, portanto, a origem do mal não reside na queda dos anjos em torno da época de Noé. Antes, como detalharemos mais adiante, nas *Instituições divinas* de Lactâncio, já antes da criação do mundo, havia um espírito criado por Deus suscetível à corrupção e que, em decorrência de seu livre-arbítrio, voltou-se para o mal. Lactâncio declarou que os gregos chamaram esse espírito de "διάβολος" – "diabo"[14]. Portanto, para Lactâncio, os anjos de Gn 6,1-4 não foram a causa do mal no mundo, já que a origem do mal é anterior à criação do mundo. Eles, como a humanidade, foram vítimas do Diabo.

Lactâncio, de fato, foi o último escritor cristão importante a fazer uma leitura angelical de Gn 6,1-4. Essa leitura angelical acabou sendo considerada herética. O Bispo Cirro Teodoreto, do século V, até a considerou "estúpida". Outros também alegaram que o mal se originou antes da criação do homem, mas, em vez de revisar a narrativa dos filhos de Deus e das filhas dos humanos, como fez Lactâncio, eles visaram a uma leitura não angelical. A exemplo de Lactâncio um século antes, a leitura não angelical foi proferida por Júlio Africano (c. 160-240), o fundador da cronografia cristã. A leitura angelical da narrativa de Gn 6,1-4 era familiar a Júlio, mas, como cronógrafo, ele preferiu uma leitura que, em termos mais mundanos, via os filhos

---

13. Ibid., 2.14.14.
14. Ibid., 2.14.5.

de Deus como descendentes de Set, o filho de Adão, e as filhas dos humanos como descendentes do seu filho Caim. Nessa linha, ele declarou:

> O que o Espírito quer dizer, na minha opinião, é que os descendentes de Set são chamados de filhos de Deus porque os homens justos e dos patriarcas provieram dele, chegando até o próprio Salvador; mas que os descendentes de Caim são chamados de semente dos homens, por não ter nada de divino neles, em razão da maldade de sua raça e da desigualdade de sua natureza, por serem um povo misto e terem provocado a indignação de Deus[15].

O destino da leitura angelical de Gn 6,1-4 foi selado por Santo Agostinho de Hipona em sua obra *A cidade de Deus* (413-427), na qual "os filhos de Deus" e "as filhas dos humanos" representam respectivamente a cidade celestial e a cidade terrena. Foi a mistura dessas duas cidades que produziu o mal. De modo crucial, Agostinho fez uma leitura alegórica não angelical da narrativa:

> E por esses dois nomes [filhos de Deus e filhas dos humanos] estão suficientemente diferenciadas as duas cidades. Pois, embora os primeiros fossem por natureza filhos de humanos, eles passaram a ter outro nome por graça. Porque, na mesma Escritura, na qual se diz que os filhos de Deus amaram as filhas dos humanos, eles também são chamados de anjos de Deus; de onde muitos supõem que eles não eram homens, mas anjos[16].

---

15. "The Extant Fragments of the Five Books of the Chronography of Julius Africanus". In: ROBERTS, A. & DONALDSON, J. (eds.). *Fathers of the Third Century, Ante-Nicene Fathers*. Peabody, MA: Hendrickson Publishers, 2004, vol. 6, cap. 2.
16. AUGUSTINE. "The City of God", 15.22. In: SCHAFF, P. (ed.). *St. Augustine's City of God and Christian Doctrine*. Búfalo: The Christian Literature, 1887.

Para Agostinho, a questão deveria ser se os anjos eram uma espécie de seres que tinham corpos e, por essa razão, poderiam fazer sexo com mulheres. É uma possibilidade que ele não excluiu, até porque havia referências escriturísticas a anjos dotados de corpo. Ele também estava ciente dos rumores justificados de "que silvanos e faunos, comumente chamados de 'íncubos', com frequência fizeram ataques maliciosos a mulheres e satisfizeram seu desejo com elas"[17]. Porém, ele não estava convencido de que Gn 6,1-4 era uma descrição da queda dos anjos de Deus nem de que era desses anjos que 2Pedro estava falando ao dizer: "Deus não poupou os anjos que pecaram, mas precipitou-os nos abismos tenebrosos do inferno, reservando-os para o juízo" (2Pd 2,4). Para Agostinho, a queda dos anjos não ocorreu no tempo do dilúvio, mas antes da criação de Adão e Eva. Logo, 1Pedro estava descrevendo "aqueles que primeiro apostataram de Deus, bem como seu chefe, o Diabo, que por inveja enganou o primeiro homem sob a forma de uma serpente"[18].

Para Lactâncio, a queda dos anjos após o dilúvio resultou de sua progressiva sedução pelo Diabo, que tinha sido criado e tinha caído antes da criação do mundo. Logo, o mal é anterior à criação. Também para Agostinho, a origem do mal está situada no período anterior à criação do homem, mas, em contraste com Lactâncio, Agostinho acreditava que os anjos e seu chefe, o Diabo, caíram naquele tempo. Com o deslocamento da queda dos anjos para um período anterior à criação do homem, a leitura de Gn 6,1-4, como narrativa sobre a queda dos anjos e como relato sobre a origem do mal, tornou-se teologicamente redundante.

---

17. Ibid., 15.23.
18. Ibid.

Em consequência, com o desaparecimento da leitura angelical de Gn 6,1-4, a tripartição em Diabo, anjos caídos e demônios (a prole dos filhos de Deus e das filhas dos humanos) colapsou numa bipartição em Diabo e anjos caídos somente. Essa bipartição se tornaria o motivo dominante na narrativa cristã.

## O nascimento de "Satanás"

Já vimos que havia uma variedade de nomes para o chefe dos espíritos maus – Semiaza, Azael e Mastema. E, como veremos, o chefe dos demônios também seria conhecido como Belzebu, Lúcifer e Belial. Porém, o nome que se tornou predominante foi Satanás ou sua forma grega διάβολος e sua forma latina *diabolos*, vertida para o inglês como Devil (Diable em francês, Teufel em alemão)[19]. Portanto, embora houvesse muitos demônios, havia um só Satanás. Mais tarde, embora houvesse vários diabos, seu chefe continuou sendo o Diabo ou até ocasionalmente o Demônio. Além disso, como percebemos anteriormente, no Livro dos Jubileus, "satanás" não era tanto um nome próprio quanto uma descrição do papel de Mastema em nome de Deus como o acusador ou o adversário. Portanto, como se deu a transição do termo "satanás" de descrição de um papel ou função para tornar-se o nome pessoal do príncipe dos demônios?

O nome próprio "Satanás" provém do substantivo próprio hebraico "Śātān". Esse uso do termo "satanás" para descrever um papel, mais do que um ente particular, é comum na Bíblia hebraica[20], na qual ele ocorre 9 vezes. Em 5 ocasiões ele se refere

---

19. "Diabo" em português [N.T.].
20. "Satanás". In: VAN DER TOORN, K.; BECKING, B. & VAN DER HORST, P.W. *Dictionary of Deities and Demons in the Bible*. Leiden: Brill, 1995. • SCHREIBER, S. "The Great Opponent: The Devil in Early Jewish and Formative Christian Literature". In: REITERER, F.V. et al. (eds.). *The Concept of Celestial*

a seres humanos e designa um papel de adversário ou acusador. Em 4 ocasiões ele se refere a seres celestiais. Na primeira delas, que data aproximadamente do século X a.C., significa um ser celestial enviado por Deus para cumprir sua ordem. Ele aparece na narrativa de Balaão e sua mula – que, além da serpente no Jardim do Éden, é o único animal que fala na Bíblia (Nm 22,22-35).

Nessa narrativa, o anjo do Senhor, que é descrito como um "satanás" ("adversário") é convocado por Deus para impedir Balaão, um não israelita, de amaldiçoar o povo de Israel. 3 vezes a mula de Balaão, ao ver o anjo do Senhor invisível a Balaão, recusou-se a prosseguir, e todas as vezes Balaão bateu nela. Deus abriu a boca da mula, que falou para Balaão: "O que te fiz para me espancares já pela terceira vez?" Balaão respondeu: "Porque me estás provocando! Se tivesse uma faca na mão, agora mesmo te mataria". Porém, a mula disse para Balaão: "Não sou eu a tua mula que até hoje sempre montaste? Será que costumo agir assim contigo?" E Balaão respondeu: "Não" (Nm 22,28-30). Nesse mesmo momento Deus abriu os olhos de Balaão e ele foi capaz de ver o anjo, que declarou: "Eu saí como adversário [śātān] porque teu caminho é perverso diante de mim" (Nm 22,32). O anjo disse para Balaão que se a mula não tivesse se desviado do caminho ele teria matado Balaão e deixado a mula viver. Balaão teve permissão para continuar, mas foi instruído por Deus a falar o que Ele lhe dissesse.

Nessa narrativa que consta no Livro dos Números, satanás funcionou apenas como emissário de Deus. No Livro de Jó – que não é posterior a 400-300 a.C. –, Satanás era membro do conselho celestial. Ele exerceu a função de tentador dos justos na terra e de acusador deles no conselho divino. Como tal, embora

---

*Beings*: Origins, Development and Reception. Berlim: Walter de Gruyter, 2007, p. 437-457.

permanecesse subordinado a Deus, ele não era nem servo fiel de Deus nem inimigo de Deus e de tudo o que há de bom no mundo. Ele era opositor, manipulador e insolente. No Livro de Jó, Deus responsabilizou o Diabo pelos sofrimentos da humanidade. A bondade de Deus ficou preservada, embora ao preço da diminuição de sua sabedoria e de seu poder.

No Livro de Jó, o cenário é a corte celestial, na qual os seres celestiais comparecem diante de Deus. Entre eles estava satanás. Deus perguntou a satanás se ele havia reparado em seu servo Jó, que, como disse o Senhor, era "um homem íntegro e reto, que teme a Deus e se mantém longe do mal" (Jó 1,8). O satanás declarou a Deus que a piedade e a moralidade de Jó não passavam de consequência de ter sido favorecido pela divindade. O satanás disse: "Mas estende a tua mão e toca tudo o que ele possui. Eu aposto que ele te lançará em rosto a suas maldições!" (Jó 1,11).

Assim, o satanás colocou Deus numa posição difícil. Se Ele se recusasse a testar Jó, pareceria estar receoso de haver alguma base para a alegação do satanás. Se aceitasse a sugestão de Satanás, Ele apareceria como causador do mal contra um homem bom. Assim, Deus jogou a responsabilidade sobre o satanás, dizendo para ele: "Pois bem! Tudo o que ele possui está em teu poder. Só não estendas tua mão contra ele" (Jó 1,12). Diferentemente dos leitores, Jó e seus amigos não tinham ciência do acordo firmado entre Deus e o satanás, e acreditaram que os infortúnios que sucederam a Jó e sua família precediam de Deus. Somente desse modo Jó poderia ser apresentado como modelo de fé ao enfrentar infortúnios calamitosos.

Então o satanás infligiu uma série de desastres a Jó. Seu gado foi roubado ou destruído e seus servos morreram com seus filhos e suas filhas. Mas a fé que Jó tinha em Deus permaneceu firme, como Deus lembrou especificamente o satanás: "Ele persevera na sua integridade e foi em vão que me incitaste a aniquilá-lo" (Jó 2,3). Então, Satanás aumentou a aposta: "Cada um daria tudo o que possui em troca da sua vida. Mas estende a tua mão; atinge-o na carne e nos ossos. Com certeza ele te lançará em rosto as suas maldições" (Jó 2,5). Com a permissão de Deus, o satanás, então, cobriu o corpo de Jó com feridas repugnantes. "Amaldiçoa a Deus e morre", disse a mulher de Jó, servindo de porta-voz terreno do satanás (Jó 2,9). Mas Jó se recusou a fazer isso: "Falas como falaria uma tola. Se aceitamos de Deus os bens, não deveríamos aceitar também os males?" (Jó 2,10). Jó nada sabia da causa dos seus sofrimentos, a batalha de vontades entre o satanás e Deus. Ele os atribuiu a Deus, mas sua fé em Deus não balançou.

No Livro de Zacarias, escrito em torno do ano de 500 a.C., o cenário é, uma vez mais, o do tribunal na corte celestial. Josué, o sumo sacerdote de Jerusalém, estava em pé diante do anjo do Senhor, tendo o satanás (haśśātān) à sua direita no papel de acusador. O anjo repreendeu o satanás por sua rejeição de Jerusalém como cidade de Deus. Ele declarou Josué isento de culpa, trocando as roupas sujas em que ele se apresentou por roupas limpas, apropriadas para os rituais. O anjo, então, assegurou a Josué que se ele andasse pelos caminhos de Deus e guardasse seus preceitos, seu governo sobre a casa de Deus seria longo (Zc 3,1-7). O texto representa uma reviravolta na história do Diabo; como observa Elaine Pagels, a passagem retrata o satanás "a ponto de desviar-se do seu papel de agente de Deus para tornar-se seu inimigo"[21].

---

21. PAGELS, E. "The Social History of Satan, the 'Intimate Enemy': A Preliminary Sketch". Op. cit., p. 114.

Esse papel em desenvolvimento do satanás mais como inimigo de Deus do que como seu emissário torna-se ainda mais claro em 1Crônicas: "Satanás quis prejudicar Israel e induziu Davi a fazer o recenseamento de Israel" (1Cr 21,1). Obtemos clareza do significado dessa passagem quando a comparamos com a seção paralela mais antiga de 2Samuel, na qual foi Deus, e não Satanás, estando irado com Israel, induziu o Rei Davi a fazer o censo do povo (2Sm 24,1). Podemos ver que o autor de Crônicas assumiu a responsabilidade de tirar de Deus e atribuir a um intermediário a iniciativa do ato pecaminoso de fazer um recenseamento, absolvendo, desse modo, a divindade. Temos aqui os rudimentos de um dualismo cósmico – de Satanás representando o mal e Deus representando o bem.

## O arquidemônio Belial

O mal é distanciado de Deus, ainda que de uma maneira diferente, também em dois dos primeiros rolos descobertos em 1947 em Qumrã, na margem ocidental do Mar Morto, a *Regra da comunidade* (100-150 a.C.) e o *Rolo da guerra* (século II a.C.)[22]. Eles são produto de uma seita judaica rigorista ligada aos essênios, que tinha um forte senso de identidade comunitária. A comunidade via a história do mundo em termos de uma permanente batalha entre as forças da luz e as forças das trevas.

Os autores de a *Regra da comunidade* e do *Rolo da guerra* podem muito bem ter conhecido os livros de Henoc e dos Jubileus, porque estes constavam na biblioteca da comunidade de Qumrã. No entanto, sua visão do arquidemônio Belial, líder dos

---

22. DAVIDSON, M.J. *Angels at Qumran*: A Comparative Study of 1Enoch 1–36, 72–108 and Sectarian Writings from Qumran. Sheffield: Sheffield Academic Press, 1992.

anjos das trevas, não foi especialmente influenciada por eles[23]. De fato, a narrativa da origem do mal nessas obras não tem relação alguma com a narrativa da queda das sentinelas nos livros de Henoc e Jubileus; nos rolos, Deus criou o mal desde o início. Como formula o *Rolo da guerra*, "Tu criaste Belial para o abismo, anjo de inimizade; seu domínio são as trevas, seu conselho é pelo mal e pela maldade" (1QM 13,11).

A origem do mal foi apresentada de forma mais elaborada na *Regra da comunidade*. Aqui, tudo o que existe e existirá veio do Deus do conhecimento. Ele estabeleceu o desenho de todas as coisas e, quando ganharam existência, isso aconteceu de acordo com seu desenho. Deus criou os espíritos da luz e os da escuridão. Ele amou o espírito da luz e se agradou de todos os seus feitos. Porém, Ele odiou os espíritos da escuridão. Assim, a realidade foi determinada desde o princípio pela oposição entre espírito e matéria, luz e escuridão, justiça e maldade, verdade e falsidade, a era atual e a era por vir, dentro de um padrão englobante predeterminado por Deus.

No entanto, esse dualismo cósmico não era absoluto; ele era relativo. Deus não era contraposto a um ser, Belial, que era seu igual. Como na demonologia cristã, a demonologia judaica permaneceu devotada à soberania absoluta de Deus. Nas duas demonologias, na judaica e na cristã, Deus era, em última análise, responsável pela existência do mal e detinha o controle da história do início até o fim. Não obstante, Deus estava alinhado com o bem. Portanto, na *Regra da comunidade* há Deus com seu

---

23. MARTINEZ, F.G. *The Dead Sea Scrolls Translated*: The Qumran Texts in English. Leiden: Brill, 1994. • DIMANT, D. "Between Qumran Sectarian and Non-Sectarian Texts: The Case of Belial and Mastema". In: ROITMAN, A.D.; SCHIFFMAN, L.H. & TZOREF, S. (eds.). *The Dead Sea Scrolls and Contemporary Culture*. Leiden: Brill, 2011, p. 235-256.

grupo – os filhos da luz, acompanhados do príncipe das luzes (provavelmente Miguel) e seus anjos (incluindo os anjos da destruição) – e o príncipe das trevas (Belial) e suas tropas – os anjos maus e os filhos do engano.

Deus também criou o homem para governar o mundo. Nele, Deus pôs os dois espíritos, os espíritos da verdade e da falsidade: "Na mão do Príncipe das Luzes está o domínio sobre todos os filhos da justiça; eles andam pelas sendas da luz. E, na mão do Anjo das Trevas, está o domínio total sobre os filhos do engano; eles andam pelas sendas das trevas" (1QS 3,20-21). O termo "filhos da justiça" se refere aos membros da seita; o termo "filhos do engano" ou "filhos das trevas" se refere aos de fora da comunidade. O príncipe das luzes tem domínio sobre os filhos da justiça, mas o Anjo das Trevas, não obstante, pode causar sua perdição. No entanto, o Deus de Israel, aliado ao anjo da sua verdade, ajudou todos os filhos da luz. Dentro do coração de todos os humanos, a verdade e a injustiça se digladiam e os humanos andam na sabedoria ou na loucura: "De acordo com o direito de nascimento do homem em justiça e em verdade, ele abomina a injustiça; e de acordo com sua participação no quinhão de injustiça, ele age de modo irreverente, e assim abomina a verdade" (1QS 4,23-25). Assim está explicada a existência do mal na própria comunidade, a batalha entre o bem e o mal no coração de todos os humanos.

Como quer que seja, Deus determinou que a injustiça teria fim e que Ele a eliminaria para sempre quando finalmente fizesse uma intervenção direta nos assuntos cósmicos. Para os filhos da verdade haveria, no fim, gozo eterno com vida sem fim e "uma coroa de glória em trajes majestosos na luz eterna" (1QS 4,7-8). Para os filhos do engano haveria punições eternas nas chamas das regiões tenebrosas pelas mãos de todos os anjos da destruição, que são servos obedientes de Deus executando sua vingança. E "eles passarão todas as idades de suas gerações em choro amargo e sofrerão males severos nos abismos das trevas até sua destruição, sem que haja um remanescente ou sobrevivente entre eles" (1QS 4,13-14). A verdade despontaria em um mundo maculado pela maldade. Então Deus refinaria, por meio de sua verdade, todos os feitos humanos e os purificaria, "arrancando todo espírito de injustiça de dentro da carne e purificando-o com o espírito da santidade de todo ato irreverente" (1QS 4,20-21).

A batalha final futura entre os filhos da luz e os filhos das trevas, elaborada no *Rolo da guerra*, foi determinada por Deus desde o princípio. O primeiro ataque seria desferido pelos filhos da luz contra os filhos das trevas, "o exército de Belial" (1QM 1,1). Ele envolveria as forças terrenas e as celestiais. Portanto, na grande batalha contra os *kittim*, "a assembleia dos deuses e a congregação dos homens se confrontarão para a grande destruição" (1QM 1,10). A batalha seria travada em 7 etapas, sendo que em 3 delas prevaleceriam os filhos da luz, enquanto nas outras 3 os filhos das trevas forçariam os filhos da luz a recuar. Na sétima etapa, a etapa final, Deus interviria decisivamente e subjugaria Belial, seus anjos e seus homens. Todos os apoiadores de Belial seriam destruídos para sempre. Uma nova era se seguiria, na qual o povo de Deus seria salvo e todos os seus homens governariam por um período: "os filhos da justiça brilharão em todas as extremidades da terra, eles continuarão iluminando até o fim de todos os períodos das trevas; e, no tempo de Deus, sua grandiosidade exaltada brilhará por todos os tempos [eternos] pela paz e bênção, glória e alegria e vida longa para todos os filhos da luz" (1QM 1,8-9). O que viriam a ser os dias finais do Diabo na narrativa cristã foi tomando forma nesses manuscritos do Mar Morto.

## Satanás e Jesus

O príncipe dos demônios veio com muitos nomes diferentes – Semiaza, Azael, Mastema e agora Belial. Tratava-se de um posto que foi ocupado por muitas pessoas diferentes. Ele também tinha o nome de Satanás e apareceu como tal em um texto mencionado anteriormente: "Satanás quis prejudicar Israel e induziu Davi a fazer o recenseamento de Israel" (1Cr 21,1). Aqui, pela primeira vez, o artigo definido "o" foi omitido no texto hebraico e "Satanás" se tornou um nome próprio na Bíblia hebraica. Quando a *persona* se tornou uma pessoa e o papel ganhou um nome, Satanás "nasceu". A datação desse texto é muito debatida. Porém, se de fato ele provém do período em torno de 100 a.C., naquele tempo "Satanás" já significou uma pessoa, e não um papel, e ele era um acusador (contra Israel), um tentador (do Rei Davi) e um inimigo de Deus[24]. Satanás foi "batizado".

A tradução grega do Antigo Testamento, a Septuaginta, traduziu śātān por διάβολοσ, de onde procede *diabolus* em latim e "diabo" em português. De modo decisivo, o tradutor de 1Crônicas na Septuaginta, percebendo a ausência do artigo definido no hebraico, leu śātān como nome próprio, traduzindo-o por διάβολος e omitindo o artigo definido grego. Assim, śātān (Satanás) e διάβολοσ (Diabo) são nomes próprios alternativos. Como

---

24. SCHREIBER, S. "The Great Opponent: The Devil in Early Jewish and Formative Christian Literature". Op. cit., p. 440. Em uma datação mais antiga de Crônicas e as consequentes questões a respeito de "Satanás" ser um nome próprio, cf. "Satanás". In: VAN DER TOORN, K.; BECKING, B. & VAN DER HORST, P.W. *Dictionary of Deities and Demons in the Bible*. Op. cit.

não existe artigo definido no latim, não se sabe ao certo se o termo latino para śātān, a saber, *diabolus*, deve ser lido no sentido de um papel e traduzido por "o diabo" ou no sentido de um nome próprio e traduzido como "Diabo".

No período do Novo Testamento, entre os anos 50-100, os termos foram flexíveis. Assim, por exemplo, no Livro do Apocalipse, o último livro do Novo Testamento cristão (c. ano 100), o uso inverso estava em voga: "Aquele que é chamado de Diabo [διάβολοσ] e o satanás [ὁ σατανας]" (Ap 12,9). No Novo Testamento de modo mais geral, "Diabo" (διάβολοσ), "o diabo" (ὁ διάβολος), Satanás (σατανας) e o satanás (ὁ σατανας) são intercambiáveis, ao lado de vários outros termos que designam seus papéis – "o tentador", "o maligno", "o inimigo", "o chefe dos demônios" e os nomes próprios "Beliar" (2Cor 6,15) e "Belzebu" (Mc 3,22-27; Mt 10,25; 12,24-28; Lc 11,15-20).

Não obstante, na história da teologia ocidental, convencionou-se usar "Satanás" (ou às vezes "Lúcifer") mais do que "Diabo", como o nome próprio do líder dos demônios, e "o Diabo" para descrever seu papel como o adversário tanto do homem quanto de Deus. Não importando se foi como Satanás ou como o Diabo, em torno de um século antes do início da Era Cristã, ele emergiu à luz da história como o príncipe dos demônios.

Seria equivocado buscar uma visão unificada do Diabo na variada coletânea de obras que perfazem o Novo Testamento (c. 50-100). Não obstante, há certa quantidade de temas comuns que o perpassam. Acima de tudo, o Diabo se tornou no Novo Testamento o inimigo implacável de Deus[25]. Ele governa

---

25. "Devil". In: VAN DER TOORN, K.; BECKING, B. & VAN DER HORST, P.W. *Dictionary of Deities and Demons in the Bible.* Op. cit. Sou especialmente grato a Van der Toorn, Becking e Van der Horst por esta discussão.

o Reino das Trevas que se opõe ao Reino de Deus. O Reino das Trevas abarca o mundo inteiro: "O mundo inteiro está sob o poder do maligno" (1Jo 5,19). O Diabo é "o príncipe deste mundo" (Jo 12,31) e "o deus deste mundo" (2Cor 4,4). Por essa razão, os seres humanos estão sob "o poder de Satanás" (At 26,18) e sob "o poder das trevas" (Cl 1,13), porque Satanás é aquele "que seduz o mundo todo" (Ap 12,9).

O Diabo tem à sua disposição uma legião de demônios para opor-se aos anjos de Deus e depravar a humanidade. Entre eles estão os espíritos inferiores que causam doença, incapacitação e insanidade, com frequência entrando nos corpos humanos e possuindo-os. A narrativa do endemoninhado geraseno, como contada no Evangelho de Marcos (5,1-20)[26], é emblemática. Lemos que Jesus e seus discípulos tinham atravessado o Mar da Galileia até a região dos gerasenos. Ao descer do barco, Jesus se deparou com um homem possuído por um espírito impuro que vivia no meio dos túmulos. Ele demonstrou possuir aquele tipo de força extraordinária que muitas vezes se diz que os possessos por espíritos mostram. Por mais que fosse contido com algemas e correntes, ele era capaz de rompê-las. Era autodestrutivo, golpeando a si mesmo com pedras e uivando no meio dos túmulos e nas montanhas. Jesus ordenou ao espírito que partisse. O espírito, reconhecendo Jesus, replicou: "O que tens a ver comigo, Jesus, Filho do Deus Altíssimo? Eu te conjuro por Deus que não me atormentes". Quando Jesus perguntou o nome do espírito, este respondeu: "Meu nome é Legião, porque somos muitos". E o espírito implorou a Jesus que não o expulsasse da região, mas "manda-nos aos porcos, para entrarmos neles". Quando Jesus deu permissão, os espíritos deixaram o homem e entraram nos

---

26. Cf. tb. Mt 8,28-34; Lc 8,26-39.

porcos. A vara de uns 2 mil porcos se precipitou ladeira abaixo dentro do lago e se afogou. Presume-se que o(s) espírito(s) ficaram confinados nas águas do lago.

Os guardadores dos porcos saíram dali e contaram a história por toda parte, e uma multidão veio para ver Jesus falando com o endemoninhado, agora vestido e de juízo perfeito. Temendo o poder de Jesus, os moradores locais pediram que Ele deixasse a região. O ex-endemoninhado pediu permissão para ficar com Jesus, mas Jesus negou, dizendo-lhe para procurar seus amigos e contar-lhes o que Deus tinha feito por ele[27].

O Diabo tinha à sua disposição não só demônios locais inferiores, mas também "os poderes cósmicos [os principados] dessa escuridão", "os dominadores dessa escuridão", "as forças espirituais do mal nas regiões celestes" (Ef 6,12). O Diabo e seus anjos dominaram as estrelas e tiveram acesso aos céus; à semelhança dos espíritos dos gigantes em 1Henoc, o Diabo dominava sobre os espíritos que viviam no ar (Ef 2,2).

Como indica a narrativa do endemoninhado geraseno, uma parte central da obra de Jesus foi representar o Reino de Deus e opor-se ao Reino das Trevas: "O Filho de Deus apareceu para isto: para destruir as obras do Diabo" (1Jo 3,8). Primeiro, Jesus teve de superar a tentação de Satanás. De acordo com o Evangelho de Mateus (4,1-11), depois de ter sido batizado por João, Jesus foi levado pelo Espírito de Deus para o deserto para ser tentado pelo Diabo[28]. Ao final de 40 dias de jejum "o testador" ou "o tentador" veio até Ele. A exemplo do Satanás em Jó e de

---

27. Sobre Jesus como exorcista, cf. TWELFTREE, G.H. *Jesus the Exorcist*: A Contribution to the Study of the Historical Jesus. Tubinga: J.C.B. Mohr [Paul Siebeck], 1993.

28. Cf. tb. Mc 1,12-13; Lc 4,1-13.

Mastema em Jubileus, aqui ele é interlocutor. Seu objetivo foi tentar Jesus para demonstrar que era um ser celestial igual a Ele. O Diabo disse: "Se és Filho de Deus, manda que estas pedras se transformem em pão". Jesus respondeu com uma citação tirada da Bíblia hebraica: "Não é só de pão que vive o ser humano, mas de toda palavra que sai da boca de Deus" (Dt 8,3). Para o teste seguinte, o Diabo o levou ao pináculo do templo em Jerusalém e lhe citou a Bíblia hebraica: "Se és Filho de Deus, joga-te daqui para baixo. Porque está escrito: 'A teu respeito ordenou a seus anjos e eles te carregarão nas mãos, para não tropeçares em alguma pedra'" (Sl 91,11.12). Jesus respondeu com outra passagem do Livro do Deuteronômio (6,16): "Não tentarás o Senhor teu Deus". Então, o Diabo levou Jesus a um monte muito alto e lhe mostrou todos os reinos do mundo, oferecendo-lhe todos eles, se Ele se prostrasse e o adorasse. Jesus declarou: "Afasta-te, Satanás!, pois está escrito: 'Adorarás o Senhor teu Deus e só a Ele servirás'" (Dt 6,13).

A partir daquele momento o Diabo foi o inimigo implacável de Jesus, e a obra de Jesus de expulsar demônios foi emblemática da constante luta entre Ele e o Diabo, entre o reino do bem e o reino do mal. Além disso, os exorcismos de Jesus marcaram o início do Reino de Deus. Assim, quando os fariseus ouviram falar de suas obras de exorcismo, eles disseram que "é pelo poder de Belzebu, o chefe dos demônios, que ele expulsa os demônios". Ciente do que eles estavam pensando, Jesus lhes disse:

> Todo reino dividido contra si mesmo acaba em ruína. Nenhuma cidade ou casa dividida contra si mesma poderá manter-se. Se [o] Satanás expulsa [o] Satanás, está dividido contra si mesmo; como, então, se manterá o seu reino? Se eu expulso os demônios por Belzebu, por quem os expulsam vossos exorcistas? [...] Mas, se é pelo Espírito de Deus

que eu expulso os demônios, então o Reino de Deus chegou até vós. Como poderá alguém entrar na casa de um homem forte e roubar seus bens, se antes não o tiver amarrado? Só então poderá saquear a sua casa (Mt 12,25-29)[29].

A partir dos evangelhos fica claro que os exorcismos continuaram fazendo parte do ministério da primeira Igreja após o tempo de Jesus. Em algumas das passagens produzidas na primeira Igreja lemos que Jesus deu aos seus discípulos poder e autoridade sobre demônios e espíritos impuros (Mt 10,1; Mc 6,7; Lc 9,1). Eles foram bem-sucedidos. Assim, no Evangelho de Lucas (10,17-20), por exemplo, os 70 discípulos que Jesus enviou em seu nome voltaram a Ele e relataram com alegria que "até os demônios se submeteram a nós em teu nome". E Jesus viu isso como um sinal, tão claro quanto a luz de um relâmpago, de que Satanás estava no processo de ser derrotado e que o Reino de Deus tinha começado: "Vi Satanás cair do céu como um raio".

O Diabo pode até ter sido derrotado, mas não foi destruído. Ele pôde continuar usando pessoas como seus instrumentos. Quando o Apóstolo Pedro repreendeu Jesus por dizer que seria morto, Jesus viu isso como o Diabo falando por meio de Pedro: "Afasta-te de mim, Satanás!" (Mc 8,33). Ele disse para as autoridades judaicas que alegaram terem Abraão como pai: "Vós tendes como pai o Diabo" (Jo 8,44). E foi o Diabo que entrou em Judas Iscariotes para trair Jesus. O cenário foi a última ceia. Jesus estava ciente de que havia chegado a sua hora de partir do mundo. Durante a ceia, o Diabo decidiu em seu coração que Judas Iscariotes deveria trair Jesus[30]. Jesus levantou-se da ceia

---

29. Cf. tb. Mc 3,22-27; Lc 11,14-23.
30. A leitura tradicional desse versículo é que o Diabo pôs no coração de Judas que ele trairia Jesus. Sigo aqui a leitura de KELLY, H.A. *Satan*: A Biography. Cambridge: Cambridge University Press, 2006, p. 109.

e, despindo suas roupas, cobriu-se com uma toalha e lavou os pés dos seus discípulos. Jesus sabia quem o trairia e, mais tarde, quando Ele e seus discípulos retomaram sua refeição, disse a um dos discípulos que seu traidor seria aquele a quem Ele daria um pedaço de pão. Ele o deu a Judas, o filho de Simão Iscariotes. Naquele momento, "Satanás entrou nele" (Jo 13,27). Jesus lhe disse para fazer o que tinha de fazer; Judas saiu imediatamente e o entregou às autoridades judaicas.

O próprio Jesus não esperava que sua morte fosse sinalizar a derrota de Satanás. Durante a última ceia, Jesus havia orado a Deus para "protegê-los do Maligno" (Jo 17,15). Ele também ensinou aos próprios discípulos a orar a Deus "livra-nos do Maligno" (Mt 6,13). Como um leão que ruge, o Diabo ainda "ronda, procurando alguém para devorar" (1Pd 5,8). Ele foi a causa da perseguição e prisão dos cristãos, suscitando inimigos externos contra o cristianismo. Quando o mágico Elimas se opôs a Paulo e Barnabé e tentou fazer com que o procônsul romano Sérgio Paulo se voltasse contra eles, Paulo o reconheceu como agente do Diabo (At 13,10). O Diabo também inspirou falsos mestres dentro da Igreja a se oporem ao ensino de Paulo: "Se o próprio Satanás se transforma em anjo de luz, não é nada extraordinário que seus servidores se disfarcem em servidores da justiça" (2Cor 11,14). Ainda assim, era possível resistir. Tiago disse aos seus leitores: "Sede submissos a Deus e resisti ao Diabo, e ele fugirá de vós" (Tg 4,7).

## A queda do dragão

> Houve então uma batalha no céu: Miguel e seus anjos lutaram contra o dragão. O dragão também lutou, junto com seus anjos, mas foram derrotados, e não houve mais lugar para eles no céu. O grande dragão, a antiga serpente, cha-

mada Diabo e [o] Satanás, que seduz o mundo todo, foi expulso para a terra, juntamente com seus anjos (Ap 12,7-9).

A narrativa da queda do dragão e de seus anjos do céu consta no último livro do Novo Testamento e o último a ser escrito – o Livro do Apocalipse –, atribuído a um certo João de Patmos. Essa narrativa da queda do dragão e de seus anjos foi tradicionalmente interpretada como referência à queda de Satanás antes da criação e a "antiga serpente, chamada Diabo e [o] satanás" como referência à serpente no Jardim do Éden. Porém, o Apocalipse, como a Bíblia inteira, não tem ciência de uma queda de Satanás anterior à criação. Antes, uma leitura mais atenta do texto do Apocalipse indica que a queda do dragão e de seus anjos não ocorreu antes da criação de Adão, mas após a morte de Cristo. Ela também sugere que, como em Jó e em Zacarias, Satanás continuou em seu papel na corte celestial como o acusador até ser derrotado, primeiro na batalha contra Miguel e seus anjos e depois pelo sangue do Cordeiro – isto é, de Cristo –, e por sua derrota na corte celestial como consequência do testemunho dos mártires: "porque foi expulso o acusador dos nossos irmãos, aquele que os acusava dia e noite diante de nosso Deus" (Ap 12,10). Assim Satanás perdeu sua posição celestial como acusador. Sua obra teve continuidade no plano terrestre: "Por isso, alegrai-vos, ó céus e todos os seus habitantes. Mas ai da terra e do mar, porque o Diabo desceu para junto de vós, cheio de grande furor, sabendo que lhe resta pouco tempo" (Ap 12,12).

A veemência das ações do Diabo no mundo foi intensificada por sua queda e foi mitigada apenas pelo breve tempo que haveria até sua derrota final. A comunidade cristã da qual proveio o Livro do Apocalipse era apocalíptica, entalada entre a presente perseguição e a bênção esperada, vivendo na expectativa de uma intervenção decisiva da parte de Deus e a vinda de um novo céu e uma nova terra. Para essa comunidade, a derrota definitiva de Satanás constituiu um prelúdio necessário do Reino de Deus que estava por vir. Lemos que um anjo desceu do céu, segurando em sua mão uma grande corrente e a chave para o abismo sem fundo. Ele agarrou o dragão, "a antiga serpente, que é o Diabo, Satanás, e o acorrentou por mil anos. Lançou-o no abismo que foi trancado e selado, para que o dragão não seduzisse mais as nações até o fim dos mil anos" (Ap 20,2-3).

Quando o milênio tivesse chegado ao fim, Satanás seria solto da prisão por um breve intervalo de tempo para seduzir as nações nos quatro cantos da terra. Essas nações, descritas como Gog e Magog, juntaram suas forças para batalhar contra os santos. Eles foram destruídos por um fogo que desceu do céu. O Diabo foi jogado "no lago de fogo e enxofre, onde já estavam a besta e o falso profeta. Ali serão atormentados dia e noite pelos séculos dos séculos" (Ap 20,10).

Então chegaria a hora do Juízo Final. O Livro do Apocalipse fala de um grande trono branco e um vulto impressionante sentado nele, de cuja presença fugiram a terra e o céu. A morte, o mar e o Hades entregaram os mortos que havia neles. Estes compareceram diante do trono para serem julgados de acordo com seus atos, como estes estavam registrados nos livros. Quem não encontrou seu nome registrado no livro da vida "foi lançado no lago de fogo" (Ap 20,15), juntando-se a Satanás no tormento eterno.

# 2
# A queda do Diabo

*Como caíste do céu, Lúcifer, filho da aurora! Como foste arrojado por terra, tu que enfraquecias as nações! E tu dizias em teu coração: "Subirei até o céu, acima das estrelas de Deus estabelecerei o meu trono. Tomarei assento no monte da Assembleia, nos confins do norte. Subirei ao cume das nuvens; serei semelhante ao Altíssimo". Mas serás lançado no inferno, para os lados do abismo* (Is 14,12-15).

## A queda do homem

Surpreendentemente, em torno do ano 100 e do fim do período do Novo Testamento, embora tenhamos conhecimento do fim de Satanás a partir do Livro do Apocalipse, sabemos pouco a respeito de sua origem. Na Bíblia não há registro da queda de Satanás ou dos anjos anterior à criação do homem. Nem encontramos na Bíblia qualquer conexão entre Satanás e a serpente no Jardim do Éden[31]. Como vimos anteriormente, o Apocalipse (12,9) de fato se refere à "antiga serpente, chamada Diabo e o satanás". Porém, não há no texto qualquer indício de que se esteja fazendo referência à serpente do Éden. Estamos tão acos-

---

31. Adão não é uma figura importante na Bíblia hebraica. De fato, além da narrativa da queda de Adão e Eva no Livro do Gênesis há apenas uma referência clara a Adão na Bíblia hebraica (1Cr 1,1).

tumados a identificar a serpente do Éden com o Diabo na história da interpretação pós-bíblica cristã da queda de Adão e Eva, que temos de pôr isso de lado conscientemente quando lemos a narrativa do Gênesis.

Na literatura crítica que trata do Gênesis é comum distinguir duas diferentes narrativas da criação, datadas de dois períodos distintos, nos primeiros capítulos desse livro (Gn 1,1–2,4a; 2,4b–3,24). Contrariamente à perspectiva cósmica da primeira dessas narrativas, a segunda – que conta a história de Adão e Eva – é um mito de origem que explica o estado de coisas atual mediante aquilo que ocorreu em tempos primevos: a presença da morte, a existência da dor e a razão pela qual as cobras rastejam sobre seu ventre. Ela foi escrita provavelmente no século X ou IX a.C.

Ela nos conta que havia uma terra preexistente, mas nenhuma planta nem vegetação. Ainda não havia chovido, embora houvesse uma fonte de água que brotava do solo e irrigava a terra. Em contraste com a primeira narrativa da criação (Gn 1,27), na qual a criação da humanidade é o último ato de criação ("Deus criou o ser humano à sua imagem, macho e fêmea Ele os criou"), aqui a criação do homem é o primeiro ato: "Então o Senhor Deus formou o ser humano do pó da terra, soprou-lhe nas narinas o sopro da vida e ele tornou-se um ser vivo" (Gn 2,7).

O ser humano foi criado como homem adulto de idade indeterminada. Os comentaristas judeus lhe deram em torno de 20 anos de idade (*Gênesis Rabá* 14,7)[32]. A visão cristã predominante foi que ele tinha em torno da idade perfeita de 30 anos, sem dúvida em razão de pensarem que essa foi a idade de Jesus no tem-

---

32. NEUSNER, J. *Genesis Rabbah: The Judaic Commentary to the Book of Genesis* – A new American Translation. Atlanta, GA: Scholars Press, 1985.

po do seu ministério[33]. Nesse estágio, o jardim ainda não tinha sido criado, pois em seguida Deus se pôs a plantar um jardim em Éden, ao Oriente. Não foi exatamente no Éden, mas nas proximidades, pois pouco depois ficamos sabendo que um rio fluía do Éden para irrigar o jardim. De todo modo, Deus então pôs o homem no jardim. O rio que fluía do Éden para irrigar o jardim se dividia a partir dali em quatro – Fison, Geon, Tigre e Eufrates. A partir dali ele fluiu para os quatro quadrantes do mundo. Não obstante a quantidade de tinta cristã e de sangue não cristão que foram derramados na tentativa de localizar o Jardim do Éden, trata-se de um lugar mítico mais do que de um lugar geográfico: é um centro cósmico e ponto mais próximo entre céu e terra[34].

Deus fez tudo agradável à vista e bom para comer, bem como duas árvores – a árvore da vida no meio do jardim e a árvore do conhecimento do bem e do mal. A fruta da árvore da vida conferia imortalidade, embora o homem não tivesse consciência disso naquele tempo (Gn 3,22). No início, a localização da árvore do conhecimento do bem e do mal não é determinada, embora mais tarde Eva diga que ela também se encontrava no centro do jardim (Gn 3,3).

O papel do homem era o de cultivar e guardar o jardim. Deus disse a Adão que ele poderia comer de toda árvore do jardim com uma exceção: "mas da árvore do conhecimento do bem e do mal não deves comer, porque no dia em que o fizeres serás condenado a morrer" (Gn 2,17). Adão era mortal, mas mantido vivo pelo fôlego de Deus. Ele estava só e também solitário. Assim, Deus criou os pássaros e animais (incluindo a serpente)

---

33. ALMOND, P.C. *Adam and Eve in Seventeenth-Century Thought*. Cambridge: Cambridge University Press, 1999, p. 18.
34. Ibid., cap. 3.

para fazerem companhia ao homem. Adão tinha controle e domínio sobre eles, o que é sinalizado por ter a responsabilidade de dar nomes aos animais. As criaturas não eram parceiras satisfatórias para o homem, de modo que Deus fez o homem cair em sono profundo e criou a mulher de uma de suas costelas, fechando o lugar com carne. O homem disse: "Desta vez sim, é osso dos meus ossos e carne da minha carne! Ela será chamada 'mulher' porque foi tirada do homem" (Gn 2,23). Portanto, a mulher era mais próxima dele do que qualquer dos animais. E, diferentemente dele, ela foi criada no jardim.

Segue-se, então, o momento-chave da narrativa: a serpente, um dos animais criados por Deus, entrou em cena. Diz-se dela que era mais esperta do que qualquer um dos demais. A serpente perguntou a Eva se Deus os havia proibido de comer de toda árvore do jardim. Ela disse que poderiam comer de todas menos da árvore do conhecimento do bem e do mal. Até mesmo tocá-la resultaria em morte. A serpente então disse para Eva que ela não morreria, mas que seus olhos seriam abertos e ela se tornaria como Deus, conhecedora do bem e do mal. Então a mulher comeu da árvore e deu uma porção para o seu marido, que estava com ela. Então os olhos de ambos foram abertos, embora talvez não do modo como esperavam, pois eles tomaram ciência de sua nudez. Eles coseram para si tangas com folhas de figueira.

Quando ouviram Deus andando pelo jardim, eles se esconderam dele entre as árvores. Deus se deu conta de que eles haviam comido da árvore proibida. O homem culpou a mulher por ter lhe dado a fruta e esta, por sua vez, culpou a serpente. Deus amaldiçoou a serpente, tirando-lhe as pernas, permitindo-lhe, portanto, apenas uma dieta de sujeira. Ele instituiu a inimizade entre cobras e pessoas, aumentou as dores de parto, estabeleceu a dominação dos homens sobre as mulheres, declarou que o trabalho passaria a ser árduo e que o homem retornaria ao pó de onde veio. Ciente de que o homem e a mulher também ficaram sabendo que comer as frutas da árvore da vida lhes daria a imortalidade, Deus os expulsou do jardim.

## A serpente satânica

A narrativa da queda de Adão e Eva como contada no Livro do Gênesis originalmente envolveu apenas um animal terreno criado, mais do que um ente sobrenatural. Porém, isso logo mudaria, já no século II da Era Cristã, nos escritos de Justino Mártir, o primeiro a identificar a serpente do Jardim do Éden com Satanás.

Justino viu Satanás como o chefe dos anjos caídos[35]. Como já observamos, para Justino, a queda dos anjos ocorreu na época de Noé em decorrência do desejo sexual dos anjos pelas filhas dos humanos. A partir daquele tempo, não só os anjos caídos, mas também a progênie destes, os demônios, tornaram-se ativos no mundo. Porém, de acordo com Justino, a queda do príncipe dos demônios, Satanás, tinha ocorrido muito antes.

À semelhança dos humanos, todos os anjos – incluindo Satanás – foram criados com livre-arbítrio; embora, diferentemente dos humanos, eles nunca morreriam. Deus confiou o cuidado pelos humanos e por todas as coisas sob o céu a eles. Embora nunca fique claro por que Deus criou seres como os anjos com a capacidade de fazer mau uso do seu livre-arbítrio, Satanás foi o

---

35. Sobre Justino cf. RUSSELL, J.B. *Satan*: The Early Christian Tradition. Ithaca, NY/Londres: Cornell University Press, 1987, p. 63-72. • KING, R.A. *Justin Martyr on Angels, Demons, and the Devil*. Casa Grande, AZ: King and Associates, 2011. A respeito dos escritos de Justino, cf. DODS, M.; REITH, G. & PRATTEN, B.P. (trads.). *The Writings of Justin Martyr and Athenagoras*. Op. cit.

primeiro deles a quebrar a confiança de Deus daquela maneira. Por razões que não ficam claras, Satanás tentou Eva na forma de uma serpente e foi amaldiçoado por isso: "a serpente enganou Eva e foi amaldiçoada", declarou Justino[36]. Embora Justino seja ambíguo em relação a isso, provavelmente foi nessa hora que Satanás caiu. Aquele que foi chamado de serpente "sofreu uma grande ruína por ter enganado Eva"[37].

De acordo com Justino, quando veio até Jesus, o Diabo tentou compensar sua queda, pedindo que Jesus o adorasse. Porém, "Jesus destruiu e superou o Diabo [...] que apostatou da vontade de Deus"[38]. Assim, o poder de Satanás e de seus anjos caídos e demônios foi apenas temporário. Até o fim do mundo, tanto humanos quanto anjos que usarem mal seu livre-arbítrio "sofrerão de maneira justa no fogo eterno a punição de quaisquer pecados que tiverem cometido"[39]. Justino nos conta que Cristo prenunciou que aquele que é chamado de "a serpente, e de Satanás, e de Diabo" seria "lançado ao fogo com suas hostes e com os humanos que o seguem, e sua punição duraria para sempre"[40].

Acompanhando Justino, seu discípulo Taciano (c. 120-180), em sua obra *Discurso aos gregos*, identificou a serpente do Éden com o Diabo. Antes de criar os humanos, Deus tinha criado os anjos, o "primogênito" e chefe dos quais foi o Diabo. Mais sutil do que o restante dos demônios, foi ele que, fazendo mau uso do

---

36. "Dialogue with Trypho", 79. In: DODS, M.; REITH, G. & PRATTEN, B.P. (trads.). *The Writings of Justin Martyr and Athenagoras.* Op. cit.
37. Ibid., 124.
38. Ibid.
39. "The Second Apology of Justin", 7. In: DODS, M.; REITH, G. & PRATTEN, B.P. (trads.). *The Writings of Justin Martyr and Athenagoras.* Op. cit.
40. "The First Apology of Justin", 28. In: DODS, M.; REITH, G. & PRATTEN, B.P. (trads.). *The Writings of Justin Martyr and Athenagoras.* Op. cit.

seu livre-arbítrio, tentou os humanos a aceitá-lo como seu deus. Em decorrência disso ele foi excluído da presença de Deus. Os humanos, originalmente feitos à imagem de Deus, tornaram-se mortais, mas o anjo primogênito se tornou um demônio por causa de sua transgressão e de sua ignorância[41].

No entanto, diferentemente de Justino, Taciano rejeitou explicitamente o mito das sentinelas. Ele declarou: "Os demônios que dominaram os humanos não são as almas dos humanos"; isto é, os espíritos dos gigantes[42]. Em decorrência, é difícil fazer um relato da origem dos demônios separados do seu chefe. Consequentemente, o relato que Taciano faz da queda dos anjos após a queda do homem tem um teor um tanto trôpego: "e aqueles que o [o anjo primogênito] imitaram – isto é, que imitaram suas ilusões – converteram-se em hoste de demônios e, por sua liberdade de escolha, foram entregues à própria paixão efêmera"[43]. O Diabo caiu em consequência de sua ignorância da verdadeira natureza de Deus. Os anjos caídos tentaram ser divinos: "Porque, aderindo à vanglória por causa da própria loucura e sacudindo de si as rédeas [da autoridade], eles se evidenciaram como usurpadores da divindade"[44].

Em sintonia com sua tendência gnóstica de ver a matéria como má, Taciano viu os anjos caídos como seres que receberam sua estrutura da matéria. Porém, nenhum deles foi feito de

---

41. "Tatian's Address to the Greeks", 7. In: PRATTEN, B.P.; DODS, M. & SMITH, T. (trads.). *The Writings of Tatian and Theophilus; and The Clementine Recognitions*. Edimburgo: T. & T. Clark, 1883 [Ante-Nicene Christian Library, vol. 3].
42. Ibid., 16.
43. Ibid., 7.
44. Ibid., 12.

carne: "sua estrutura é espiritual, como a do fogo ou do ar"[45]. Vivendo no ar, eles pervertem as mentes dos humanos e os incapacitam de alcançar a senda que leva ao céu. Eles eram os deuses adorados pelos gregos e romanos. Zeus e o Diabo são um só e o mesmo. Deus permitiria que eles se exibissem até o fim do mundo e, nessa hora, seriam punidos pelo tempo que vivessem.

Embora possamos interpretar de modo razoável que Justino tenha se referido ao envolvimento do Diabo na queda do homem, ele não vinculou o Diabo explicitamente com a serpente e a queda no Éden. Todavia, encontramos o primeiro relato claro do envolvimento de um anjo na queda do homem no segundo livro de Teófilo de Antioquia a Autólico, conhecido como *Apologia a Autólico* (final do século II). Teófilo nos diz que Eva foi "enganada pela serpente e se tornou a autora do pecado, o demônio sagaz, que também é chamado de Satanás, que então falou a ela por meio da serpente e que opera até hoje nos humanos possuídos por ele. [...] E ele é chamado de 'demônio' e 'dragão' em razão de sua revolta contra Deus"[46]. A implicação disso é que a queda de Satanás seguiu-se à queda do homem. Quanto aos anjos caídos, Teófilo não deu explicação alguma a respeito deles.

Nem Justino nem Taciano nem Teófilo dão qualquer razão por que o Diabo teria desejado tentar o ser humano. Ireneu talvez tenha sido o primeiro a fazer isso em seu livro *Contra as heresias* (182-188). Ele culpou a inveja que o Diabo tinha do homem. Lemos que o Diabo, invejando a obra realizada por Deus

---

45. Ibid., 15.
46. "The Three Books of Theophilus of Antioch to Autolycus", 2.28. In: PRATTEN, B.P.; DODS, M. & SMITH, T. (trads.). *The Writings of Tatian and Theophilus; and The Clementine Recognitions*. Op. cit. O termo grego para "dragão" ("δράκων") permite um jogo de palavras com "revoltar-se" (ἀποδεδρακέναι, *apodedrakénai*).

(o homem), "propôs-se a converter esta [obra] em inimizade contra Deus"[47]. Em consequência disso, Deus baniu o Diabo de sua presença.

Enquanto para Irineu a causa da inveja do Diabo foi o próprio ser humano, para Tertuliano (170-220), o primeiro teólogo latino, tratou-se de inveja, irritação, mágoa e malevolência pelo fato de Deus ter dado ao homem domínio sobre a criação[48]. Para Irineu, o Diabo caiu após a queda do homem. Tertuliano, por sua vez, acreditava que ele caiu antes da queda do homem, no momento em que tomou forma nele a disposição de tentar o ser humano. Tertuliano declarou que, antes de se tornar o Diabo, ele foi criado como um arcanjo, o maior dos anjos, "a mais sábia das criaturas", e "ele era bom em conformidade com suas obras boas"[49]. No dia em que ele foi criado, foi posto em um paraíso montanhoso, onde Deus também tinha posto os "anjos em uma forma que lembrava a figura de animais"[50]. Tertuliano estava de fato fazendo uma leitura angélica da narrativa da queda do rei de Tiro, no Livro de Ezequiel (28,11-16), antes da qual ele foi "o selo da perfeição, cheio de sabedoria e perfeito em termos de beleza", residindo no Jardim do Éden no monte sagrado de Deus, até que "a iniquidade foi encontrada em ti" e "eu te expulsei do monte de Deus como uma coisa profana". Por prover a funda-

---

47. "Irenaeus against Heresies". In: ROBERTS, A. & RAMBAUT, W.H. (trads.). *The Writings of Irenaeus*.Vol. 2. Edimburgo: T. & T. Clark, 1883 [Ante-Nicene Christian Library, vol. 9].
48. "Of Patience". In: THELWALL, V. (trad.). *The Writings of Quintus Sept. Flor. Tertullianus*. Vol. 1. Edimburgo: T. & T. Clark, 1882 [Ante-Nicene Christian Library, vol. 11].
49. HOLMES, P. (trad.). *The Five Books of Quintus Sept. Flor. Tertullianus against Marcion*. Edimburgo: T. & T. Clark, 1878, 2.10 [Ante-Nicene Christian Library, vol. 7].
50. Ibid.

mentação bíblica para a bondade do Diabo em seu nascimento, Ezequiel é um texto-chave para a narrativa de Satanás como um anjo originalmente bom que se perdeu.

Portanto, por ter sido criado com livre-arbítrio, a escolha de ser corrupto foi do Diabo. Teologicamente, a chave para o fato de o Diabo ter sido criado com livre-arbítrio e de o mal ser consequência do mau uso dele é que isso afasta de qualquer suposição de que o mal foi implantado "por natureza" na criação do mundo e, portanto, pode ser atribuído à intenção divina. Ao contrário, como consequência do mau comportamento de um ser criado bom, mas com a capacidade de fazer o mal, a existência do mal foi acidental e não necessária. Assim, em decorrência de sua inclinação para pecar e de tentar o ser humano, o Diabo foi punido, "jogado de cabeça lá do alto"[51], "jogado para baixo como um raio"[52]. Quando o restante dos anjos caiu por causa do seu desejo sexual pelas mulheres, ele se tornou o chefe dos anjos caídos e dos demônios, que resultaram do casamento dos anjos com as filhas dos humanos.

Tertuliano acreditava que, a partir daquele momento, todos eles trabalharam pela ruína da humanidade. Os demônios e os anjos "insuflaram a alma e despertaram suas corrupções com paixões violentas e excessos vis ou com desejos cruéis acompanhados de vários erros"[53]. Seus corpos sutis e tênues lhes permitiram o acesso a toda parte: "Todo espírito é dotado de asas. Esta é uma propriedade comum de anjos e demônios. Assim, eles

---

51. "On the Spectacles", 8. In: THELWALL, V. (trad.). *The Writings of Quintus Sept. Flor. Tertullianus.* Op. cit. Vol. 1.
52. HOLMES, P. (trad.). *The Five Books of Quintus Sept. Flor. Tertullianus against Marcion.* Op. cit., 2.10.
53. "Apology", 22. In: THELWALL, V. (trad.). *The Writings of Quintus Sept. Flor. Tertullianus.* Op. cit. Vol. 1.

estão em toda parte ao mesmo tempo; o mundo inteiro é como um só lugar para eles; para eles, tudo que é feito em toda a sua extensão é tão fácil de saber quanto de relatar"[54]. Cada indivíduo tem dentro de si o próprio demônio para tentá-lo. O poder do Diabo foi diminuído pelo sofrimento e pela morte de Cristo, do que resultou que os demônios podem agora ser repelidos por meio da fé em Cristo. O poder do Diabo, de seus demônios e anjos terá fim no Juízo Final.

Tertuliano prestou uma contribuição decisiva à demonologia cristã. Justino, como vimos, demonizou o inimigo exterior – o judaísmo e as religiões greco-romanas. Porém, Tertuliano demonizou aqueles que ele considerou heréticos dentro do cristianismo. O Diabo era a fonte tanto da idolatria quanto da heresia[55]. Tertuliano, portanto, forneceu os fundamentos demonológicos para a perseguição às bruxas ocorrida na Idade Média tardia e no início da Era Moderna, na qual se entendia as bruxas como hereges em conluio com Satanás.

## A soberba precede a queda

O texto mais importante para a narrativa da queda de Satanás durante o período cristão antigo foi a *Vida de Adão e Eva*. Ele foi escrito em algum momento entre os séculos III e V e provavelmente é de origem cristã; as versões em grego (original), latim, armênio, geórgico, eslavo e copta atestam sua ampla difusão

---

54. Ibid.
55. TERTULLIAN. "The Prescription against Heretics", cap. 40. In: ROBERTS, A. & DONALDSON, J. (eds.). *Latin Christianity: Its Founder, Tertullian* – Ante-Nicene Fathers. Vol. 3. Grand Rapids, MI: Eerdmans, 1980, cf. tb. PAGELS, E. *The Origin of Satan*. Nova York: Random House, 1995, cap. 6.

geográfica[56]. Ele chegou até o período medieval em numerosas traduções europeias, indo até a Renascença, e influenciou o relato da queda do Diabo no Alcorão[57].

A versão latina da *Vida de Adão e Eva* começa com a expulsão de Adão e Eva do Jardim do Éden, lamentando a perda do Paraíso. Depois de 7 dias tiveram fome, procuraram comida, mas não encontraram nada. Adão então sugeriu a Eva que, se eles se arrependessem profundamente, Deus se apiedaria deles e proveria o suficiente para poderem sobreviver. Adão, então, determinou que jejuassem por 40 dias e passassem esse tempo parados nas águas do Rio Jordão. Ele ordenou a Eva que fosse até o Rio Tigre, pegasse uma pedra e ficasse de pé sobre ela com água até o pescoço, sem falar por 37 dias.

Passados 18 dias, Satanás se enfureceu e, transformando-se em um anjo de luz, foi até Eva e a encontrou chorando. Ele estava prestes a tentá-la pela segunda vez; como se estivesse sofrendo com ela, ele próprio começou a chorar. Ele lhe disse para parar de chorar porque Deus a perdoara e o enviara até ela para levá-la ao lugar em que tinha sido preparada a comida que ela tivera no Paraíso. Ela saiu da água e o Diabo a levou até Adão. Este soube instantaneamente que ela havia sido seduzida de novo pelo Diabo e lhe perguntou como tinha deixado que isso acontecesse de novo. Isso duplicou a tristeza e a lamentação de Eva.

---

56. Cf. uma sinopse comparativa dessas versões em ANDERSON, G.A. & STONE, M.E. *A Synopsis of the Books of Adam and Eve*. Atlanta, GA: Scholars Press, 1994. Cf. tb. ANDERSON, G.A.; STONE, M. & TROMP, J. (eds.). *Literature on Adam and Eve*: Collected Essays. Leiden: Brill, 2000.
57. MURDOCH, B. *The Apocryphal Adam and Eve in Medieval Europe*. Oxford: Oxford University Press, 2009.

Tanto Eva quanto Adão perguntaram ao Diabo por que ele os perseguia com tanto empenho, já que não o tinham prejudicado. O Diabo disse a Adão que ele era responsável por sua expulsão do céu e, à interrogação de Adão,

> O Diabo respondeu: "Adão, que estás me dizendo? Foi por tua causa que fui lançado para fora de lá. Quando foste criado, eu fui expulso da presença de Deus e fui excluído da comunhão dos anjos. Quando Deus soprou em ti *o fôlego de vida* e teu semblante e semelhança foram feitos *à imagem de Deus*, Miguel te trouxe e fez com que te adorássemos à vista de Deus. [...] E Miguel saiu e convocou todos os anjos, dizendo: 'Adorem a imagem do Senhor Deus, conforme instrução do Senhor Deus'. E o próprio Miguel adorou primeiro e me chamou e disse: 'Adora a imagem de Deus *Yahweh*'. E eu respondi: 'Eu não vou adorar Adão'. E quando Miguel continuou me forçando a adorar, eu lhe disse: 'Por que estás me forçando? Não adorarei um ser inferior e subsequente a mim. Sou anterior a ele na criação; fui feito antes dele. Ele deve me adorar'.
> Quando ouviram isso, outros anjos que estavam sob meu comando recusaram-se a adorá-lo. E Miguel afirmou: 'Adorem a imagem de Deus. Porém, se não quiserem adorá-la, o Senhor Deus ficará irado com vocês'. Eu disse: 'Se Ele ficar irado comigo, eu porei o meu trono acima das estrelas do céu e serei como o Altíssimo'.
> O Senhor Deus ficou irado comigo e excluiu a mim e a todos os meus anjos de sua glória; e, por causa de ti, fomos expulsos de nossas moradas para dentro deste mundo e fomos jogados na terra"[58].

Com inveja da felicidade de Adão e Eva no Jardim do Éden, Satanás atacou Eva. Antes de fazer isso – como lemos na versão grega da *Vida de Adão e Eva*, também conhecida como *Apocalipse*

---

58. "Life of Adam and Eve", 13–16. In: CHARLESWORTH, J.H. *The Old Testament Pseudepigrapha*. Vol. 2. Nova York: Doubleday, 1985.

*de Moisés* –, Satanás tentou a serpente. Essa narrativa é contada por Eva a seus filhos e netos. De acordo com ela, Deus distribuiu diferentes partes do Paraíso para ela e Adão cuidarem; para ela coube o sul e o oeste, para ele o norte e leste. Os animais machos estavam na parte do Paraíso que cabia a Adão, as fêmeas na parte que cabia a ela. O Diabo foi até a seção de Adão, onde disse à serpente que tinha algo para lhe contar:

> O Diabo falou para ela: "Ouvi que és mais sábia do que todos os animais selvagens; assim, vim observar você. Descobri que você é maior do que todos os animais selvagens e eles estão em sintonia com você; porém, agora você está prostrada ao extremo. Por que você come as ervas daninhas de Adão, e não dos frutos do Paraíso? Levante-se e vem, vamos fazer com que ele seja expulso do Paraíso por meio de sua mulher, exatamente do mesmo modo que fomos expulsos por meio dele"[59].

A serpente se tornou o porta-voz do Diabo; Eva e Adão comeram do fruto proibido e foram expulsos do Paraíso. A serpente foi privada de mãos e pés, ouvidos e asas.

A *Vida de Adão e Eva* foi demonologicamente significativa por quatro razões. Primeiro porque, enquanto a inveja da posição do homem no Paraíso motivou o Diabo a tentar Eva após sua queda, foi a soberba de sua posição na ordem criada que provocou sua queda. O amor a si posto acima da obediência a Deus se tornou aqui o pecado primordial e a raiz de todos os outros. A soberba se tornou demonologicamente a causa dominante da queda de Satanás e teologicamente da queda do homem.

A segunda razão foi que a *Vida de Adão e Eva* não só forneceu um relato da queda de Satanás – nesse caso anterior ao momen-

---

59. "The Apocalypse of Moses", 16. In: Ibid.

to em que Adão ingressou no Jardim do Éden – mas também preencheu a lacuna que tinha sido criada na teoria demonológica pelo descenso no mito das sentinelas no tempo de Noé como origem dos anjos caídos. A queda do Diabo e a dos seus anjos passou a ocorrer ao mesmo tempo.

Em terceiro lugar, a queda do Diabo e pelo menos de alguns dos anjos é a consequência de uma revolta deliberada e direta contra Deus. Só depois de ter sido jogado para baixo como consequência de sua rebelião foi que Satanás se propôs a tentar Adão e Eva a desobedecer a Deus. Esse se tornaria o relato cristão clássico da queda do Diabo e de seus seguidores angelicais.

A quarta e sumamente significativa razão foi que, declarando sua rebeldia contra Deus, o Diabo reivindicou: "Eu porei o meu trono acima das estrelas do céu e serei como o Altíssimo". Ao dizer isso, ele referenciou o que seria o texto bíblico mais importante para a queda de Satanás; a saber, Is 14. Lúcifer e o Diabo estavam prestes a se tornar um só e o mesmo.

## O descenso de Lúcifer

Na *Vida de Adão e Eva*, a queda dos anjos ainda contou com o envolvimento da humanidade. Porém, foi uma leitura angelical de Is 14 que tornou possível um relato da queda de Satanás, que não ocorreu como consequência da criação do ser humano e sem o envolvimento deste. Ela ocorreu antes da criação do mundo. Para entender esse acréscimo à demonologia cristã clássica precisamos nos voltar para o teólogo alexandrino Orígenes (c. 185-254).

A exemplo de Tertuliano, Orígenes fez uma leitura angelical da passagem de Ez 28,11-16, referente à queda do rei de Tiro, considerando Satanás inicialmente como um dos seres celestiais. A inovação mais significativa de Orígenes foi a identificação de Satanás com a "estrela da manhã" de Is 14 – isto é, "Lúcifer" – a tradução latina do termo hebraico *hêlel* e do termo grego ἑωσφόρος (*heosfóros*). Desse modo, "Lúcifer" se tornou um nome alternativo para o Diabo, um ser de luz caído. Depois de citar Is 14,12-22 em sua obra *Tratado sobre os princípios*, Orígenes declarou o seguinte:

> Estas palavras provam com suma clareza que aquele que antes era Lúcifer e "que despontou pela manhã" caiu do céu. Porque, se ele foi um ser das trevas, como supõem alguns, por que se diz que anteriormente ele foi Lúcifer ou o que porta a luz? [...] Desse modo, portanto, até Satanás foi luz um dia, antes de se perder e cair para este lugar[60].

A passagem de Isaías também forneceu uma razão para a queda de Satanás. O que o derrubou foi sua *hýbris* ou sua soberba, ao desejar ser igual a Deus[61]. Foi o pecado da soberba que passou a dominar as explicações da causa da queda do Diabo, e ele se fixou como o pecado original: "por sua soberba ele outrora começou a pecar", escreveria Agostinho mais tarde em *A cidade de Deus*[62].

A intenção do argumento de Orígenes foi responder aos gnósticos, adeptos de um dualismo radical, que consideravam o Diabo como oposto a Deus e mau por natureza. Orígenes acreditava que a queda do Diabo e seus anjos foi muito mais uma consequência de seres criados bons com a capacidade de praticar o

---

60. BUTTERWORTH, G.W. (trad.). *Origen: On First Principles*. Gloucester, MA: Peter Smith, 1973, 1.5.5. Excetuando algumas passagens do original grego, conhecemos essa obra em sua maior parte por meio da tradução latina de Rufino de Aquileia sob o título *De Principiis* (Sobre os princípios).
61. ORIGEN. *Homilies*, 12.4.4. In: SCHECK, T.P. (trad.). *Homilies on Numbers*: Origen. Downers Grove, IL: IVP Academic, 2009.
62. AUGUSTINE. "The City of God". Op. cit., 11.15.

mal, que escolheram racional e livremente afastar-se de Deus. Tanto os maus anjos quanto os humanos resultaram desse mau uso do livre-arbítrio.

A compreensão que Orígenes tinha da queda dos anjos e dos homens está vinculada às suas explicações da preexistência das almas e de não haver diferença essencial entre anjos, demônios e seres humanos. De acordo com Orígenes, todas as almas – as dos homens, a dos anjos e a dos demônios – vieram a existir na época da criação original do mundo ou próximo dela. Todas foram criadas iguais, com vontade livre. Isso possibilitou a Orígenes dar uma explicação ao sofrimento aparentemente inocente como resultado do pecado já presente: "Porque se não houvesse esse [pecado preexistente] e almas não tivessem preexistência, por que encontramos alguns bebês recém-nascidos cegos, se não cometeram nenhum pecado, ao passo que outros nascem sem nenhum defeito?"[63]

O Diabo decidiu resistir a Deus e Deus o afastou. Outros o acompanharam na revolta: "Alguns pecaram profundamente e se tornaram demônios, outros menos e se tornaram anjos; outros ainda menos e se tornaram arcanjos; e, desse modo, cada um por seu turno recebeu a recompensa por seu pecado individual"[64]. Todavia, houve ainda outras almas que não pecaram suficientemente para se tornar demônios, nem tão levemente para se tornar anjos. Esses seriam os humanos, cujas almas ficaram presas a corpos materiais.

O mundo foi criado em seguida como vale de punições e um possível vale de "criação de almas" para as várias almas caídas –

---

63. BUTTERWORTH, G.W. (trad.). *Origen*: On First Principles. Op. cit., 1.8.1.
64. Ibid.

para as hierarquias de anjos e demônios, os espíritos dos corpos celestiais e as várias raças humanas. A corporalidade, embora não fosse má por si mesma, nem angelical, nem demoníaca ou humana, foi consequência da queda. O mundo foi organizado por Deus de acordo com os méritos dos seres que o habitariam[65].

Teoricamente, no momento em que os homens ocuparam o espaço moral entre anjos e demônios, os demônios deveriam ter sido localizados debaixo da terra e bem no centro dela, no ponto mais distante do céu. Isso serviria para minimizar suas atividades no mundo. Em consequência, para permitir sua interação contínua com os humanos, Orígenes, a exemplo de outros Padres da Igreja antiga, situou-os no ar com os corpos aéreos, onde eles "podiam se alimentar de ofertas queimadas, de sangue e do odor de sacrifícios"[66].

A proximidade entre demônios e humanos permitiu também a designação deles a nações e indivíduos. Todo indivíduo, como toda nação, tem seu anjo e seu demônio. Assim, a batalha entre bem e mal foi travada não só na dimensão cósmica, mas também nos níveis nacional e individual. Embora Cristo tenha derrotado o Diabo e seus anjos, eles continuariam a ter poder até que Cristo retornasse. Deus permitiu que o Diabo continuasse a nos tentar, mas nós permaneceríamos livres para resistir e, por essa razão, seríamos pessoalmente responsáveis por nossos feitos e malfeitos: "A mente de cada qual é responsável pelo mal que existe nela, e isso é o mal. Os males são as ações que resultam dele"[67].

---

65. Ibid., 2.9.6.
66. CHADWICK, H. (trad.). *Origen*: Contra Celsum. Cambridge: Cambridge University Press, 1953, 7.35.
67. Ibid., 4.66. Cf. tb. RUSSELL, J.B. *Satan*: The Early Christian Tradition. Op. cit., p. 135.

Essa localização do mal, nem em Deus, nem em um princípio do mal, nem na própria matéria, mas no livre-arbítrio dos seres espirituais levou Orígenes à sua conclusão mais radical: nenhum ser espiritual, incluindo o Diabo e seus anjos, seria, em última análise, irredimível. Não está claro se Orígenes acreditou que o Diabo seria salvo no final das contas. Por um lado, sua doutrina do livre-arbítrio exigiria que até o Diabo, se ele terminasse por escolher o bem, poderia, em consequência, obter a salvação. Por outro lado, Orígenes também pareceu crer que, pelo fato de o Diabo escolher continuamente o mal, ele ficara tão habituado a ele que, embora tivesse a escolha de fazer o bem, jamais desejaria fazer isso[68]. Ele se "naturalizou" com o mal e, em consequência, de fato nunca escolheria o bem e jamais seria salvo[69]. Em consequência disso pode haver uma contradição na teologia de Orígenes entre a vontade divina de que todos serão salvos e de que o Diabo não será.

Como quer que seja, nem a doutrina da preexistência das almas nem sua teoria da possível salvação de todos os seres no final (talvez incluindo Satanás) foram acatadas pelo cristianismo em geral. Agostinho era empático e até um tanto condescendente com aqueles "cristãos de coração mole" que se recusavam a crer na eternidade dos tormentos do inferno. Ele passou a rejeitar o Orígenes "ainda mais indulgente" por acreditar "que até o próprio Diabo e seus anjos, depois de sofrerem dores sumamente severas e prolongadas merecidas por seus pecados, seriam libertados

---

68. Nesse sentido, ele é oposto binário de Cristo que, embora tivesse a liberdade de escolher o mal, nunca faz isso em decorrência do seu desejo de fazer o bem.
69. CROUZEL, H. *Origen*. Edimburgo: T. & T. Clark, 1989, p. 263. Cf. tb. HOLLIDAY, L.R. "Will Satan be Saved? – Reconsidering Origen's Theory of Volition in *Peri Archon*". In: *Vigiliae Christianae*, vol. 63, 2009, p. 1-23.

dos seus tormentos e juntados com os santos anjos"[70]. O humanista católico Erasmo de Roterdã (c. 1466-1536), ao manter seu compromisso com a liberdade da vontade e as virtudes do mérito pessoal contra a ênfase de Lutero (e Agostinho) na salvação pela graça, declarou que "uma única página de Orígenes ensina mais sobre a filosofia cristã do que 10 de Agostinho"[71]. Porém, os reformadores do século XVI em geral se opunham a Orígenes, não só por sua ênfase na liberdade da vontade, mas também por sua crença de que o amor de Deus requeria a possível salvação de todos, em contraste com a crença daqueles de que a justiça de Deus exige que os perversos sejam punidos eternamente.

Contudo, houve uma significativa reafirmação do compromisso de Orígenes com a preexistência e salvação universal em uma obra publicada anonimamente na Inglaterra em 1661, provavelmente escrita pelo anglicano Jorge Rust, posteriormente bispo de Dromore. Uma *Carta de intenções concernente a Orígenes e ao principal de suas opiniões* apoiou não só a doutrina da preexistência das almas, mas também a restauração final de todos. Partindo da perspectiva de que Deus se reconciliaria com todas as suas criaturas, até aquelas que estão confinadas no reino das trevas, ele perguntou: "Qual a diferença em termos de distância entre um diabo feito anjo e um anjo feito diabo? Estou seguro de que a vantagem está do lado da parte ascendente, mais do que do lado da parte descendente, porque se pode supor razoavelmente que a misericórdia e a compaixão de Deus por todas as suas obras os ajuda a subir, embora imerecidamente"[72].

---

70. AUGUSTINE. "The City of God". Op. cit., 21.17.
71. Apud CROUZEL, H. *Origen*. Op. cit., p. 267.
72. RUST, G. *A Letter of Resolution Concerning Origen and the Chief of his Opinions*. Londres, 1661, p. 131. Sobre o origenismo na Inglaterra do século XVII, cf. ALMOND, P.C. *Heaven and Hell in Enlightenment England*. Cambridge:

No que se refere à narrativa sobre o Diabo, o legado de Orígenes foi duplo. Ele deu um novo nome ao Diabo – Lúcifer – ao identificar o Diabo com a Estrela da Manhã de Is 14. E, talvez ainda mais importante, tornou-se lugar-comum a localização da revolta de Satanás e seus anjos antes da criação do mundo como resultado do pecado da soberba. Sua crença, ou pelo menos a crença atribuída a ele, de que Lúcifer e seus anjos seriam salvos no final, teria pouca aceitação na demonologia ocidental clássica. Lúcifer e seus anjos caíram e não mais se levantariam. Nas palavras de Ricardo Montagu, em meados do século XVII:

> Antes da criação do homem sobre a terra, milhões de anjos, criados na glória e subsistindo com Deus no lugar abençoado, abandonaram aquele primeiro estado original de que desfrutavam então e poderiam ter desfrutado para sempre com o seu Criador. Esse ato de apostasia e afastamento de Deus, que se seguiu instantaneamente à sua primeira criação, foi *irrecuperável* e seu pecado *imperdoável*; *Deus lhes jurou em sua ira que jamais retornariam ao seu descanso*. Por aquele ato de rebelião e desobediência, Deus os expulsou permanentemente do céu: eles são e sempre serão os ταρταραθέντες ["*tartaraténtes*" = lançados no Tártaro, no inferno], como formulou o Apóstolo, lançados dentro e irremediavelmente detidos em correntes das trevas exteriores, sob o julgamento daquele grande dia[73].

## A história como campo de batalha

No final do século II, ao lado de outras narrativas referentes aos seus primórdios, tomou sua forma final aquela que viria a

---

Cambridge University Press, 1994, cap. 1. Cf. tb. PATRIDES, C.A. "The Salvation of Satan". In: *Journal of the History of Ideas*, vol. 28, 1967, p. 467-478.
73. MONTAGU, R. *The Acts and Monuments of the Church before Christ Incarnate*. Londres, 1642, p. 7.

ser a narrativa predominante sobre a origem de Satanás e seus anjos. Criados antes do mundo ou da humanidade, o chefe dos anjos e alguns outros se rebelaram contra Deus em virtude de sua soberba e foram expulsos do céu. A existência do Diabo e de seus anjos caídos antes da criação do ser humano pôde levar então à diabolização da narrativa de Adão e Eva. O Diabo, tendo sido identificado com a serpente (ou tendo literalmente entrado nela) passou a ser, em última análise, responsável pela queda do ser humano, pela expulsão de Adão e Eva do jardim e pela alienação do ser humano em relação a Deus em virtude de sua desobediência.

A tradição cristã tinha aderido à doutrina de um só Deus, cujo atributo principal era a bondade. Assim, em sua busca por uma explicação para o mal, ela rejeitara a possibilidade de que um princípio maligno oposto existiu desde a eternidade. De modo similar, a bondade de Deus corria perigo caso Ele próprio tivesse criado um ente mau por natureza. A doutrina de que Satanás e seus demônios foram originalmente anjos com livre-arbítrio reforçou a bondade de Deus (por ser melhor para Deus ter criado seres com livre-arbítrio que eram capazes de escolher entre bem e mal do que ter criado seres incapazes dessa escolha). Nesse caso, era possível alegar que a existência de males no mundo provinha do mau uso do livre-arbítrio por parte de seres escolhendo livremente (tanto anjos quanto humanos)[74].

A rejeição da possibilidade aventada por Orígenes de que, em princípio, até Satanás poderia ser redimido – como formulou George Rust, se anjos se tornaram demônios por que demônios

---

[74]. Ignoro aqui a possibilidade de Deus ter criado as pessoas de tal modo que sempre escolhessem livremente fazer o bem (o que, em termos lógicos, não é tão incoerente, como pode parecer à primeira vista).

não poderiam se tornar anjos? – tem consequências "negativas" importantes para o cristianismo. Dela decorreria que, antes da criação do mundo, existiu um ente absolutamente mau que jamais desejaria escolher o bem: um antideus ou, no mínimo, um anticristo implacavelmente oposto a Deus. Isso significou que, enquanto durasse, a história teria de ser lida em primeira linha, não como uma narrativa de Deus realizando seus propósitos ano após ano, mas como a narrativa de um mundo sobre o qual Deus perdeu o controle total, não só como decorrência da queda de Satanás e de seus anjos, mas também como consequência da ação de Satanás em forma de serpente ao tentar o ser humano a se rebelar contra Deus. A vontade demoníaca e a vontade humana se amotinaram. Assim, no bojo da narrativa cristã, mal e história são, nesse sentido, confinantes – o mal está presente desde o tempo da criação do mundo e estará ausente só no seu final. Por isso, para recuperar algum controle sobre a história, o próprio Deus teve de entrar nela na pessoa de Jesus Cristo.

# 3
# O anjo do inferno

*O Filho do Homem não veio para ser servido, mas para servir e dar sua vida em resgate de muitos* (Mt 20,28).

## Liquidando o Diabo

Para os Padres da Igreja antiga, a vida, a morte e a ressurreição de Cristo estavam situadas no contexto da batalha histórica entre Deus e o Diabo, que ia da queda de Satanás, antes do início da história, até seu fim. Como formulou Frances Young: "Com os poderes do mal, Deus tinha de batalhar ou negociar, e o momento supremo da vitória foi a Cruz de Cristo [...]. O '*Christus Victor* [Cristo vitorioso]' conquistou a morte por meio de sua ressurreição, a cegueira espiritual por meio da luz do seu ensino e a ignorância por meio de sua revelação"[75]. Todos esses aspectos da vitória de Cristo foram reunidos na convicção de que o Diabo e seus anjos foram derrotados. Foi a convicção predominantemente expressa na assim chamada Teoria Expiatória do Resgate.

---

75. YOUNG, F.M. "Insight or Incoherence? – The Greek Fathers on God and Evil". In: *Journal of Ecclesiastical History*, vol. 24, 1973, p. 113-114.

Para Irineu, em consequência de sua capitulação às tentações do Diabo, o ser humano se tornou posse do Diabo. Ele estava em poder do Diabo e a morte era a consequência principal de sua queda. Deixar o ser humano nessa situação teria sido equivalente à derrota total de Deus e à superação de sua vontade pela de Satanás. Ao se tornar homem em Jesus Cristo, ao recapitular em Cristo o primeiro homem, Adão, Deus retomou o controle da história. Portanto, de acordo com Irineu,

> Por meio do segundo homem [Cristo], Ele amarrou o homem forte, saqueou seus bens e aboliu a morte, vivificando aquele homem que estivera em estado de morte. Pois, foi assim que o primeiro Adão se tornou um vaso em seu poder [de Satanás], o qual ele também manteve sob seu poder; isto é, trazendo pecado sobre ele de modo iníquo e ocasionando morte a ele sob o pretexto da imortalidade. Porque, ao prometer que eles seriam como deuses, algo que de modo nenhum lhe era possível, ele insculpiu a morte neles: razão pela qual ele, que levou o ser humano cativo, foi, por sua vez, capturado de modo justo por Deus; mas o ser humano, que fora levado cativo, foi liberto das amarras da condenação[76].

Essa Teoria do Resgate se tornaria a visão ortodoxa predominante da obra de Cristo no primeiro milênio. Foram feitas duas adaptações à teoria de Irineu. A primeira delas foi que, em última análise, Deus conseguiu libertar o ser humano do Diabo por meio de trapaça. A segunda foi que, contrariamente à visão de Irineu de que o Diabo era perverso e tomou o ser humano como refém ilicitamente, o Diabo tem direitos legítimos ao ser humano.

---

[76]. IRENAEUS. "Against Heresies", 3.23.1. In: SCHAFF, P. (ed.). *Ante-Nicene Fathers*. Vol. 1. Grand Rapids, MI: Christian Classics Ethereal Library, 1993. Sobre Irineu, cf. AULÉN, G. *Christus Victor*: An Historical Study of the Three Main Types of the Idea of Atonement. Eugene, OR: Wipf & Stock, 2003.

Embora Irineu não tenha sido tão claro como poderia ter sido, a tendência geral do seu argumento equivale ao fato de que foi ao Diabo que Deus entregou a si mesmo para libertar o ser humano do cativeiro de Satanás[77]. Isso fica muito mais claro em Orígenes quando este comenta a passagem de Mt 20,28, com a qual iniciamos este capítulo.

> Porém, a quem Ele deu sua alma como resgate por muitos? Certamente não a Deus. Poderia ter sido ao maligno? Porque ele [o Diabo] nos tinha em seu poder, até que o resgate por nós fosse dado a ele, exatamente a vida [ou a alma] de Jesus, já que ele (o maligno) fora enganado e levado a supor que era capaz de dominar aquela alma, e ele não viu que detê-lo implicava uma prova de força [...] da qual ele não estava à altura. Por essa razão, a morte, embora pensasse ter prevalecido contra Ele, tampouco tem o domínio sobre Ele, pois Ele [Cristo] ficou livre em meio aos mortos e mais forte do que o poder da morte, tão mais forte do que a morte que todos os que se encontram entre os que são dominados pela morte também podem segui-lo [i. é, para fora do Hades, para fora do domínio da morte], a morte não mais prevalecerá contra eles. Porque todo aquele que estiver com Jesus não poderá ser atacado pela morte[78].

A ideia-chave dessa passagem é que o Diabo exigiu de Deus a morte de Cristo como pagamento para livrar a humanidade da punição pelo pecado que é a morte. Há também um indício de que o Diabo foi ludibriado, pois ele não viu que segurar Cristo nos laços da morte implicava um poder maior do que ele tinha. A superação da morte por Cristo na ressurreição significou que o Diabo foi ludibriado com o resgate que ele acreditou que Deus tinha pago ao entregar Cristo a ele para morrer.

---

77. IRENAEUS. "Against Heresies". Op. cit., 5.1.1.
78. Apud RASHDALL, H. *The Idea of Atonement in Christian Theology*. Londres: Macmillan, 1919, p. 259.

Essa "enganação divina" foi bem mais elaborada na Teoria do Resgate do teólogo grego Gregório de Nissa (c. 330-c. 395). De acordo com Gregório, para assegurar o resgate do ser humano do poder do Diabo, Deus se disfarçou em forma humana. Tendo ocultado sua divindade sob sua humanidade, Cristo pareceu presa fácil. Contudo, ao ver o poder que Jesus tinha sobre demônios, enfermidades e a natureza, o Diabo passou a crer que o resgate pago mediante a morte de Cristo seria bom negócio para ele, já ele ganharia mais com isso do que perderia com a libertação de todos os outros da morte. Assim,

> Para assegurar que o resgate a nosso favor fosse facilmente aceito por quem o exigia, a divindade se ocultou sob o véu da nossa natureza, para que, como ocorre com o peixe voraz, o anzol da divindade fosse engolido junto com a isca de carne e, assim, a vida fosse introduzida na casa da morte e a luz brilhasse na escuridão, para que desaparecesse aquilo que é diametralmente oposto à luz e à vida; pois não é da natureza das trevas permanecer quando a luz está presente nem a da morte existir quando a vida está ativa[79].

O truque que Deus aplicou no Diabo se justificava pelo artifício que o Diabo usou contra o ser humano no Jardim do Éden: "pela regra razoável da justiça [...] o mesmo que primeiro enganou o ser humano com a isca do prazer sensual foi enganado com a representação da forma humana"[80].

Porém, houve outra inovação no relato da Teoria do Resgate feito por Gregório de Nissa, a qual repercutiria, por meio de Agostinho, durante todo o período medieval. Tratou-se da no-

---

79. GREGORY OF NISSA. "The Great Catechism", 24. In: SCHAFF, P. (ed.). *A Select Library of the Nicene and Post-Nicene Fathers*. Série 2. Vol. 5. Grand Rapids, MI: Eerdmans, 2005.
80. Ibid., 25.

ção de que o Diabo, de certo modo, teria *direitos* ao ser humano em decorrência de este ter se rendido ao Diabo. Em Gregório de Nissa, ela estava embutida na sua ideia de que Deus, em virtude da sua natureza, teria de *agir de modo justo* em suas tratativas com o Diabo. Deus não podia agir de modo arbitrário e arrancar a humanidade das mãos do Diabo por meio de um ato de força. Isso porque o ser humano tinha trocado voluntariamente sua liberdade. Teria sido injusto para com o dono da humanidade, o Diabo, recorrer à violência contra ele, que comprara *legalmente* a humanidade. Por isso, o único método justo foi "entregar ao senhor dos escravos qualquer resgate que ele concordasse em aceitar pela pessoa em seu poder"[81]. Ao oferecer a si mesmo como resgate, em vez de resgatar a humanidade pela força, Deus demonstrou sua bondade, sua justiça e sua sabedoria[82]. Em suma, Deus não estava localizado fora do processo histórico nem retomou o controle sobre a história pelo *fiat* [faça-se] exterior, mas Ele próprio participou do drama histórico.

Todos os Pais da Igreja antiga concordaram que a vida, a morte e a ressurreição de Cristo alteraram o curso da história, mas nem todos concordaram que isso equivaleu a um resgate pago ao Diabo nem que havia uma enganação divina em jogo. João Crisóstomo (c. 347-407) rejeitou as ideias do resgate e da enganação. Quaisquer que tenham sido os direitos do Diabo aos seres humanos antes da vinda de Cristo, ao capturar Cristo, ele perdeu seus direitos a eles e não havia necessidade nem de pagar resgate nem de aplicar um golpe[83]. Por isso, no seu relato da

---

81. Ibid., 22.
82. Ibid., 23.
83. KELLY, J.N.D. *Early Christian Doctrines*. Londres: A. & C. Black, 1985, p. 384.

obra de Cristo, Crisóstomo marginalizou o Diabo e pôs Deus no centro. Com essa finalidade, Crisóstomo recorreu à outra imagem mais comum para explicar a morte de Cristo – a de um "sacrifício", sendo que, ao substituir o ser humano pecador por si mesmo, Cristo pagou a Deus a dívida que os seres humanos tinham com Ele por seu pecado.

Essas duas ideias chegaram até Agostinho (354-430), para quem a morte de Cristo foi tanto um resgate pago ao Diabo quanto um sacrifício oferecido a Deus, do que resultou que o ser humano foi reconciliado com Deus e, como resultado disso, também liberto do Diabo. A exemplo de Gregório de Nissa, Agostinho sustentou que o Diabo tinha um direito de posse sobre os seres humanos. Por essa razão, foi necessário que Deus derrotasse o Diabo de acordo com a justiça[84]. Como Gregório de Nissa, Agostinho também invocou a imagem da enganação divina, mas a analogia de Agostinho foi a do queijo na ratoeira, mais do que a da isca no anzol, mediante a qual o Diabo foi enganado. Como ordenador da morte, o Diabo se regozijou com a morte de Cristo: "no que ele se regozijou foi onde lhe foi posta a armadilha. A ratoeira para o diabo foi a cruz do Senhor; a isca pela qual ele seria pego foi a morte do Senhor. E o nosso Senhor Jesus Cristo ressurgiu. Onde foi parar a morte que estava pendurada na cruz?"[85]

---

84. AUGUSTINE. "On the Holy Trinity", 4.13. In: SCHAFF, P. (ed.). *A Select Library of the Nicene and Post-Nicene Fathers*. Vol. 3. Grand Rapids, MI: Eerdmans, 2005. Cf. tb. MARX, C.W. *The Devil's Rights and the Redemption in the Literature of Medieval England*. Cambridge: D.S. Brewer, 1995.

85. AUGUSTINE. "Sermon 263". In: ROTELLE, J.E. (ed.). *The Works of Saint Augustine*: A Translation for the 21st Century. Charlottesville, VA: InteLex Corporation, 2001.

## O paradoxo demoníaco

Próximo ao término da Antiguidade e ao início do período medieval, as obras do Papa Gregório Magno (c. 540-604) são representativas da demonologia cristã daquela época. Em seus escritos, todos esses temas são entrelaçados. Embora Gregório não tenha apresentado sua demonologia sistematicamente em lugar algum, podemos reconstruí-la a partir de suas obras e especialmente da obra *Moral no Livro de Jó*.

De acordo com Gregório, antes da criação do mundo, os anjos foram criados com livre-arbítrio. Satanás foi o primeiro deles a ser criado e era "mais eminente do que os demais anjos"[86]. Satanás caiu em consequência da sua soberba, como foi o caso de todo espírito mau "que seguiu o exemplo do seu chefe, o próprio Satanás"[87]. Os anjos que ficaram firmes permaneceram na contemplação do seu Criador e não foram mais consumidos pela tentação. Eles estavam organizados em uma hierarquia de 9 graus descendentes: arcanjos, anjos, tronos, domínios, virtudes, principados, potestades, querubins e serafins. Os anjos, tanto os caídos quando os não caídos, podiam adotar corpos aéreos e ser visíveis aos humanos quando necessário. Satanás, por sua vez, podia disfarçar-se de anjo de luz[88].

Em contraste com o homem, Satanás era irredimível. Era adequado que o ser humano pudesse ser recuperado, pois tinha sido derrubado por outro – a saber, por Satanás. Porém, Satanás

---

86. BLISS, J. (trad.). *Morals on the Book of Job by St. Gregory The Great*. 3 vol. Oxford/Londres: John Henry Parker/J.G.F./J. Rivington, 1844, 32.23.47. Cf. tb. STRAW, C. *Gregory the Great*: Perfection in Imperfection. Berkeley, CA: University of California Press, c. 1988.
87. BLISS, J. (trad.). *Morals on the Book of Job by St. Gregory The Great*. Op. cit., 1.36.52.
88. Ibid., 23.30.58.

caiu pela própria maldade, deixando seu estado angelical "sem ser persuadido a isso"[89]. Com inveja do ser humano, o Diabo entrou na serpente e foi capaz de afastar o ser humano de Deus, fazendo-o aderir aos prazeres da carne. Desde então, morte e sofrimento têm sido a sorte da humanidade; Deus Criador e Satanás destruidor têm travado uma batalha renhida, e os espíritos angelicais que são os soldados de Deus se encontram em perpétuo conflito com os poderes maus do ar.

No entanto, a soberba satânica foi superada pela humildade divina; o espírito apóstata, pela carne humana[90]. Mas porque o Diabo, não obstante, tinha direitos ao ser humano, Deus pagou ao Diabo um resgate para libertar a humanidade. O resgate pago por Cristo, o segundo Adão, reverteu a queda do primeiro homem. O Diabo também foi ludibriado para extrapolar sua competência. Como fizera Gregório de Nissa, Gregório Magno visualizou Deus lançando um anzol com isca para apanhar o Diabo:

> Assim, o Pai onipotente apanhou Leviatã [Satanás] em um anzol, porque enviou seu Filho unigênito, feito homem, para experimentar a morte [...]. Então, a serpente foi apanhada no anzol da encarnação do Senhor, pois no momento em que ele engoliu a isca que era seu corpo, ele foi perfurado pela ponta afiada de sua divindade. Pois em Jesus havia a natureza humana que atraiu o devorador até ele; mas havia nele também sua natureza divina, que perfurou o monstro [...]. A serpente foi verdadeiramente apanhada no anzol, porque ela morreu devido a esse ato de morder[91].

---

89. Ibid., 4.3.8.
90. Ibid., 32.24.51.
91. GREGORY THE GREAT. "Homily 25". In: BHATTACHARJI, S. *Reading the Gospels with Gregory the Great*: Homilies on the Gospels 21–26. Petersham, MA: St Bede's Publications, 2001.

Ao mesmo tempo, o autossacrifício de Cristo na cruz quitou a dívida que o ser humano tinha com Deus por seus pecados[92]. Foi esse relato sacrificial da obra de Cristo que desembocaria diretamente na Teoria da Satisfação da Vida e Morte de Cristo, exemplificada em *Cur Deus Homo* [Por que Deus se tornou humano?], de Anselmo de Cantuária (1033-1109). Anselmo rejeitou a Teoria do Resgate, argumentando que o sacrifício de Cristo foi a dívida que o ser humano tinha com Deus para satisfazer as exigências da justiça divina.

Para Gregório, a vitória de Cristo deixou Satanás aprisionado no abismo sem fundo, embora ele viesse a ser libertado depois de mil anos para uma batalha cósmica final no fim da história[93]. Satanás e seus anjos seriam então definitivamente derrotados "e confiados às chamas eternas do inferno"[94]. Como quer que seja, a existência continuada do mal no mundo requereu uma explicação. Assim, mesmo estando "historicamente" aprisionado no inferno, Satanás ainda estava "alegoricamente" ativo no mundo[95].

A atividade do Diabo no mundo, após a "derrota" de Cristo para ele, levou Gregório a formular o que podemos chamar de o "paradoxo demoníaco": Satanás esteve implacavelmente em conflito com Deus na história, tanto no mundo quanto no coração humano e, no entanto, ele continuou sendo, em última análise, aquele que impõe e executa a vontade de Deus. Aqui, pela primeira vez, a demonologia do Livro de Jó – no qual Satanás agiu contra Jó somente com a permissão de Deus – ingressou na

---

92. BLISS, J. (trad.). *Morals on the Book of Job by St. Gregory The Great.* Op. cit., 17.30.46.
93. Ibid., 4.10.16.
94. Ibid., 23.20.37.
95. Ibid., 18.41.67.

corrente principal da teologia cristã em conflito com o dualismo histórico já presente. As aflições causadas pelo Diabo foram de *sua* responsabilidade, mas também foram consequência da providência universal de Deus. O Diabo nem podia atacar uma vara de porcos sem a permissão de Deus. "Como ele poderia ousar prejudicar por sua conta os seres humanos que foram feitos à semelhança de Deus? E disso, sem dúvida, se depreende com muita clareza que ele não pode se atrever a tocar os porcos sem permissão"[96]. Foi um paradoxo que salvou a onipotência e a justiça de Deus, mas talvez às custas da bondade divina.

## A desolação do Hades

Para Gregório Magno, a exemplo de seu predecessor Agostinho, o destino eterno dos indivíduos era fixado no momento da morte; não havia possibilidade de arrependimento após a morte para quem fosse confiado ao inferno[97]. Portanto, a despeito da crença de Gregório de que a morte e ressurreição de Cristo conquistou a morte, ele não se comiserava com a condição dos que estavam no inferno e, por isso, nem com a doutrina da desolação do inferno. Esta era a crença de que, entre sua morte e sua ressurreição, Cristo desceu ao Hades (ou inferno), pregou ali aos que já tinham morrido, levou os justos de lá para o Paraíso ou céu e, fazendo isso, derrotou a morte e os poderes do inferno que mantinham os mortos presos lá[98]. O texto-chave do Novo

---

96. Ibid., 32.24.50.
97. ZIMMERMAN, O.J. (trad.). *Saint Gregory The Great*: Dialogues. Washington, DC: Catholic University of America, 1959, 4.59. No entanto, Gregório acreditava que haveria um fogo do purgatório após a morte para pecados menores.
98. MacCULLOCH, J.A. *The Harrowing of Hell*: A Comparative Study of an Early Christian Doctrine. Edimburgo: T. & T. Clark, 1930.

Testamento era 1Pd 3,19, de acordo com o qual Cristo pregou aos espíritos na prisão. Clemente de Alexandria e Orígenes foram os primeiros a usar esse texto para colocar ao alcance da salvação não só notáveis do Antigo Testamento, mas também pagãos nobres e pecadores em geral. A posição de Agostinho sobre quem foi liberto do "inferno" por Cristo não é clara, embora ele provavelmente tenha incluído Adão, os patriarcas e os profetas do Antigo Testamento. Gregório Magno supôs que Cristo desceu ao inferno para libertar aqueles que haviam levado uma vida de fé e boas obras na expectativa de sua vinda. Tanto Agostinho quanto Gregório Magno refletiram a opinião majoritária de que Cristo desceu ao inferno para libertar *somente* aqueles que creram que Cristo viria[99].

A versão mais elaborada da desolação do inferno pode ser encontrada no Evangelho de Nicodemos (sua forma mais antiga é posterior ao ano 555). Além dos próprios evangelhos do Novo Testamento, este talvez tenha sido o mais influente e autoritativo de todos os escritos cristãos antigos[100]. A segunda parte do Evangelho de Nicodemos, que trata do descenso de Cristo ao inferno, existe tanto em grego como em duas traduções latinas; a última das quais foi a fonte das traduções para todas as línguas europeias[101].

---

99. TURNER, H.V. "Descendit ad Inferos: Medieval Views on Christ's Descent into Hell and the Salvation of the Ancient Just". In: *Journal of the History of Ideas*, vol. 27, 1966, p. 173-194.
100. A datação do *Evangelho de Nicodemos*, a partir do século I, foi muito controvertida historicamente. Cf. O'CEALLAIGH, G.C. "Dating the Commentaries of Nicodemus". In: *Harvard Theological Review*, vol. 56, 1963, p. 21-58.
101. JAMES, M.R. *The Apocryphal New Testament*. Oxford: Clarendon, 1953, p. 95.

De acordo com a versão grega, antes da chegada de Cristo, Satanás foi ao Hades (que é tanto um lugar quanto uma pessoa) para assegurar-se de que Hades estava preparado para prender Cristo[102]. Hades temia que Jesus, que já arrebatara Lázaro dele, igualmente fosse tomar dele o restante dos mortos. Por isso, Hades solicitou a Satanás que não deixasse Cristo vir: "se o trouxeres até aqui, nenhum dos mortos será deixado dentro de mim"[103]. Porém, enquanto eles conversavam, ouviu-se uma voz forte dizendo: "Levantai, ó príncipes, vossos portões e sejam alçadas as portas perpétuas, e entre o rei da glória". Tendo Satanás saído para tentar impedir Cristo de entrar, Hades ordenou a seus demônios que trancassem os portões e as portas. Novamente se ouviu a voz: "Levantai os portões". Como se não soubesse quem ele era e seguindo o roteiro do Sl 24, Hades perguntou: "Quem é este rei da glória?", ao que os anjos que estavam com Jesus bradaram: "O Senhor, forte e valoroso, o Senhor, valoroso na batalha". Imediatamente os portões se partiram e "todos os mortos aprisionados ali foram soltos de suas correntes"[104].

Hades então perguntou sério: "Sois mesmo aquele Jesus do qual o regente-chefe Satanás nos disse que por vossa cruz e morte herdaríeis o mundo inteiro?" Então Jesus agarrou "o regente-chefe Satanás" pela cabeça e o entregou aos anjos, dizendo: "Ponham em ferros suas mãos, seus pés, seu pescoço e sua boca". Então Ele o confiou aos cuidados de Hades, dizendo: "Pegue-o e mantenha-o preso em segurança até minha segunda vinda"[105]. Hades então voltou-se furioso para Satanás, culpando-o por Je-

---

102. "The Gospel of Nicodemus, Greek", 20.1. In: Ibid.
103. Ibid., 20.3.
104. Ibid.
105. Ibid., 22.2.

sus ter sido crucificado com o resultado de que Ele e Satanás perderiam os mortos: "Olhai em volta e vede que nenhum morto foi deixado dentro de mim, mas o que quer que ganhastes por meio da árvore do conhecimento perdestes por meio da árvore da cruz"[106]. Hades disse a Satanás, o "diabo-chefe", que ele praticaria perversidades contra ele. Enquanto falavam, Jesus conduziu Adão pela mão, seguido do restante dos mortos, para dentro do Paraíso.

O Hades do Evangelho de Nicodemos é mais ou menos equivalente ao *Sheol* hebraico, o submundo escuro, onde residiam os mortos. Tradicionalmente não era um lugar de tormentos, mas se tornou um lugar assim no Evangelho de Nicodemos, na medida em que o Hades assumiu uma ambientação moral, como um lugar em que se encontravam os pecadores em companhia dos justos. Os pecadores estavam aprisionados nele, "presos nas correntes dos seus pecados que não podiam ser rompidas", suspirando em seus tormentos[107]. Servidores perversos estavam encarregados dos mortos. Pela primeira vez na demonologia cristã os demônios foram descritos tanto como guardadores e (pelo menos no caso dos pecadores) torturadores dos mortos. Igualmente significativo, Satanás passou a ter um papel na punição dos perversos. Embora ainda não estivesse pessoal e ativamente envolvido em atormentar os perversos, ele tinha os torturadores sob seu encargo.

Na assim chamada tradução latina do Evangelho de Nicodemos, Satanás permaneceu no Hades por toda a eternidade, mas na tradução latina B há uma mudança significativa. Nela Satanás

---

106. Ibid., 23.
107. "The Gospel of Nicodemus, Latin A", 20.3. In: JAMES, M.R. *The Apocryphal New Testament*. Op. cit.

não é mantido no Hades por toda a eternidade, mas lançado nas chamas do inferno:

> Vede o Senhor Jesus Cristo, vindo em luz gloriosa, com mansidão, grandioso e, ainda assim, humilde, trazendo uma corrente nas suas mãos, com a qual amarrou Satanás pelo pescoço e, amarrando também suas mãos às costas, lançou-o de costas para dentro do Tártaro, pôs o seu santo pé sobre sua garganta e disse: "Durante todas as eras fizeste muito mal e nunca te aquietaste. Hoje te entrego ao fogo eterno"[108].

Portanto, para o Evangelho de Nicodemos, o Hades – o lugar ao qual todos os mortos eram confiados desde o tempo de Adão – foi esvaziado entre a morte de Cristo e sua ressurreição. O texto grego era ambíguo quanto a se Cristo conduziu *todos* os mortos ou apenas Adão em companhia dos patriarcas, profetas e justos de modo geral para fora do Hades. A tradução latina é similarmente ambígua[109], mas a tradução latina B claramente restringe a desolação do Hades a patriarcas, profetas, mártires e justos. Ela destina os restantes – pecadores, demônios, Satanás e o próprio Hades – ao inferno. E podemos supor que os demônios que atormentaram os pecadores no Hades passaram a ser seus torturadores no inferno.

Portanto, a obra de Cristo não só libertou os justos do Hades e abriu a possibilidade de uma salvação celestial para os justos que ainda viriam, mas também inaugurou o abismo ardente para os pecadores que já se encontravam no Hades e para os perversos que ainda viriam. A condição dos salvos depois de Cristo

---

108. "The Gospel of Nicodemus, Latin B", 24. In: Ibid.
109. TRUMBOWER J.A. *Rescue for the Dead*: The Posthumous Salvation of Non-Christians in Early Christianity. Oxford: Oxford University Press, 2001, cap. 5.

seria significativamente melhor do que antes de sua morte e ressurreição, e a condição dos condenados infinitamente pior. E, pela primeira vez na demonologia cristã, temos demônios no inferno sendo atormentados *e* atormentando os condenados. Satanás, por fim e pelo menos em princípio, assumiu o papel de supervisor das punições dos condenados no inferno.

Esse caráter binário de céu e inferno no pensamento cristão seria mitigado na teologia cristã pelo desenvolvimento de um sistema ternário, mediante a invenção de um estado intermediário (e, mais tarde, um lugar) situado entre ambos. Depois do ano 1200 o "purgatório" ganhou existência como um lugar no qual aqueles que não são suficientemente bons para merecer o céu nem suficientemente perversos para merecer o inferno podem ser purgados ou purificados de seus pecados imediatamente após a morte (com chance de irem para o céu), antes de Cristo vir no Juízo Final, quando o purgatório deixará de existir[110]. Porém, se passaram a desempenhar o papel de atormentar os condenados no inferno, os demônios também têm um papel similar na purificação dos que se encontram no purgatório?

Esta pergunta só pôde ser feita depois do ano de 1200, quando o purgatório se tornou um terceiro lugar, situado abaixo do céu, mas que podia ser distinguido do inferno. Em torno do ano de 1250 essa pergunta foi levantada pelo franciscano Boaventura em seu comentário às *Sentenças* de Pedro Lombardo. Ele perguntou: "A punição no purgatório é infligida pelo ofício dos demônios?" E respondeu: "A punição do purgatório não é infligida pelo serviço de demônios nem pelo serviço de anjos bons, mas é provável que as almas sejam levadas ao céu por

---

110. LE GOFF, J. *The Birth of Purgatory*. Chicago: University of Chicago Press, 1986.

anjos bons e ao inferno por anjos maus"[111]. Em torno da mesma época, Alberto Magno concordou que os demônios até podem levar almas ao purgatório, mas não são eles que os purgam ali[112].

Essencialmente a mesma resposta foi dada na *Suma teológica*, de Tomás de Aquino. Ele acatou a possibilidade de que os demônios levem almas ao purgatório e até que eles fiquem desfrutando e regozijando-se em seus sofrimentos. Porém, ele rejeitou a ideia de que eles teriam algum papel ativo em suas punições:

> Do mesmo modo que, após o dia do juízo, a justiça divina acenderá o fogo com que os condenados serão punidos para sempre, assim também agora os eleitos são purificados após esta vida exclusivamente pela justiça divina; ou seja, nem pelo serviço dos demônios que foram derrotados por eles nem pelo serviço dos anjos que não infligiriam tais torturas a seus concidadãos[113].

Quanto mais esse purgatório se distanciou do inferno, tanto menos provável se tornou o envolvimento dos demônios na purificação das almas que ali se encontravam. Portanto, o purgatório de Dante estava mais perto do céu do que do inferno; ele estava livre de demônios, e os anjos auxiliavam na purgação de pecados. Porém, quanto mais *infernizado* se imaginava o purgatório, mais ativo se tornava o papel dos punidores demoníacos. Assim, por exemplo, na *Lenda dourada* (c. 1260), do dominicano Tiago de Voragine, inferno e purgatório são virtualmente indistinguíveis. Portanto, não causa surpresa que os demônios estivessem implicados na hierarquia dos tormentos: "Isso é feito pelos anjos

---

111. Ibid., p. 251-252.
112. Ibid., p. 257.
113. FATHERS OF THE ENGLISH DOMINICAN PROVINCE (trad.). *St. Thomas Aquinas*: Summa Theologica. Nova York: Benziger Bros, 1947, supl., apêndice 1.2.3 [doravante citada como ST].

maus, e não pelos bons. Porque os anjos bons não atormentam as almas boas, mas os anjos bons atormentam os anjos maus e os anjos maus atormentam as almas cristãs más"[114]. Talvez possa servir de consolo que os anjos bons frequentemente visitavam os que estavam em tormentos para confortá-los e admoestá-los a sofrer pacientemente as dores que iam além de qualquer coisa que pudessem ter experimentado neste mundo.

## No inferno e no ar

Embora o tempo de aprisionamento de Satanás fosse imaginado em vários pontos de sua vida, a ideia de que ele foi encarcerado desse modo com seus demônios consistia em uma tradição que remonta a 1Henoc, passando por Apocalipse, no Novo Testamento. Como quer que o Diabo e seus asseclas estivessem aprisionados no inferno, eles continuavam presentes no ar, no tempo e na história. Esse foi um problema sobre o qual muitos quebraram a cabeça intelectualmente, sendo um dos mais destacados o bispo de Paris Pedro Lombardo (c. 1100-1160).

Os quatro livros das *Sentenças*, de Lombardo, compilaram o estado da teologia cristã em meados do século XII, tanto em sua unidade quanto em sua diversidade, em um todo sistemático. Para o restante do período medieval ele se tornou um livro-texto padrão de teologia. Encontramos a demonologia de Lombardo no segundo livro das *Sentenças*, na distinção seis. Ali Lombardo apresenta várias visões que já nos são familiares, declarando que dos muitos anjos que caíram, um foi mais excelente do que os demais; a saber, Lúcifer. Ele, a exemplo de muitos outros,

---

114. ELLIS, F.S. (ed.). *The Golden Legend or Lives of the Saints Compiled by Jacobus de Voragine, Archbishop of Genoa*. Edimburgo: Edinburgh University Press, 1900, 6.61.

caiu em consequência da soberba, "e a habitação desse ar tenebroso aparou sua queda"[115].

Assim, o Diabo e seus anjos caídos viveram no ar debaixo do céu. Para que não molestassem excessivamente os humanos, eles foram localizados acima da terra, "neste nosso ar tenebroso, que foi designado para eles como prisão até o tempo do juízo"[116]. Por essa razão, Lúcifer era chamado de "o Príncipe do ar". No dia do Juízo Final, todos eles seriam lançados no abismo do inferno (*baratrum inferi*), de acordo com o versículo: "Afastai-vos de mim, malditos, para o fogo eterno, preparado para o Diabo e seus anjos" (Mt 25,41). A exemplo dos anjos, os demônios estariam organizados hierarquicamente, pelo menos até o Dia do Juízo. Eles também tinham ofícios diferentes. Alguns presidiam uma província; outros, um único ser humano; outros, um vício específico – "o espírito do desejo sexual", "o espírito da soberba", "Mâmon" presida os ricos –, "porque a partir desse vício que lhe confere o nome ele pode tentar os humanos acima de tudo"[117].

Lombardo passou, então, para uma série de questões cuja definição não estava tão clara. Ele escreveu que se costuma perguntar se todos os demônios estão nesse ar tenebroso ou se alguns estão no inferno. Sua resposta foi decididamente ambígua. Diabos vêm do inferno e vão para ele diariamente[118]. Provavelmente é verdade que sempre há alguns lá para deter e torturar as almas, embora isso talvez ocorra em períodos alternados[119].

---

115. BUGNOLO, A. (trad.). *Master Peter Lombard's Book of Sentences* (2006), 2.6.2 [Disponível em http://www.franciscan-archive.org/Lombardous/index.html – Acesso em 20/11/2013].

116. Ibid., 2.6.3.

117. Ibid., 2.6.4.

118. Ibid., 2.6.5.

119. Ibid.

Isso dificilmente constituiu um meio-termo convincente. Ainda assim, ele estava seguro de que as almas dos perversos descem até lá e lá são punidas em companhia daquelas que Cristo deixou para trás quando conduziu os justos para fora do inferno.

No entanto, Lombardo não tinha tanta certeza quanto à localização de Lúcifer. Ele reconheceu que certos autores opinavam que Lúcifer tinha sido preso desde que ele foi derrotado por Cristo e não tinha acesso ao ser humano para tentá-lo. Lombardo citou Ap 20,7, dizendo que Satanás seria solto da prisão após mil anos. Ainda assim, Lombardo declarou que, "quer ele estivesse mergulhado no inferno ou não", era crível que a capacidade de se aproximar do ser humano seria maior no tempo do Anticristo, quando seria solto, do que era no momento presente[120]. Ele acreditava que, mesmo agora, os santos eram capazes de tirar o poder dos demônios.

Apesar de seu respeito por Lombardo, o franciscano Boaventura (1221-1274), no seu comentário às *Sentenças*, foi muito claro quanto à localização do Diabo. Ele simplesmente ignorou a questão de ele estar preso no inferno e o localizou no ar, com seus anjos caídos. Boaventura apontou sua artilharia retórica contra o argumento de que os demônios foram confinados no inferno depois de sua queda e ficaram permanentemente confinados lá. Contra isso, Boaventura argumentou que, sendo o Diabo conhecido como "o Príncipe do poder do ar", em Ef 2,2, e visto que onde há poder há substância, o Diabo estava localizado no ar, onde nos tenta. Ademais, já que não há redenção no inferno, os anjos caídos devem ser localizados lá, sendo eles incapazes de subir de lá para nos tentar. Boaventura declarou que consequentemente "o lugar dos demônios após [sua] queda

---

120. Ibid., 2.6.6.

até o dia do juízo não é o lugar subterrâneo, que chamamos de 'inferno', mas o ar tenebroso, que, em geral, é habitado pela multidão dos demônios"[121]. Ele alegou não saber se pelo menos alguns tinham sido lançados no inferno, mas ele acreditava que alguns tinham descido ao inferno para torturar almas de acordo com vários "ofícios de maldição"[122]. Seu propósito no ar estava de acordo com os propósitos divinos de testar o ser humano. O ar tenebroso correspondia ao seu pecado, sua sutileza à sua mobilidade, pois os demônios "frequentemente voam por aí exatamente como [fazem] as moscas"[123].

A *Suma Teológica* (1265-1274) do dominicano Tomás de Aquino, possivelmente a maior de todas as teologias sistemáticas cristãs, também não foi capaz de resolver o paradoxo de Satanás estar amarrado no inferno e continuar ativo entre os humanos. Pelo menos é essa a conclusão que podemos tirar do fato de Tomás de Aquino não ter abordado a questão. Não obstante, embora fosse incorreto ver na demonologia de Tomás de Aquino algo como uma característica central do seu pensamento, sua autoridade na teologia católica deveria garantir que sua demonologia provesse um quadro de referência para a demonologia católica a partir daquela época.

De acordo com Tomás de Aquino, os anjos não eram naturalmente maus. Pelo contrário, eles foram seres intelectuais com livre-arbítrio, capazes de pecar em virtude do fato de poderem escolher não se alinhar com a vontade divina. Na condição de

---

121. BUGNOLO, A. (trad.). *St. Bonaventure's Commentaries on the Four Books of Sentences of Master Peter Lombard* (2006-2007), 2.6.2.1 [Disponível em http://www.franciscan-archive.org/bonaventura/sent.html – Acesso em 20/11/2013].
122. Ibid.
123. Ibid.

seres incorpóreos, os anjos não podiam ser tentados por pecados oriundos do corpo. O Diabo foi o mais sublime dos anjos. O desejo por excelência foi o mais elevado no chefe dos anjos, e isso foi motivo de soberba para o Diabo. Soberba e inveja foram os principais pecados demoníacos, não só do Diabo, mas também nos anjos inferiores[124].

O Diabo não pecou no instante da criação; isso equivaleria a ele não ter tido a oportunidade de exercer seu livre-arbítrio e ter sido criado mau (o que negaria a bondade de Deus)[125]. Assim, houve um momento (nós diríamos um nanossegundo) entre a criação do Diabo, sua percepção de que ele não era como Deus e seu desejo de ser como Ele. Embora a quantidade de anjos que ficou firme tenha sido maior do que a que caiu, o Diabo foi a causa da queda dos demais, não em consequência de tê-los forçado a isso, mas por tê-los exortado a fazer o mesmo. Os anjos que caíram não procederam só da ordem mais elevada (ou da mais baixa). Antes, tendo o livre-arbítrio sido estabelecido entre todos os anjos, caíram alguns de cada ordem. De acordo com Tomás de Aquino (e muitos outros), Orígenes errou ao acreditar que da liberdade da vontade decorre que Satanás e os anjos caídos seriam capazes de, ao final, escolher o bem e, logo, de serem salvos. Foi uma opinião que Tomás de Aquino rejeitou, argumentando que, do mesmo modo que os anjos bons foram confirmados na bondade a partir daquele tempo, os anjos caídos se firmaram na sua obstinação[126].

---

124. *ST.*, 1.63.2.
125. Ibid., 1.63.5.
126. Ibid., 1.64.2. Anteriormente argumentei que a posição de Orígenes de fato estava muito próxima à de Tomás de Aquino.

Com os humanos ocorreu o mesmo que com os anjos: o Diabo e seus demônios não podiam forçar os humanos a pecarem, mas também eram capazes apenas de *persuadi-los* a fazer isso. Os ataques aos humanos foram consequência da malícia dos demônios "que, por inveja, propuseram-se a impedir o progresso humano; e por soberba usurparam a semelhança do poder divino, delegando a certos servidores a tarefa de atacar o ser humano, do mesmo modo que os anjos de Deus servem à salvação do ser humano com seus variados ofícios"[127]. Em sintonia com Gregório Magno, Tomás de Aquino viu Deus como responsável pelos ataques demoníacos aos humanos. Assim, Tomás de Aquino também foi incapaz de escapar do paradoxo de Satanás como oponente divino e cumpridor da vontade divina.

A contradição ainda foi aprimorada em certa medida pela distinção que Tomás de Aquino fez entre revelação e razão. Nem todos os pecados são cometidos por instigação do Diabo. Mesmo que Satanás e seus demônios não tivessem caído, os humanos ainda teriam sido capazes de pecar e teriam pecado. Logo, na demonologia tomista, a explicação do mal não depende *racionalmente* da existência de Satanás. Antes, o mau uso do livre-arbítrio por anjos e humanos era suficiente para explicá-lo. E assim, como formula Jeffrey Russell, "a Escritura cristã exige a crença no Diabo, mas a razão e a lógica naturais não a exigem"[128]. Não obstante, quando um ser humano comete pecado, seja por instigação do Diabo ou não, ele "se torna um filho do Diabo, na medida em que ele imita aquele que foi o primeiro a

---

127. Ibid., 1.114.1.
128. RUSSELL, J.B. *Lucifer*: The Devil in the Middle Ages. Ithaca, NY/Londres: Cornell University Press, 1984, p. 203. Sou grato a Russell por sua exposição sobre Tomás de Aquino e o Diabo.

pecar"[129]. Portanto, do mesmo modo que Cristo é a cabeça da Igreja, "o Diabo é a cabeça de todos os perversos, na medida em que eles o imitam"[130].

De acordo com Tomás de Aquino, o Diabo e seus anjos foram derrubados do céu. Embora merecessem estar no inferno em virtude do seu pecado, eles habitaram predominantemente o ar tenebroso, onde podiam tentar os humanos. Os anjos bons auxiliavam os humanos a seguir o bem e evitar o mal. O bem também era realizado quando os humanos superavam os ataques dos demônios. No entanto, exatamente do mesmo modo que alguns dos anjos estão com as almas santas no céu, alguns dos demônios estão "até agora no inferno, para atormentar aqueles que foram desencaminhados por eles"[131].

Para Tomás de Aquino, de qualquer modo, a incerteza sobre a liberdade de Satanás e seus demônios e sua localização seria resolvida no Dia do Juízo. Então Satanás e seus seguidores seriam permanentemente localizados nas chamas do inferno: "Porém, após o Dia do Juízo, todos os perversos, tanto humanos quanto anjos, estarão no inferno e os bons no céu"[132]. Contudo, mesmo que sua localização esteja clara, a ambivalência dos papéis de Satanás e seus anjos continuaria após o Dia do Juízo por toda a eternidade; pois eles próprios seriam punidos tanto quanto puniriam os condenados: "os demônios executam a justiça divina nos perversos. Mas isso de maneira nenhuma diminui a punição dos demônios, já que inclusive ao torturar outros eles próprios são torturados; porque, nesse

---

129. *ST*, 1.114.3.
130. Ibid., 3.8.7.
131. Ibid., 1.64.4.
132. Ibid.

caso, a comunhão dos infelizes não diminuirá, mas aumentará a infelicidade"[133]. O paradoxo de Satanás e seus anjos como agentes de Deus e como inimigos de Deus foi um dos que permaneceu por toda a eternidade.

De modo similar, Tomás de Aquino foi incapaz de resolver efetivamente o paradoxo contido no fato de Cristo ter superado Satanás em sua crucificação e ressurreição e, no entanto, o pecado e o mal ainda estarem presentes no mundo. Como resultado da tentação no Jardim do Éden e da queda do ser humano, Deus deixou o ser humano em poder do Diabo. No entanto, a morte de Cristo libertou o ser humano do poder do Diabo. Isso aconteceu porque, ao conspirar para levar a cabo a morte de Cristo, ele ultrapassou o limite do poder que lhe tinha sido concedido por Deus. Tomás de Aquino passou a citar Agostinho no sentido de que "o Diabo foi derrotado pela justiça de Cristo; porque, mesmo sem descobrir nele algo que merecesse a morte, ele o matou. E certamente é justo que os devedores que ele mantinha presos fossem postos em liberdade, já que eles creram naquele que foi morto pelo Diabo"[134]. Crucial nesse ponto é que essa liberdade não foi consequência de um resgate pago ao Diabo. Tomás de Aquino, acompanhando Anselmo de Cantuária, rejeitou a noção de que o Diabo teria direitos e que, por essa razão, Deus teria de agir de acordo com a justiça. Portanto, a dívida não era devida ao Diabo, mas a Deus. Com efeito, o que movia a exposição de Tomás de Aquino a respeito da obra de Cristo era a imagem do "sacrifício" mais do que a do "resgate". Ele devia, em primeira linha, a *Cur Deus Homo* [Por que Deus se

---

133. Ibid., supl., 89.4.
134. Ibid., 3.49.2. A passagem foi extraída de *De Trinitate*, 13.14, de Agostinho.

tornou humano?], de Anselmo, uma Teoria da Expiação, de acordo com a qual Cristo ofereceu satisfação a Deus pelos pecados humanos. Tomás de Aquino declarou: "Por meio da Paixão de Cristo fomos libertados da dívida da punição [...], na medida em que a Paixão de Cristo ofereceu satisfação suficiente e superabundante pelos pecados de toda a raça humana"[135]. Para Tomás de Aquino, como observamos, o Diabo permaneceu ativo – com a permissão de Deus – após a morte e ressurreição de Cristo, tentando e atacando o ser humano. No entanto, a paixão de Cristo proveu um remédio pelo qual o ser humano "pode salvaguardar-se dos ataques do inimigo, de modo a não ser arrastado para baixo, para dentro da destruição da morte perpétua"[136]. Então, apesar das aparências contrárias, a vitória de Cristo não foi inteiramente pirrônica.

Ainda assim, o fracasso da Teoria do Resgate resultou em que o Diabo não ficou amarrado no inferno. E, na medida em que a ênfase se deslocou da vitória de Cristo sobre o Diabo e seu aprisionamento no inferno para o pagamento de uma satisfação por Cristo a Deus, o Diabo acabou ficando tão ativo na história após a paixão de Cristo quanto estivera antes dela. De fato, ainda mais do que antes, por razões que veremos mais adiante. Como formulou o Papa João XXII em um sermão no ano de 1332: "De fato, os condenados – isto é, os demônios – não poderiam nos tentar se estivessem encerrados no inferno. É por isso que não se pode dizer que eles residem no inferno, mas de fato estão em toda a zona do ar tenebroso, onde o caminho está aberto para

---

135. Ibid., 3.49.3. Cf. tb. ANSELM. "Why God Became Man". In: FAIRWEATHER, E.R. (ed. e trad.). *A Scholastic Miscellany*: Anselm to Ockham. Londres: SCM Press, 1956.
136. Ibid., 3.49.2.

eles nos tentarem"[137]. O sermão de João XXII refletiu um novo interesse no Diabo e seus demônios que despontou na teologia ocidental em meados do século XIII até o final do século XVII. Para entender por que isso aconteceu temos de nos inteirar da história da relação entre Satanás e magia.

---

[137]. Apud BOUREAU, A. *Satan the Heretic*: The Birth of Demonology in the Mediaeval West. Chicago/Londres: Chicago University Press, 2006, p. 25.

# 4
# O Diabo escapa ileso

> *Estai alerta e vigiai, pois o vosso adversário, o Diabo, anda em volta como um leão que ruge, procurando a quem devorar* (1Pd 5,8).

## Um papa enfeitiçado

O desaparecimento da Teoria do Resgate teve uma importante consequência imprevista. Satanás e seus anjos caídos, não mais aprisionados no inferno, voltaram a ser livres para percorrer o mundo, fazendo o que quisessem. João XXII, papa de 1316 a 1334, esteve rodeado por todos os lados de demônios, tanto humanos quanto sobre-humanos. Pelo menos é o que ele acreditava. No dia 22 de agosto de 1320, o Cardeal Guilherme Pedro Godin enviou uma carta em nome do papa aos inquisidores de Carcasone e Toulouse, João de Beaune e Bernardo Gui. Foi uma ordem para que eles agissem contra aqueles que praticavam a magia demoníaca e em particular contra aqueles que invocavam demônios ou faziam pactos com eles. O cardeal escreveu o seguinte:

> Nosso santíssimo pai e mestre, Senhor João XXII deseja ardentemente banir do meio da casa de Deus os que lançam feitiços malignos e matam o rebanho do Senhor; ele vos ordena e incumbe de fazer investigações e adotar medidas,

> conservando os modos de proceder estabelecidos para vós pelos cânones [...] em questões concernentes à heresia, ao encontrar aqueles que sacrificam a demônios ou que lhes prestam culto ou os reverenciam. [Deveis também tomar medidas] contra aqueles que fazem pactos explícitos com aqueles demônios ou que fazem ou fizeram alguma imagem ou qualquer outra coisa para se vincular ao demônio ou perpetrar qualquer mal pela invocação de demônios, contra aqueles que, abusando do Sacramento do Batismo, batizam ou batizaram alguma imagem feita de cera ou outros materiais, ou que, através de outros meios e mediante a invocação de demônios, criam ou criaram tais imagens de alguma maneira, contra aqueles que plenamente cientes disso reiteram o Batismo, a Ordem ou a Confirmação, contra aqueles que usam o Sacramento da Eucaristia ou a hóstia consagrada e outros sacramentos da Igreja ou alguma parte desses sacramentos, tanto na forma quanto na substância, para abusar deles em favor de sua feitiçaria ou seus feitiços malignos[138].

A importância dessa carta foi dupla. Em primeiro lugar – em contraste com uma tradição antiga e de longa duração, que viu a heresia como uma questão de falsa opinião –, essa carta refletiu a doutrina revolucionária do Papa João XXII de que a heresia é uma questão de atos e feitos tanto quanto de crença errada[139]. Foi a doutrina que daria suporte não só à condenação dos mágicos no século XIV, mas também às perseguições à bruxaria que teriam início no século seguinte.

Em segundo lugar, a carta reiterou a crença de que as práticas da magia demoníaca, longe de estarem nas margens da Igreja, encontravam-se "no meio da casa de Deus". João XXII acreditava que ele próprio tinha sido a vítima visada pela magia ma-

---

138. Ibid., p. 17.
139. Ibid., p. 27.

lévola. Em 1317, o bispo de Cahors, Hugo Géraud, foi acusado de tentar matar o papa por envenenamento e por meio da magia com imagem de cera, cinzas de aranhas e sapos, o fel de um porco, e assim por diante[140]. Foi um crime que ele confessou antes de ser torturado, açoitado e queimado na fogueira.

## Cátaros: moderados e extremistas

De modo mais geral, a crença de que o Diabo e seus asseclas estiveram particularmente ativos resultou de um surto de interesse pelo Diabo e pela demonologia em meados do século XIII. Isso foi a consequência de quatro momentos intelectuais daquele período: primeiro, o surgimento dos cátaros; segundo, o surgimento da angelologia acadêmica e sua contraparte demonológica; terceiro, a chegada ao Ocidente da pedagogia árabe e das ciências ocultas; quarto, como veremos em capítulo posterior, essa crença resultou de uma temática apocalíptica na teologia de Joaquim de Fiore.

Foram os cátaros que recolocaram o dualismo na agenda teológica como resposta à eterna contradição cristã entre um Deus universalmente bondoso e onipotente e a existência do mal no mundo, embora tivesse sido um dualismo que foi muito além do dualismo histórico que identifiquei como incorporado de modo canhestro pela tradição cristã. Os cátaros levaram Satanás absolutamente a sério. O núcleo de sua teologia era de que o mundo e tudo o que havia nele tinha sido criado pelo Diabo, e não por Deus. A ala moderada do catarismo se separou dos crentes mais extremistas na questão da origem de Satanás: os primeiros mantiveram, mais de acordo com a teologia cristã ortodoxa, que

---

140. THORNDIKE, L. *A History of Magic and Experimental Science*. Nova York: Columbia University Press, 1923-1958, 3.18.

Satanás era subordinado a Deus, os últimos acreditavam que Satanás foi (ou era o filho ou comandante em chefe de) um princípio do mal independente de Deus.

Os cátaros estavam todos de acordo de que a terra e o firmamento acima dela são um campo de batalha entre Deus e Satanás, mas eles discordavam sobre como isso veio a ser assim. A posição dos moderados estava mais bem-refletida em uma obra do século XII intitulada *A ceia secreta* ou *O livro de São João*. O texto elabora, em forma de diálogo, uma conversa havida entre Jesus e João na última ceia. João perguntou a Jesus sobre Satanás antes de sua queda. Jesus respondeu, contando-lhe que Satanás havia sido originalmente o segundo no comando com Deus, presidindo os céus e abaixo dele até o inferno. Passando por todas as regiões entre céu e inferno, Satanás progressivamente seduziu muitos dos anjos, oferecendo-lhes a redução de suas obrigações para com Deus. Por causa disso, ele foi expulso do seu lugar diante do trono de Deus e do seu ofício celestial para o firmamento abaixo do céu, levando consigo um terço dos anjos. Porém, Satanás e seus anjos caídos não conseguiram achar paz ali e ele suplicou a Deus que o perdoasse. Deus se apiedou dele e lhe concedeu paz para fazer o que desejasse até a sétima era do mundo.

Satanás então criou o mundo e todas as coisas vivas dentro dele, incluindo o ser humano. Ele ordenou a um anjo do segundo céu que entrasse no corpo do homem que ele tinha feito. Do corpo do homem ele tomou uma parte, fez outro corpo na forma da mulher e "deu ordem para que um anjo do primeiro céu entrasse nele"[141]. Os anjos se entristeceram profundamente

---

141. "The Secret Supper". In: WAKEFIELD, W.P. & EVANS, A.P. *Heresies of the High Middle Ages*: Selected Sources Translated and Annotated. Nova York/Londres: Columbia University Press, 1969, p. 460.

por lhes terem sido impostas formas mortais a partir de então. Satanás ordenou que fizessem sexo, mas eles não sabiam como. Então Satanás criou um Paraíso e pôs o homem e a mulher nele em companhia da serpente, feita do seu cuspe. O Diabo então entrou na serpente, suscitou o desejo em Eva e fez sexo com ela com o rabo da serpente. O mesmo desejo sexual foi suscitado em Adão e os dois "anjos" – ele e Eva – "foram afetados por um desejo de devassidão, gerando crianças do diabo e da serpente até a consumação do mundo"[142]. Em consequência de sua queda, os espíritos do céu ficaram presos em corpos de barro e foram entregues à morte.

O reino de Satanás, apoiado por Moisés e Henoc, deveria durar 7 eras. Satanás convenceu os humanos de que ele era o único Deus verdadeiro. Por essa razão, Deus decidiu enviar seu Filho para que as pessoas "reconhecessem o Diabo e sua maldade"[143]. Para isso, Ele primeiro enviou um anjo chamado Maria, a mãe de Jesus. Ao descer, Cristo entrou e foi gerado através do ouvido dela. Em resposta, Satanás enviou o seu anjo, João Batista. O Dia do Juízo viria quando "a quantidade de justos fosse igual à quantidade daqueles [anjos] coroados que caíram"[144]. Os justos receberiam a vida perpétua. Um "inferno de fogo" arderia sobre toda a terra, subindo até o ar do firmamento. Então Satanás e toda a sua hoste, em companhia dos pecadores, seriam amarrados e lançados no fogo.

Em contraste com os dualistas moderados que viram a criação do mundo como obra do Diabo, subordinada a Deus, os dualistas extremistas a atribuíram à obra de um princípio do

---

142. Ibid.
143. Ibid., 7.
144. Ibid., 12.

mal independente e eterno. Para o autor do *Livro dos dois princípios*, essa era a consequência inevitável da verdade da doutrina da bondade, presciência de Deus e da existência do mal. Prevendo que alguns anjos que Ele pretendia criar cairiam no mal, Deus reconheceu que, por essa razão, Ele era, em última análise, responsável pela escolha que eles fariam e, portanto, também pela existência do mal. Em decorrência disso, sua bondade não poderia ser mantida. O autor concluiu: "Por essa razão, somos obrigados a reconhecer dois princípios. Um deles é bom. O outro é mau, a fonte e causa da imperfeição dos anjos e também de todo o mal"[145].

Em consequência, a bondade de Deus foi reafirmada, mas às custas de sua onipotência. Eles também rejeitaram o ponto de vista dos cátaros moderados de que o mundo resultou do ato criador do Diabo, um ser subordinado criado por Deus. Pois, de acordo com *O livro dos dois princípios*, essa visão também implica Deus na origem do mal. Muito antes, este mundo resultou da ação direta de um deus mau, coeterno com o Deus bom. O autor declarou: "Creio que existe um deus mau que criou o céu e a terra, as grandes baleias e toda criatura que vive e se move, e toda ave alada de acordo com sua espécie e fez homem e mulher; que formou o homem do lodo da terra e soprou nele o fôlego da vida"[146].

O que surpreende, todavia, é que essa crença não implicou a negação do Deus bom como criador; mas, antes, a existência de criações duais e, logo, de dois criadores. O texto-chave da Bíblia para isso foi Eclo 42,24: "Todas as coisas existem aos pares,

---

145. "The Book of the Two Principles", 1.8. In: WAKEFIELD, W.P. & EVANS, A.P. *Heresies of the High Middle Ages*: Selected Sources Translated and Annotated. Op. cit.
146. Ibid., 5.4.

uma diante da outra". Assim, cada Deus criou seus anjos e seu universo, de modo que havia ambos, um universo bom, a "terra dos vivos" (Sl 27,13), e um universo mau, cada qual com seus céus e sua terra e cada qual sendo a imagem espelhada do outro. Ou talvez melhor, nosso mundo foi o "gêmeo mau" do universo bom. Assim, João de Lúgio pensou, como escreveu Rainier Sacconi, "que o Deus bom tinha outro mundo, no qual existiam pessoas, animais e tudo o mais comparável com as criaturas visíveis e corruptíveis daqui"[147]. As pessoas que habitavam esse universo celestial não eram seres meramente espirituais, mas também tinham corpos[148].

Em suma, Satanás mudara de lado. Deixando de ser subordinado ao Deus bom, ele passara a ser o comandante em chefe do deus mau. No início, as duas criações haviam estado separadas. Porém, o Diabo se infiltrou na "terra dos vivos" e desencaminhou as pessoas que viviam ali, as almas de quem desceu ao inferno – isto é, ao nosso mundo. O Diabo, cheio de orgulho com seu sucesso, levou seus demônios para dentro do universo bom, onde travaram batalha contra Miguel e seus anjos antes de serem derrotados e forçados a voltar ao reino mau. Ainda assim, o Diabo e seus demônios conseguiram carregar para dentro do seu reino um terço das criaturas criadas por Deus. Sua existência (ou melhor, nossa existência, porque todas as criaturas em nossa terra são criaturas caídas como aquelas) não foi consequência do mau uso do livre-arbítrio (o qual é negado pelos cátaros),

---

147. "The Summa of Rainerius Sacconi", 21. In: WAKEFIELD, W.P. & EVANS, A.P. *Heresies of the High Middle Ages*: Selected Sources Translated and Annotated. Op. cit.
148. "Summa against the Cathars and Waldensians", 1. In: WAKEFIELD, W.P. & EVANS, A.P. *Heresies of the High Middle Ages*: Selected Sources Translated and Annotated. Op. cit.

mas surgiu antes de terem sido feitas prisioneiras de guerra. Portanto, enquanto os corpos e espíritos daqueles que caíram permaneceram na "terra dos vivos", suas almas foram aprisionadas no reino terreno, nos corpos dos homens e mulheres, aves e animais de sangue quente, para reencarnar ali continuamente até o tempo em que seriam levados de volta ao universo celestial[149].

A série de vidas que se passa nesta terra, que para os cátaros é equivalente ao inferno, possibilita que as almas façam uma espécie de penitência purgatorial até sua união final com seus corpos na "terra dos vivos". Essa foi a leitura cátara da doutrina da ressurreição final dos mortos. Nesse cenário não haveria juízo final. Pelo contrário, a ressurreição dos mortos era um processo contínuo. O universo mau só terá fim quando todas as almas cativas nele tiverem sido libertadas de sua prisão terrena. Todavia, a soltura dependia de se tornar um dos cátaros "*perfecti* [perfeitos]" após um longo período de treinamento na teologia e no ritual cátaros. Os perfeitos seriam libertados do ciclo da reencarnação após sua morte. Então eles seriam unidos aos corpos que o Deus bom lhes dera originalmente na "terra dos vivos".

O fato de essa "salvação" ser possível no final para todos é resultado da obra de Cristo. A doutrina da encarnação é particularmente complicada entre os cátaros, já que Cristo se tornou carne *tanto* de modo real *quanto* só na aparência. Essa aparente contradição na sua teologia pode ser explicada por meio da noção das duas criações. João de Lúgio acreditava que o mal estava presente até mesmo no universo bom. De acordo com Sacconi, João de Lúgio disse que "casamentos, fornicações e adultérios ocorrem lá, dos quais nascem crianças"[150]. Portanto, a encarna-

---

149. Ibid., 22.
150. Ibid., 21.

ção de Cristo e a expiação ocorreu na "terra dos vivos". Cristo realmente assumiu a carne da virgem bem-aventurada e realmente sofreu, foi crucificado, morreu e foi sepultado, ressuscitou em seguida no terceiro dia e subiu até seu pai celestial. Porém, a paixão, morte e ressurreição de Cristo teve lugar "em outro mundo, um mundo mais elevado, não neste"; isto é, no universo do Deus bom[151].

Não obstante, Cristo também desceu para dentro do reino mau, o equivalente ao inferno para os cátaros, para ajudar aqueles que haviam sido aprisionados ali por Satanás. Cristo fez isso só na aparência, e não na realidade, já que Ele não podia assumir um corpo humano criado pelo deus mau. Obviamente Ele não precisava fazer isso, pois a expiação literal tinha ocorrido no universo bom. Admitindo-se a descida de Cristo ao universo terreno (idêntico ao inferno), isso equivaleu à desolação do inferno na teologia ortodoxa. As portas das prisões das almas mantidas na terra foram abertas e a possibilidade de salvação foi disponibilizada para aqueles que tinham descido previamente do império do bem para o do mal, pelo menos para aqueles que eram "os perfeitos" dentre os cátaros.

## Anjos e demônios

O crescente interesse pelo Diabo e pelos demônios também fez parte de um florescimento mais geral do interesse por seres espirituais. O desenvolvimento da demonologia em meados do século XII foi o outro lado da moeda da criação da angelologia. Até aquela época, o ensino de Gregório Magno sobre as 9 ordens de anjos, primeiramente em sua *Moral no Livro de Jó*,

---

151. Ibid., 22.

manteve-se como a interpretação predominante da hierarquia angelical. Porém, a tradução das obras gregas de Pseudo-Dionísio (reconhecidas no século passado como escritos do século VI) para o latim, primeiro pelo Abade Hilduíno de São Diniz, próximo a Paris, em torno do ano de 838, e subsequentemente por João Escoto Erígena, no ano de 862, conferiu aparente autoridade ao estudo das hierarquias angelicais, até porque se supôs que essas obras – especialmente *A hierarquia celestial* – tivessem sido escritas pelo Dionísio que Paulo tinha convertido quando pregou diante do Areópago em Atenas (At 17,34). Subsequentemente se mostrou que essas obras foram escritas no século VI, e agora geralmente se costuma fazer referência ao autor como Pseudo-Dionísio. Uma vez que acabou ingressando nas *Sentenças* de Pedro Lombardo, Pseudo-Dionísio se tornou algo como uma indústria caseira na teologia acadêmica da Idade Média e depois[152]. Pela mesma razão, desde Pedro Lombardo, o lado escuro da angelologia – a demonologia – foi acolhido na teologia.

Na *Suma Teológica*, de Tomás de Aquino, os demônios são discutidos em 2 das 14 questões no "Tratado dos anjos", mas a primeira demonologia significativa na teologia ocidental pode ser encontrada não na *Suma Teológica*, mas na seção final intitulada "Sobre os demônios", na obra *De malo* (Sobre o mal), de Tomás de Aquino[153]. Essa foi uma discussão bem mais extensa que partiu da que consta na *Suma Teológica* e independente

---

152. KECK, D. *Angels and Angelology in the Middle Ages*. Oxford: Oxford University Press, 1998. Sobre o reconhecimento da origem pseudônima dessas obras, cf. FROEHLICH, K. "Pseudo-Dionysius and the Reformation of the Sixteenth Century". In: LUIBHEID, C. (trad.). *Pseudo-Dionysius*: The Complete Works. Nova York: Paulist Press, 1987, p. 33-46.

153. DAVIES, B (ed.) & REGAN, R. (trad.). *The De Malo of Thomas Aquinas*. Oxford: Oxford University Press, 2001.

da angelologia à qual foi anexada naquela obra. Havia algumas questões tanto na *Suma Teológica* quanto em *De malo* que foram críticas para o desenvolvimento da demonologia.

A primeira delas dizia respeito à corporalidade dos demônios. Como ainda veremos, a capacidade de os demônios assumirem corpos desempenhará um papel crítico nos debates demonológicos sobre sua capacidade de fazer sexo com homens e mulheres[154]. A segunda abordou a pergunta se os demônios podiam operar milagres. A resposta de Tomás de Aquino foi não. Só Deus tinha o poder de fazer milagres – isto é, de causar eventos que vão além do curso ordinário da natureza[155].

Não obstante, os demônios podiam operar milagres *aparentes*: eventos que iam além do poder e da compreensão humanos. Podia *parecer* que eles tinham operado o impossível por meio de aparições imaginárias[156]. Isso se deveu ao fato de conhecerem melhor o poder das causas naturais do que os humanos, a capacidade de juntá-las com maior rapidez e, assim, a capacidade de produzir efeitos maiores do que conseguem os poderes e/ou as habilidades humanos[157]. Por razões que adiante ficarão mais claras, podemos dizer que o Diabo era especialista em causas "ocultas" e efeitos "maravilhosos" (mas não miraculosos).

Assim, o Diabo era o mestre das ilusões. Ele próprio podia aparecer em uma forma virtualmente corporal, criar a ilusão de outros corpos virtuais para os nossos sentidos exteriores e até

---

154. Cf. cap. 5: "Corpos endiabrados".
155. DAVIES, B (ed.) & REGAN, R. (trad.). *The De Malo of Thomas Aquinas*. Op. cit., 16.9.
156. Ibid.
157. Ibid. Cf. tb. AUGUSTINE. "The Divination of Demons", 3. In: DEFERRARI, R. (ed.). *Saint Augustine*: Treatises on Marriage and Other Subjects. Nova York: Fathers of the Church, 1955.

criar ilusões para os nossos sentidos interiores, entrando em nossa mente. Em suma, o Diabo podia me tornar consciente de sua presença, podia me enganar fazendo-me pensar que alguém está presente quando se encontra em outro lugar (aos meus sentidos exteriores) e, entrando em minha mente, podia fazer parecer (aos meus sentidos interiores) que já fui algo diferente (um lobisomem ou um gato, p. ex.).

Dado que os demônios não têm poderes fora do curso ordinário da natureza, do mesmo modo que nós, a demonologia fez parte da investigação do mundo natural e da filosofia natural (ou do que chamaríamos de "ciência"). A demonologia foi a "ciência" de determinar os poderes do Diabo dentro dos limites impostos pelo curso ordinário da natureza. Assim, a consistência da demonologia não foi consequência da capacidade do Diabo para agir de modo sobrenatural, mas resultado de sua capacidade de agir só "de modo natural". O resultado disso foi que o estudo de sua natureza e do seu poder foi embutido no estudo mais geral da natureza pelos 400 anos seguintes.

## A demonização da magia

O Diabo não foi só um mestre da ilusão, mas também um mestre da magia (ela própria muitas vezes concernente à produção de ilusões). Daí que a terceira razão para o aumento do interesse em matérias relativas ao diabólico a partir do século XII foi o despontar da magia versada, tanto natural quanto demoníaca. Ao lado das tradições comuns da cura mágica e da adivinhação que a Idade Média herdou da Antiguidade clássica, o influxo de textos e pedagogia arábicos, gregos e judaicos nas escolas das catedrais e nas universidades do Ocidente a partir do século XI levou ao cultivo da magia natural, particularmente nos campos da astrologia, magia astral, magia imagética e alquimia[158]. Em contraste com a magia natural, que, visando à eficácia de suas práticas, buscava poderes ocultos ou escondidos na natureza, também foi desenvolvida ali a "necromancia", ou a magia demoníaca; ou melhor, já que ela implicava a invocação e o controle tanto de demônios quanto de anjos, "magia demônica"[159]. O inimigo estava "dentro"; a necromancia, seja para fins malévolos ou benévolos, era praticada em primeira linha por uma elite culta e clerical, o segmento inferior de uma cultura sintonizada com a demonstração ritual do poder sacerdotal[160]. Por essa razão, diferentemente da "magia ritual" para fins benévolos praticada no interior da vida sacramental da Igreja, essa era uma "magia ritual" que servia a propósitos malévolos.

O mágico e o diabólico estiveram entrelaçados no pensamento cristão desde seus primórdios. Assim, por exemplo, de acordo com o texto neotestamentário de At 13, Paulo e Barnabé encontraram em Pafos, na ilha de Chipre, um homem chamado Bar Jesus, que era mágico (um "mágos"), falso profeta e judeu. O mágico tinha tentado afastar o procônsul Sérgio Paulo do cristianismo. Porém, Paulo, "cheio do Espírito Santo, fixou os olhos

---

158. KIECKHEFER, R. *Magic in the Middle Ages*. Cambridge: Cambridge University Press, 2000, cap. 4 e 6. • PINGREE, D. "The Diffusion of Arabic Magical Texts in Western Europe". In: BURNETT, C.S.F. et al. (eds.). *La Diffusione delle Scienze Islamiche nel Medioevo Europeo*. Roma: Accademia Nazionale dei Lincei, 1987, p. 57-102.

159. Tecnicamente, "necromancia" implicava a conjuração dos mortos, mas devido à crença de que os mortos eram espíritos disfarçados, o termo passou a designar a invocação de espíritos em geral.

160. KIECKHEFER, R. *Magic in the Middle Ages*. Op. cit., cap. 7. • B. Láng, B. (*Unlocked Books*: Manuscripts of Learned Magic in the Medieval Libraries of Central Europe. University Park, PA: The Pennsylvania State University Press, 2008) desenvolveu uma classificação quíntupla: natural, imagética, ritual (demoníaca), divinatória e alquímica.

nele e disse: 'Ó homem, cheio de todo engano e de toda maldade, filho do Diabo, inimigo de toda a justiça! Por que não paras de perverter os caminhos retos do Senhor?'" (At 13,9-10).

No âmbito da tradição cristã, Simão Mago se tornaria o mágico ligado ao Diabo por excelência. Ele aparece pela primeira vez em At 8,9-24, onde, impressionado com os milagres feitos por Pedro e João, ofereceu dinheiro em troca do poder deles. Os apóstolos rejeitaram sua oferta, urgindo-o a rezar por perdão. Embora não se faça menção de demônios na narrativa de Atos dos Apóstolos, ainda assim esse foi o ponto inicial para as muitas narrativas surgidas a partir do século II e início do século III, que fizeram de Simão Mago um mestre da ilusão, retrataram o conflito entre Pedro e Simão como uma batalha entre forças divinas e demoníacas e conceberam Simão como o mágico demoníaco exemplar. Não há exemplo melhor disso do que a narrativa da morte de Simão contada no texto apócrifo dos Atos dos Apóstolos Pedro e Paulo. Trata-se de uma narrativa que, incorporada à Lenda dourada de Tiago de Voragine em meados do século XIII, foi transmitida tanto pela arte quando pela literatura pelos 300 anos seguintes[161].

De acordo com os Atos dos apóstolos Pedro e Paulo, Pedro se envolveu em um desafio mágico com Simão Mago diante do Imperador Nero em Roma. Nero se convenceu de que não podia confiar nem em Pedro, nem em Paulo, nem em Simão Mago no que se refere a contar a verdade. Simão disse a Nero que, para demonstrar que Pedro e Paulo eram mentirosos, ele levantaria voo até o céu no dia seguinte. Por solicitação de Simão, Nero

---

161. Em relação à história da lenda sobre Simão Mago, cf. FERREIRO, A. "Simon Magus: The Patristic-Medieval Traditions and Historiography". In: *Apocrypha*, vol. 7, 1996, p. 147-165.

ordenou a construção de uma torre alta no Campo de Marte, da qual "meus anjos poderão me encontrar no ar; pois eles não podem vir a mim na terra entre os pecadores"[162]. Nero ordenou que Paulo e Pedro estivessem presentes, dizendo-lhes que a verdade seria então esclarecida.

No dia seguinte, Simão, com uma coroa de louros, subiu na torre, abriu seus braços e começou a voar. Quando viu Simão voando, Nero disse a Pedro: "Esse Simão é verdadeiro; mas tu e Paulo são enganadores"[163]. Pedro, olhando fixamente para o mágico voador, respondeu: "Anjos de Satanás, que o estais carregando pelo ar, eu vos conjuro a desapontar o coração dos crentes, em nome de Deus que criou todas as coisas e de Jesus Cristo que se levantou dos mortos no terceiro dia, a não mais sustentá-lo a partir de agora, mas a soltá-lo"[164]. Imediatamente os demônios soltaram Simão Mago e ele caiu, morrendo em um lugar chamado Sacra Via. Apesar disso, Nero ordenou que Pedro e Paulo fossem presos, Paulo decapitado e Pedro crucificado de cabeça para baixo, por sua solicitação, "pois não sou digno de ser crucificado da mesma maneira que meu Senhor"[165].

No mundo greco-romano, a magia era vista como uma prática que podia ser usada para fins benevolentes ou malévolos. Só a feitiçaria nociva era vista como ilegal. Porém, para o cristianismo antigo, a magia por si só era repreensível, porque os demônios estavam no seu núcleo. Assim, o cristianismo distinguiu entre a prática do cristianismo (como a verdadeira religião) e as

---

162. RIDDLE, M.B. (trad.). "Acts of the Apostles Peter and Paul". In: ROBERTS, A. & DONALDSON, J. (eds.). *The Ante-Nicene Fathers*. Vol. 8. Grand Rapids: William B. Eerdmans, 1951, p. 484.
163. Ibid.
164. Ibid.
165. Ibid.

práticas de todas as outras religiões (como magia demoníaca). Foi uma oposição possibilitada pela identificação cristã dos deuses e espíritos inferiores (*daímones*) das religiões greco-romanas com demônios (*demones*) – um ponto de vista que, como vimos em capítulo anterior, remonta a 1Henoc.

A formulação definitiva da natureza demoníaca da magia no cristianismo antigo encontra-se em Agostinho; por exemplo, em *Sobre a doutrina cristã* (396-427), todas as artes mágicas e práticas supersticiosas foram classificadas como demoníacas[166]. De modo similar, em *A cidade de Deus*, Agostinho descobriu que o demoníaco estava presente em todas as ações supersticiosas e mágicas. Assim, a característica distintiva das práticas mágicas, fossem benevolentes ou malévolas, era o envolvimento dos demônios. Agostinho declarou que a intenção dos milagres da Bíblia era recomendar o culto ao único Deus verdadeiro e proibir o culto a deuses falsos. Eles foram realizados pela simples fé e a confiança divina, e "não pelos encantamentos e feitiços compostos sob a influência de uma intervenção criminosa do mundo invisível, de um tipo que se chama magia, pela designação mais abominável de necromancia ou pela designação mais honrosa de teurgia"[167]. Agostinho incluiu na categoria ampla das artes mágicas os pactos demoníacos, a hieromancia (adivinhação pelas entranhas de animais), o augúrio (adivinhação pelo voo dos pássaros), a magia médica, os agouros e sinais supersticiosos, a astrologia e o horóscopo[168].

---

166. AUGUSTINE. "On Christian Doctrine", 2.23.36. In: SCHAFF, P. (ed.). *St. Augustine's City of God and Christian Doctrine*. Op. cit.
167. AUGUSTINE. "The City of God". Op. cit., 10.9.
168. AUGUSTINE. "On Christian Doctrine". Op. cit., 2.20-23.

Para ter o detalhamento mais importante da magia e adivinhação no início do período medieval, temos de olhar as *Etimologias*, de Isidoro, bispo de Sevilha, uma obra que ficou incompleta devido à sua morte no ano de 636. Pode-se dizer que, depois da Bíblia, foi o livro mais influente no Ocidente latino por mais de um milênio[169]. A seção 9 do livro 8, intitulada *De magis* (Sobre os mágicos), oferece o que foi chamado de "a primeira taxonomia cristã ocidental definitiva de mágicos não autorizados"[170].

Isidoro, a exemplo de Agostinho, aderiu ao ponto de vista de que a magia é demoníaca. Ele concluiu sua taxonomia dos mágicos com isso em mente. Assim, após uma breve exposição da história das artes mágicas, que, a exemplo de muitos outros, rastreou até a Pérsia zoroástrica, ele prefaciou sua exposição com estas palavras: "Consequentemente, essa tolice das artes mágicas se manteve no mundo inteiro por muitos séculos mediante a instrução dos anjos maus"[171]. E, no que parece ser pelo menos uma conclusão preliminar dessa discussão, ele escreveu: "Em tudo isso, o ofício dos demônios emanou de uma certa aliança pestilenta de humanos e anjos maus. Logo, todas essas coisas devem ser evitadas pelo cristão e inteiramente repudiadas e condenadas"[172].

Todavia, enquanto o tema mais abrangente em *De magis* é a natureza diabólica das práticas mágicas, o padrão geral da taxonomia de Isidoro indica uma exposição mais nuançada. Em primeiro lugar, há em *De magis* uma distinção razoavelmente

---

169. BARNEY, S.A. et al. *The Etymologies of Isidore of Seville*. Cambridge: Cambridge University Press, 2006, p. 3.
170. KLINGSHIRN, W.E. "Isidore of Seville's Taxonomy of Magicians and Diviners". In: *Traditio*, vol. 58, 2006, p. 59.
171. BARNEY, S.A. et al. *The Etymologies of Isidore of Seville*. Op. cit., 8.9.3.
172. Ibid., 8.9.31.

clara entre magia e adivinhação. Em segundo lugar, na medida em que percorremos o espectro da magia até a adivinhação, os meios das práticas passam a ser cada vez menos demoníacos e os fins das práticas cada vez menos perversos. Em terceiro lugar, por essa razão, na medida em que percorremos esse espectro, há uma progressão das práticas mágicas e divinatórias que abertamente envolvem demônios para práticas divinatórias que são completamente "naturais" (no sentido que nós damos à palavra).

Assim, independentemente da demonização *teórica* de todas as práticas mágicas e divinatórias em *De magis*, havia, não obstante, um reconhecimento nessa obra de que, de fato, podiam ser feitas distinções entre as práticas que eram intencionalmente demoníacas e malévolas, de um lado, e as que eram intencionalmente naturais e benevolentes de outro. Assim, encontramos embutida na primeira taxonomia ocidental da magia uma nova distinção no pensamento ocidental entre magia demoníaca e magia natural. A partir do século XII, essa distinção serviu de base para um novo conflito na história da interpretação ocidental da magia, que permaneceria sem solução pelos 600 anos subsequentes, até se tornar irrelevante pelo colapso tanto da magia quanto da demonologia. Trata-se do conflito entre os defensores da magia natural, os quais tentaram distingui-la da magia que explicitamente invoca o Diabo e seus demônios e procuraram encontrar um lugar para a magia natural dentro da corrente principal da teologia cristã, ou seja, aqueles que tentaram encontrar um lugar dentro do contexto cristão para uma forma não demoníaca de conjurar espíritos, e aqueles que acreditavam que o Diabo está envolvido em todas as práticas mágicas, sejam elas benevolentes ou malévolas, angelicais, demoníacas ou naturais.

## A magia definida, condenada e defendida

O resultado desse conflito é que a magia foi muitas vezes definida, ocasionalmente defendida, mas condenada com muita frequência. Assim, por exemplo, o monge agostiniano Hugo de São Vítor (c. 1096-1141) elaborou em seu *Didascalicon* uma taxonomia que distingue 11 diferentes tipos de magia – 9 diferentes formas de adivinhação, as ilusões dos conjuradores e os encantamentos dos feiticeiros[173]. Não há indicação no *Didascalicon* de que todas essas formas de magia seriam demoníacas; só as 2 últimas são descritas dessa maneira. Conjuradores são aqueles que "com sua arte demoníaca zombam dos sentidos humanos por meio de ilusões imaginativas de transformar uma coisa em outra". Ele prossegue dizendo que os feiticeiros "são aqueles que, com encantamentos demoníacos, amuletos ou qualquer outro tipo execrável de recursos, mediante a cooperação de diabos e mediante o instinto mau, realizam coisas perversas"[174]. Assim, Hugo estava ciente de que havia muitas formas de magia divinatória que eram "naturais", embora ele não tivesse dúvida de que inclusive essas formas de magia divinatória não tinham lugar no âmbito do conhecimento legítimo. Na melhor das hipóteses, elas eram más; na pior, elas levavam a envolver-se com o demoníaco[175].

No entanto, enquanto Hugo definiu as diferentes formas de magia só para condená-las, Miguel Escoto († c. 1236) fez isso para defender alguns tipos admissíveis. Em um relato lendário

---

[173]. Os nove tipos são: necromancia, geomancia, hidromancia, aeromancia, piromancia (associados a inferno, terra, água, ar e fogo), adivinhação, augúrio, horóscopo e dizer a sorte.
[174]. TAYLOR, J. (trad.). *The Didascalicon of Hugh of St. Victor.* Nova York: Columbia University Press, 1991, p. 155.
[175]. Ibid., p. 154.

ele é um adivinhador que previu que morreria em decorrência da queda de uma pedra sobre sua cabeça. Numa tentativa de provar que a própria profecia estava errada, ele passou a vestir um elmo de aço para evitar sua morte. Não obstante, ele foi ferido de morte quando certo dia removeu seu elmo na Igreja. Foi essa narrativa que se refletiu em sua breve nota como mágico no *Inferno*, de Dante: "Esse outro de flancos magros foi Miguel Escoto, certamente um perito em fraudes da magia"[176], e, em consequência disso, foi condenado a passar a eternidade com a cabeça voltada para trás em companhia de outros adivinhadores da Antiguidade e da Idade Média[177]. É mais do que provável que Dante tenha se inspirado na leitura que o próprio Escoto fez do significado psicológico de "flancos magros" em seu *Liber physiognomiae* [Livro das fisionomias] para indicar que Escoto era alguém basicamente mau, mas que ainda sabia o que era o bem[178].

O juízo de Dante se derivou da tentativa de Escoto de diferenciar entre magia admissível e inadmissível. Assim, ele estava particularmente empenhado em distinguir astrologia (*astronomia*) de formas proibidas de magia e adivinhação, embora ele identificasse uma forma supersticiosa de astrologia (*superstitiosa astronomia*), na qual ele listou adivinhação a partir das letras do nome da pessoa e dos dias da lua, geomancia e feitiçaria. Embora tenha reiterado a definição de Hugo de São Vítor, a saber, de que a arte mágica não era aceitável na filosofia, que ela

---

176. ALIGHIERI, D. *Divine Comedy* – Inferno, 20,116-117. Apud KAY, R. (trad.). "The Spare Ribs of Dante's Michael Scot". In: *Dante Studies*, vol. 103, 1985, p. 2. Sou especialmente grato a Kay pela discussão a respeito de Scot.

177. Sobre Miguel Scot, cf. THORNDIKE, L. *A History of Magic and Experimental Science*. Op. cit., 2.307-2.337. • HASKINS, C.H. *Studies in the History of Mediaeval Science*. Nova York: Frederick Ungar, 1960, p. 272-298.

178. KAY, R. (trad.). "The Spare Ribs of Dante's Michael Scot. Op. cit., p. 4-7.

destrói a religião e corrompe a moral, ele listou 28 variedades de adivinhação que acreditava serem verdadeiras, não obstante fossem proibidas como infames e perversas – por exemplo, augúrio pelo canto dos pássaros, interpretação de sonhos, observância de dias ou adivinhação pelo sangue de cadáveres[179]. Aos doutores em medicina, ele deu o seguinte conselho: "Nos casos de tristeza, melancolia, frustração ou outra dificuldade em que a medicina falha, o médico deveria recomendar que o paciente procurasse adivinhadores e encantadores, mesmo que isso pareça errado [*inhonestum et nephas*] ou contrário à fé cristã, sendo, não obstante, verdadeiro"[180].

A exemplo de Escoto, Guilherme de Auvérnia, bispo de Paris de 1228 até sua morte em 1249, tentou encontrar espaço para algumas formas de magia, enquanto aparentemente condenava todas. Na ortodoxia, conhecer qualquer dos textos mágicos levantava a suspeita de estar imerso no pior deles, de modo que não causa surpresa Guilherme de Auvérnia ter desculpado seu conhecimento deles como erros de uma juventude dissipada[181].

Embora tal desaprovação tivesse a forma retórica de uma condenação, ela era efetivamente um ato de abrir uma clareira intelectual para a defesa da "magia natural", que, segundo Guilherme declarou, era a undécima parte da filosofia natural ou ciência natural (*scientia naturalis*). E a magia natural – diferentemente das formas abertamente demoníacas da magia, incluindo a magia imagética

---

179. THORNDIKE, L. *A History of Magic and Experimental Science*. Op. cit., 2.319.
180. Como parafraseado em THORNDIKE, L. *Michael Scot*. Londres: Nelson, 1965, p. 78. Cf. tb. THORNDIKE, L. *A History of Magic and Experimental Science*. Op. cit., 2.324.
181. RIDER, C. *Magic and Impotence in the Middle Ages*. Oxford: Oxford University Press, 2006, p. 77.

e as formas de astrologia que negavam o livre-arbítrio humano – operava com "forças naturais" (*virtutes naturales*), de acordo com a ordem da natureza. Embora as fronteiras do natural fossem muito controversas, tratava-se de uma ordem que implicava teorias de analogia cósmica e humana, influências astrais, signos e correspondências universais, simpatias e antipatias entre plantas, pedras e animais. A prática da magia dentro desse domínio consistiu de "operações estritamente naturais, na qual a habilidade humana desempenha o papel de mordomo, meramente auxiliando as forças naturais ocultas, as quais ela ajuda combinando, harmonizando e entrelaçando"[182]. O mundo da magia natural era, em suma, o mundo das maravilhas, situado além do curso ordinário da natureza; mas, não obstante, situado dentro dela[183].

Esse empenho por distinguir magia natural da magia demoníaca foi motivado pela preocupação de que os textos que continham conhecimento legítimo pudessem ser condenados junto com os que eram ilicitamente demoníacos. Foi isso que levou o *Speculum astronomiae* [Espelho da astronomia] (em torno da década de 1260), tradicionalmente atribuído a Alberto Magno, contemporâneo de Tomás de Aquino, a compor uma bibliografia anotada de textos astrológicos e mágicos para diferenciar entre os textos astrológicos úteis e os textos necromânticos nocivos[184].

---

182. BRACH, J.-P. "Magic IV". In: HANEGRAAFF, W.J. (ed.). *Dictionary of Gnosis and Western Esotericism*. Leiden: Brill, 2006, p. 732. Sobre Guilherme de Auvérnia, cf. MARRONE, S.P. "William of Auvergne on Magic in Natural Philosophy and Theology". Apud AERTSEN, J. & SPEER, A. (eds.). "Was ist Philosophie im Mittelalter". In: *Miscellania Medievalia*, vol. 26, 1998, p. 741-748.

183. THORNDIKE, L. *A History of Magic and Experimental Science*. Op. cit., 2.338-2.371.

184. "Proem". In: *Speculum Astronomiae*. Apud ZAMBELLI, P. *The Speculum Astronomiae and its Enigma*. Dordrecht: Kluwer Academic, 1992.

A exemplo de Guilherme de Auvérnia, o autor do *Speculum astronomiae* alegou que, tendo examinado há muito tempo muitas das obras ilícitas e recuado "horrorizado diante delas", a memória que tinha delas já não era tão boa[185]. Deveríamos ler isso apenas como um elemento retórico que ele usou para se distanciar de toda acusação de ainda ser um leitor assíduo de tais obras; pois a exposição detalhada que ele faz delas desmente sua alegação. Embora a distinção seja opaca, ele dividiu as obras necromânticas nas categorias *abomináveis*, que implicam a invocação de demônios, e as *detestáveis*, que eram "efetuadas pela inscrição de caracteres a serem exorcizados por certos nomes"[186]. Estas também devem ser deixadas de lado, "pois há a suspeita de que haja algo nos nomes da linguagem desconhecida que pode ser contrário à honra da fé católica"[187]. Mesmo assim, no capítulo final do *Speculum astronomiae*, ele conclui que esses livros, em vez de serem destruídos, deveriam ser guardados, pois estaria prestes a chegar o tempo em que, embora fosse preciso tomar cuidado, "seria útil tê-los inspecionado ocasionalmente"[188].

A exemplo do *Speculum astronomiae*, o franciscano inglês Roger Bacon (c. 1215-c. 1292) também se preocupou com o fato de a magia boa e útil ser jogada fora com suas versões demoníacas. Diferentemente de Guilherme de Auvérnia, Bacon não tentou defender a magia mediante a diferenciação entre suas formas legítimas e suas formas ilegítimas. Para Bacon, "magia" e "mágico" sempre foram termos de má reputação e sempre contrapos-

---

185. *Speculum Astronomiae*, cap. 11. Apud ZAMBELLI, P. *The Speculum Astronomiae and its Enigma*. Op. cit.
186. Ibid.
187. Ibid.
188. Ibid., cap. 17.

tos à "filosofia" e aos "filósofos" (ou à "ciência" e aos "cientistas"). Porém, isso não foi uma condenação genuína da magia. Pelo contrário, sua falta de apreço pela magia e pelos mágicos tinha a intenção estratégica de distanciar da condenação seu interesse por questões mágicas, para melhor incorporar as práticas mágicas que visavam ao bem dentro da categoria da ciência[189].

Para Bacon, a oposição entre magia e ciência estava localizada nas intenções más ou boas. As práticas mágicas bem-intencionadas foram incluídas em um domínio ampliado da ciência[190]. Isso capacitou Bacon a incluir não só certos tipos de astrologia e alquimia na ciência, mas também e mais controvertidamente a magia do poder das palavras (*virtus verborum*), faladas e escritas[191]. Assim, no final da seção sobre o estudo das línguas, Bacon contou uma história que exemplifica a importância da intencionalidade. Ele nos informa que conheceu certo homem que, quando ainda era um menino, cruzou com um homem no campo que estava tendo um ataque de epilepsia. O menino escreveu alguns versos, pendurou-os em torno do pescoço do epiléptico e este imediatamente ficou curado. A doença não retornou até bem mais tarde, quando sua esposa quis confundir a mente do homem por causa do amor que ela sentia por certo clérigo. Ela fez com que ele ti-

---

189. DALES, R.C. (trad.). "The Opus Maius of Roger Bacon". In: *The Scientific Achievements of the Middle Ages*. Filadélfia: University of Pennsylvania Press, 1973, p. 163.

190. FANGER. C. "Things Done Wisely by a Wise Enchanter: Negotiating the Power of Words in the Thirteenth Century". In: *Esoterica*, vol. 1, 1999, p. 97-132. Sou grato a Fanger por sua análise dos pontos de vista de Bacon sobre a magia.

191. HACKETT, J. "Roger Bacon on Astronomy-Astrology: The Sources of the *Scientia Experimentalis*". In: HACKETT, J. (ed.). *Roger Bacon and the Sciences*: Commemorative Essays. Leiden: Brill, 1997, p. 175-198. • NEWMAN, W.R. "An Overview of Roger Bacon's Alchemy". In: HACKETT, J. (ed.). *Roger Bacon and the Sciences*: Commemorative Essays. Op. cit., p. 317-336.

rasse as roupas para tomar banho, e assim pudesse tirar o amuleto que estava em volta do seu pescoço para protegê-lo da água. Imediatamente a doença o acometeu de novo. Sua mulher, assustada com o milagre, voltou a atar o amuleto nele e ele voltou a ficar curado. Não era uma peça de magia que Bacon pudesse encarar como demoníaca. Bacon perguntou: "Quem ousaria fazer uma interpretação maldosa disso e atribuí-lo a demônios, mesmo que algumas pessoas inexperientes e tolas tenham atribuído a demônios muitas coisas que frequentemente aconteceram pela graça de Deus, pela ação da natureza e pelo poder das artes excelentes?"[192]

Uma das pessoas inexperientes e tolas a que Bacon se referiu foi Santo Agostinho. Para Agostinho, tal magia só poderia ser demoníaca em consequência de sua teoria da relação entre palavras e coisas. Agostinho acreditava que, pelo menos desde a queda do homem, a relação entre palavras e coisas era arbitrária ou convencional. Portanto, palavras não têm poder natural para produzir efeitos mágicos; na medida em que o fazem, trata-se da consequência de uma linguagem compartilhada por mágicos e demônios, sendo que os demônios produzem os efeitos no mundo ao receberem os sinais verbais dos mágicos[193]. Visto que toda magia opera por meio de sinais, consequentemente era demoníaca. Na medida em que um modelo agostiniano "de linguagem era aceito como convencional e consensual (como era de modo geral no século XIII), era impossível defender o poder de palavras como fenômeno natural"[194].

---

192. BURKE, R.B. (trad.). *The Opus Maius of Roger Bacon*. Filadélfia: University of Pennsylvania Press, 1928, 1.113.
193. MARKUS, R.A. "Augustine on Magic: A Neglected Semiotic Theory". In: *Revue des Études Augustiniennes*, vol. 40, 1994, p. 375-388.
194. FANGER. C. "Things Done Wisely by a Wise Enchanter: Negotiating the Power of Words in the Thirteenth Century". Op. cit., p. 99.

Em contraposição, para Roger Bacon, palavras enunciadas "com concentração profunda e intenso desejo, intenção firme e forte confiança" no período astrológico correto possuem um poder *natural*, embora oculto, de produzir efeitos no mundo[195]. Bacon declarou que, associado desse modo ao poder do céu, "um astrólogo às vezes pode formar palavras escolhidas para ter um poder inefável [...]. Por esse poder animais perigosos são postos em fuga, algumas espécies de animais selvagens são convocadas ao aceno da mão, serpentes são chamadas a deixar suas tocas, e peixes, as profundezas da água"[196].

Era um poder familiar ao Diabo, sempre pronto a usá-lo para fins malignos. Nesse registro, o Diabo era o supremo mágico natural. Tanto maior a necessidade de cultivar a magia das palavras na ocasião, declarou Bacon em tom apocalíptico, visando combater o Anticristo na medida em que o fim dos tempos se aproximava: "Escrevo essas coisas não só para consideração dos sábios, mas por causa dos perigos que estão surgindo agora e que surgirão para os cristãos e a Igreja de Deus, da parte dos infiéis e bem especialmente da parte do Anticristo, porque ele próprio usará o poder do saber [*potestas sapientiae*] e transformará todas as coisas em maldade"[197].

---

195. FANGER, C. (trad.). "Opus Tertium". In: FANGER. C. "Things Done Wisely by a Wise Enchanter: Negotiating the Power of Words in the Thirteenth Century". Op. cit., p. 111.

196. DALES, R.C. (trad.). "The Opus Maius of Roger Bacon". Op. cit., p. 162-163.

197. FANGER, C. (trad.). "Opus Maius". In: FANGER. C. "Things Done Wisely by a Wise Enchanter: Negotiating the Power of Words in the Thirteenth Century". Op. cit., p. 117-118.

## Conjurando demônios e conversando com anjos

Do século XII ao século XIV, com a distinção entre magia natural e magia demoníaca (ou entre filosofia e magia), o domínio da magia natural foi ampliado. Ela se tornou menos demonizada, mais "normalizada" e mais corrente principal. Em consequência, diminuiu na mesma proporção (pelo menos para algumas pessoas) o medo do envolvimento do Diabo em *todas* as formas de magia. No entanto, ao passo que o envolvimento demoníaco na magia natural se tornou antes uma extensão intelectual, o medo que se tinha de Satanás e seus asseclas indubitavelmente cresceu devido à circulação, a partir do século XII, de textos de magia com a intenção explícita de invocar demônios para fins malévolos (embora geralmente mesquinhos)[198]. Os próprios mágicos demoníacos ou necromantes "se viam invocando os poderes sagrados do céu [anjos, Cristo, a Virgem Maria, os chefes dos demônios ou Deus] pelos quais eles podiam forçar os poderes igualmente numinosos, mas malignos e traiçoeiros do inferno"[199]. Foi o medo apenas dessa espécie de magia que motivou a carta enviada pelo Cardeal Guilherme de Peyre Godin, em nome do Papa João XXII, aos inquisidores de Carcasone e Toulouse, com a qual começamos este capítulo.

---

198. LÁNG, B. *Unlocked Books*: Manuscripts of Learned Magic in the Medieval Libraries of Central Europe. Op. cit. • KLAASEN, F. "English Manuscripts of Magic, 1300-1500: A Preliminary Survey". In: FANGER, C. (ed.). *Conjuring Spirits*: Texts and Traditions of Medieval Ritual Magic. Stroud: Sutton Press, 1998, p. 3-31.
199. KIECKHEFER, R. *Forbidden Rites*: A necromante's Manual of the Fifteenth Century. University Park, PA: Pennsylvania State University Press, 1998, p. 26. Cf. tb. FANGER, C. (ed.). *Conjuring Spirits*: Texts and Traditions of Medieval Ritual Magic. Op. cit., p. viii. Fanger subsume tanto a magia demoníaca quanto a angelical sob a rubrica "magia ritual".

O assim chamado *Manual de necromancia de Munique*, produzido por um membro do baixo ou do médio clero do século XV, exemplifica o gênero de miscelâneas da magia demoníaca[200]. Com poucas exceções, os rituais que constam nesse livro se enquadram em 3 categorias principais: ilusionista, psicológica e divinatória. Na primeira delas podemos incluir rituais para conjurar ilusões como um banquete, um castelo, um meio de transporte como um cavalo, um bote ou um trono voador, fazer vivos parecerem mortos e vice-versa, e a invisibilidade. Na segunda, encontramos rituais – frequentemente usando imagens – para induzir loucura, suscitar o amor ou desejo de uma mulher, obter dignidade e honra, causar ódio entre amigos, cultivar o que é poderoso e coagir a vontade de outros. A intenção das técnicas divinatórias (principalmente "dizer a sorte")[201] é obter conhecimento de coisas futuras, passadas, distantes, roubadas ou escondidas[202].

Em sua maioria, as fórmulas verbais do *Manual de Munique* são conjurações de demônios e seu autor reconhece claramente que comandar os espíritos maus constitui a parte central de suas atividades. A conjuração erótica a seguir é representativa:

> Eu os conjuro, demônios inscritos neste círculo, aos quais foi dado o poder de seduzir e prender mulheres ao amor de homens, pela força e pelo poder da majestade divina e pelos

---

200. KIECKHEFER, R. *Forbidden Rites*: A necromante's Manual of the Fifteenth Century. Op. cit. Esta obra contém o texto latino e uma análise sobre ele.

201. Havia várias formas de dizer a sorte: catoptromancia (adivinhação por meio de um espelho), cristalomancia (por meio de um cristal), ciclomancia ou lecanomancia (por meio de uma xícara ou bacia cheia de líquido), onicomancia (por meio de uma unha da mão untada), hidromancia (por meio de água em um corpo natural). Cf. KIECKHEFER, R. *Forbidden Rites*: A necromante's Manual of the Fifteenth Century. Op. cit., p. 97.

202. Ibid., cap. 2-5.

tronos, domínios e poderes e principados daquele que falou e eles foram feitos e por aqueles [anjos] que não cessam de clamar a uma só voz, dizendo: "Santo, Santo, Santo é o Senhor Deus Zebaoth, céu e terra estão cheios da tua glória. Hosana nas maiores alturas. Bendito é o que vem em nome do Senhor. Hosana nas maiores alturas", e pelos seguintes nomes que vos causam medo e terror: Rator, Lampoi, Despan, Brulo, Dronoth, Maloqui, Satola, Gelbid, Mascifin, Nartim e Lodoni, e por este anel que aqui está e pelos poderes inumeráveis que vocês e seus superiores possuem, onde quer que estejam, levantem-se dos seus lugares, vão para tal e tal lugar e tragam-na para cá imediatamente sem truques e devolvam-na se eu quiser. E não deixem ninguém ficar ciente disso nem dar-se conta do fato[203].

Como indicado por esse texto, para as crenças dos necromantes era crucial que pudessem obrigar, comandar e explorar os demônios com a permissão e ajuda de Deus. Para os seus oponentes, todavia, parecia que, longe de controlar os espíritos maus, eles eram controlados por estes. Assim, por exemplo, um dos artigos do ano de 1398 da Universidade de Paris contrários à magia ritual condenou a crença de que "tais artes realmente forçam e obrigam demônios, e não vice-versa, isto é, que os demônios fingem que são forçados para seduzir os homens"[204]. Porém, os próprios necromantes consideravam seus poderes como comparáveis àqueles com os quais os sacerdotes exorcizaram demônios, seguindo o exemplo dado por Cristo ao expulsar espíritos impuros. Da perspectiva deles, seja conjurando ou exorcizando, eles tinham controle sobre o diabólico.

---

203. Ibid., p. 128.
204. "Determination made by the Faculty of Theology at Paris in the Year of our Lord 1398 Regarding Certain Newly Arisen Superstitions". In: LEVACK, B.P. (ed.). *The Witchcraft Sourcebook*. Nova York: Routledge, 2004, p. 49.

Indubitavelmente, a magia demoníaca levou a uma proliferação de nomes de demônios. No *Manual de Munique* reconhecemos Belial, Belzebu, Lúcifer e Satã, mas a maioria dos 189 demônios mencionados nominalmente não é familiar e possui uma ampla variedade de formas e funções. Assim, o ritual número 34 descreve a hierarquia, aparência e função de 11 espíritos chamados por nome. Há um rei, um príncipe e um senescal, mas também duques, condes, presidentes e marqueses. Eles aparecem em várias formas que frequentemente disfarçam sua aparência natural aterradora – um humano com grandes dentes e 3 chifres, um homem com face de leão com uma víbora na mão, um cavaleiro com lança, estandarte e cetro ou um cavalo preto, um menino com 2 cabeças e asas de anjo montado num dragão, uma mulher linda cavalgando um camelo, um homem com face de mulher. De modo similar, seus papéis são variados: revelar o passado, o presente, o futuro e assuntos ocultos, localizar tesouros escondidos, dar conhecimento sobre assuntos secretos, sobre o *trivium*, a astronomia e outras artes liberais e línguas, a buscar o amor de mulheres, a assegurar favores ou dignidades, a prover cavalheiros excelentes, a cruzar mares, rios ou regiões rapidamente e a conferir poder sobre serpentes[205].

Era impossível que o autor do *Manual de Munique* não tivesse consciência de invocar anjos caídos, mas há ocasiões no manual em que os demônios invocados não eram caídos. Eles são chamados de "anjos", "espíritos benigníssimos" (*"spiritus benignissimi"*), "espíritos agradabilíssimos, bem-humorados e alegres" (*"spiritus iocundissimi, ylares, et gaudentes"*) ou "espíritos ilus-

---

205. KIECKHEFER, R. *Forbidden Rites*: A necromante's Manual of the Fifteenth Century. Op. cit., p. 165-166.

tres" ("*spiritus illustres*"). A um dos espíritos é dirigida a palavra "Ó supremo e benigníssimo Rei Oriente"[206].

Para os [autores dos] artigos da Universidade de Paris de 1398 estava claro que essa distinção entre anjos e demônios não era legítima. A partir de sua perspectiva, todos os invocados eram anjos caídos, não se tratando nem de anjos não caídos nem de *daímones* sublunares de *status* moral ambivalente. Assim, eles rejeitaram a crença dos mágicos de que "alguns demônios são demônios bons, outros são oniscientes, outros, ainda, nem salvos nem condenados"[207]. Porém, os necromantes não eram dualistas. Embora suas intenções fossem malignas na pior das hipóteses e rancorosas na melhor das hipóteses, eles buscavam a aprovação divina, e não a satânica. Sua necromancia tinha um matiz ortodoxo. E já que anjos, demônios ou quaisquer outros espíritos só podem ser invocados e controlados com a ajuda de poderes celestiais, a distinção entre eles era irrelevante. Assim, na prática, mesmo que não na teoria, demonologia, angelologia e daimonologia estavam todas entrelaçadas e eram indistinguíveis. Em consequência, nos textos de magia ritual em geral, as fronteiras entre magia demoníaca e magia angelical eram permeáveis. Alguns praticantes da magia, entretanto, se concentraram em rituais que invocaram unicamente poderes angelicais para fins *benignos* – para obter visões, conhecimento celestial ou mundano ou para melhorar capacidades intelectuais.

O último dos 28 artigos do ano de 1398 da Universidade de Paris condenou a crença de que a magia ritual "pode nos levar

---

206. Ibid., p. 155.
207. "Determination made by the Faculty of Theology at Paris in the Year of our Lord 1398 Regarding Certain Newly Arisen Superstitions". In: LEVACK, B.P. (ed.). *The Witchcraft Sourcebook*. Op. cit., p. 50.

a uma visão da Essência Divina ou ao espírito dos santos"[208]. Ao proceder assim, ele pode muito bem ter tido em mente a obra conhecida como *Liber sacer sive juratus* (*Livro sagrado ou juramentado*), escrito sob pseudônimo por um mágico autodenominado Honório de Tebas, filho do matemático Euclides, em algum momento durante o início do século XIV[209]. A singularidade dessa obra foi conter um rito mágico para obtenção da visão beatífica, o fim a que todos os cristãos aspiram – a visão de Deus como Ele é em si mesmo na plenitude do seu ser. Assim, no final de um processo ritual rigoroso e complexo, estritamente definido, de oração, jejum, purgação de pecados, frequência à missa e recebimento da hóstia que durava em torno de 28 dias, o mágico foi instruído a "dormir e não dizer mais nada, e verás o Palácio Celestial e a Majestade de Deus em sua glória, e as 9 ordens de anjos e a companhia de todos os espíritos bem-aventurados"[210]. Na medida em que a intenção de práticas ascéticas

---

208. Ibid.

209. MATHIESEN, R. "A Thirteenth-Century Ritual to Attain the Beatific Vision from the *Sworn Book* of Honorius of Thebes". In: FANGER, C. (ed.). *Conjuring Spirits*: Texts and Traditions of Medieval Ritual Magic. Op. cit., p. 143-162. Mathiesen data essa obra na primeira metade do século XIII. Acompanho Kieckhefer, datando-o um século mais tarde. Cf. KIECKHEFER, R. "The Devil's Contemplatives: The *Liber Iuratus*, the *Liber Visionum* and Christian Appropriation of Jewish Occultism". In: FANGER, C. (ed.). *Conjuring Spirits*: Texts and Traditions of Medieval Ritual Magic. Op. cit., p. 250-265. • MESLER, K. "The *Liber Iuratus Honorii* and the Christian Reception of Angel Magic". In: FANGER, C. (ed.). *Invoking Angels*: Theurgic Ideas and Practices, Thirteenth to Sixteenth Centuries. University Park, PA: Pennsylvania State University Press, 2012, p. 113-150.

210. DRISCOLL, D.J. (ed.). *The Sworn Book of Honourius the Magician* – As Composed by Honourius through Counsel with the Angel Hocroel. Gillette, NJ: Heptangle Press, 1977, p. 67. Apud MATHIESEN, R. "A Thirteenth-Century Ritual to Attain the Beatific Vision from the *Sworn Book* of Honorius of Thebes". Op. cit., p. 155.

e interiores era evocar visões do divino, a magia angelical e o misticismo cristão se fundiram[211].

Diante disso, parece haver pouca coisa satânica nesse ritual, quer se trate de seus procedimentos, quer se trate dos fins pretendidos. Honório se esforçou bastante para oferecer uma apologia de suas práticas mágicas[212]. Adicionalmente ele declarou que só cristãos virtuosos poderiam se engajar em tais atividades. Os pagãos que trabalharam nas artes mágicas não podiam prender nem forçar os espíritos: "Os espíritos fingem ter sido presos pelas palavras da sua lei, de modo a fazer com que eles cometam adultério e jamais retornem à fé verdadeira. Sua fé é nula, e por isso suas obras são nulas"[213]. De modo similar, desde a vinda de Cristo, os judeus perderam sua preeminência. Eles não podiam mais efetuar nenhuma magia, "porque não estão vivos em Cristo"[214]. Ele concluiu que somente um cristão "podem chegar à visão divina e ser bem-sucedido em todas as outras obras"[215].

Não era provável que esse argumento persuadisse a corrente principal, especialmente porque foi precedido no prólogo do livro pela diabolização de todos os que demonizaram a magia angelical. Ali ele alegou que a campanha contra a magia feita pelo papa e seus cardeais era conduzida por Satanás e seus anjos

---

211. A favor de uma possível conexão com o misticismo judaico, cf. KIECKHEFER, R. "The Devil's Contemplatives: The *Liber Iuratus*, the *Liber Visionum* and Christian Appropriation of Jewish Occultism". Op. cit., p. 250-265.

212. DRISCOLL, D.J. (ed.). *The Sworn Book of Honourius the Magician* – As Composed by Honourius through Counsel with the Angel Hocroel. Op. cit., p. 7. Apud MATHIESEN, R. "A Thirteenth-Century Ritual to Attain the Beatific Vision from the *Sworn Book* of Honorius of Thebes". Op. cit., p. 151.

213. Ibid.

214. Ibid.

215. Ibid.

caídos, e não por Deus. É mais do que provável que Honório teve o Papa João XXII em mente ao dizer[216]:

> Quando espíritos perversos ser reuniram com a finalidade de enviar demônios para dentro do coração humano, de modo a destruir todas as coisas proveitosas à humanidade e a corromper o mundo inteiro usando ao máximo seu poder, eles semearam hipocrisia e inveja entre os homens e radicaram bispos e prelados na soberba. Até o papa e seus cardeais foram afetados [...]. Movidos pela cobiça e pela inveja sob a similitude da verdade, esses bispos e prelados disseminaram por toda parte narrativas falsas e improváveis por instigação demoníaca[217].

Em contraposição, o *Liber visionum* (*Livro das visões*) do monge beneditino João de Morigny (c. 1304-1318), que não estava preocupado com visões beatíficas e coisas do tipo, tinha um propósito bem mais mundano, com o qual todos os estudantes, professores e acadêmicos modernos sonhariam, a saber, um atalho mágico para o aprendizado formal. Através de um regime de 9 semanas de orações a Deus, aos anjos, à corte celestial e especialmente à Virgem Maria, acompanhado de jejum e purificações, poderá ser obtido o conhecimento das 7 artes liberais, da filosofia e da teologia, bem como outras informações conforme o indivíduo desejar: "Aquilo que em outros livros muitas vezes é captado com

---

216. KIECKHEFER, R. "The Devil's Contemplatives: The *Liber Iuratus*, the *Liber Visionum* and Christian Appropriation of Jewish Occultism", p. 253-254.

217. DRISCOLL, D.J. (ed.). *The Sworn Book of Honourius the Magician* – As Composed by Honourius through Counsel with the Angel Hocroel. Op. cit., p. 1. Apud MATHIESEN, R. "A Thirteenth-Century Ritual to Attain the Beatific Vision from the *Sworn Book* of Honorius of Thebes". Op. cit., p. 147-148 (com variantes entre colchetes postas por Mathiesen). Apesar da preocupação de Honório, seis manuscritos do livro sagrado ou juramentado sobreviveriam aos ataques eclesiásticos e acadêmicos; cinco em latim, sendo que um deles, do século XIV, foi adquirido pelo mago elisabetano John Dee (de onde ele passou às mãos do dramaturgo Ben Jonson), e outro foi uma versão inglesa parcial do século XVI.

dificuldade pela inteligência nativa, tediosamente e excessivamente extenso por um longo período de tempo em volumes enormes e intrincados, é ensinado neste livro mediante poucas orações fáceis, transmitidas por revelações de anjos"[218]. Eu quero!

Apesar da condenação oficial de todas as práticas mágicas como demoníacas, estavam claras em princípio, no início do século XIV, as distinções entre magia natural e magia ritual, e, dentro desta última categoria, entre magia angelical e magia demoníaca, ainda que frequentemente elas se sobrepusessem na prática. Ademais, a magia da Renascença tentou incorporar a magia natural ao domínio ampliado da filosofia natural. A magia angelical também logrou certa legitimação, facilitada pela cristianização, durante a Renascença, da cabala judaica, do neoplatonismo e da literatura hermética. O objetivo dos magos da Renascença era criar uma teoria abrangente da magia capaz de abarcar tudo referente a ela, o que tornou ainda mais difusas as distinções, não só entre magia natural e ritual, mas também entre magia demoníaca e angelical. Ironicamente, tanto a magia natural quanto a magia ritual podem ter sido vistas como tendo mais a oferecer ao filósofo natural de mentalidade experimental do que uma filosofia natural medieval, que era mais um corpo de sabedoria a ser adquirida do que de conhecimento a ser descoberto[219].

---

218. FANGER, C. & WATSON, N. (trad.). "The Prologue to the *Liber Visionum* of John of Morigny", 1. In: FANGER, C. & WATSON, N. (eds.). "John of Morigny, Prologue to *Liber Visionum* (c. 1304-1318), Translated, Edited, and Introduced". In: *Esoterica*, vol. 3, 2001, p. 108-217. Sou especialmente grato a Fanger e Watson por essa análise.

219. Sobre uma fusão de magia natural, angelical e demoníaca na Inglaterra elisabetana, cf. KLAASEN, F. "Ritual Invocation and Early Modern Science: The Skrying Experiments of Humphrey Gilbert". In: FANGER, C. (ed.). *Invoking Angels*: Theurgic Ideas and Practices, Thirteenth to Sixteenth Centuries. Op. cit., p. 341-366.

# 5
# Corpos endiabrados

*A nossa luta não é contra forças humanas, mas contra os principados, contra as autoridades, contra os dominadores deste mundo tenebroso, contra os espíritos maus dos ares* (Ef 6,12).

## A demonização da magia popular

No ano de 1320, quando o Cardeal Guilherme de Peyre Godin, a pedido do Papa João XXII, escreveu aos inquisidores em Carcasone e Toulouse, João de Beaune e Bernardo Gui, ele tinha em mente só os praticantes de magia ritual, "necromancia" ou magia demoníaca; ou melhor, por razões apresentadas no último capítulo, por envolver a invocação e o controle *tanto* de demônios *quanto* de anjos, da "magia *daemonica*". Nesse caso, o inimigo estava bem mais "dentro", pois a necromancia residia dentro de uma elite culta, clerical e às vezes da corte, que constituía a base de uma cultura sintonizada com a demonstração ritual do poder sacerdotal.

Um século se passou e Satanás ampliou seu foco, indo além da elite necromântica dentro da Igreja na direção dos praticantes da magia cotidiana – um mercado muito mais amplo. Como escreveu o Papa Eugênio IV em 1437, na Carta a todos os inquisidores da depravação herética:

> Chegou a nós a notícia, acompanhada de grande amargura de espírito, de que o príncipe das trevas torna muitos dos que foram comprados pelo sangue de Cristo partícipes de sua queda e condenação, enfeitiçando-os com suas artimanhas, de tal maneira que essas persuasões e ilusões detestáveis os tornam membros de sua seita[220].

Pelo menos desde o tempo de Agostinho toda magia tinha sido condenada como satânica. Os *daemones* das religiões pagãs obviamente eram *demones*. Consequentemente, toda magia era de fato demoníaca, sempre de modo implícito, quando não usualmente de modo explícito. O fato de a magia ser tacitamente demoníaca, mas nem por isso ter de ser abertamente demoníaca levou, na Antiguidade tardia, a colocar a ênfase em suas origens satânicas, mais do que em seus praticantes humanos. A desgraça era consequência da ação dos demônios, não do poder dos feiticeiros. E os feiticeiros eram tanto vítimas quanto perpetradores. Assim, Peter Brown nos lembra que, na literatura da Antiguidade tardia, "o agente humano é posto contra a parede pelo hospedeiro demoníaco"[221]. Porém, o surgimento da magia demoníaca culta a partir do século XII, com a intenção de invocar demônios por meio de rituais necromânticos, levou a uma preocupação crescente com os praticantes da magia. A ênfase passou a ser posta na conjuração *explícita* de demônios pelo mago, e, pelo menos teoricamente, no controle deste sobre eles mais do que no deles sobre este.

Diferentemente dos estudiosos modernos, as autoridades eclesiásticas da Idade Média tardia praticamente não fizeram

---

220. KORS, A.C. & PETERS, E. *Witchcraft in Europe, 400-1700*: A Documentary History. Filadélfia: University of Pennsylvania Press, 2001, p. 154.
221. BROWN, P. *Religion and Society in the Age of Augustine*. Londres: Faber and Faber, 1972, p. 132; cf. tb. p. 137.

distinção entre formas elitistas e populares de magia. Em consequência, preocupações com o envolvimento satânico dos necromantes da elite facilmente podiam ser transferidas para os feiticeiros populares, e estes eram vistos em conluio com o Diabo, tão facilmente quanto aqueles[222]. Assim, por exemplo, quando o inquisidor Bernardo Gui incorporou as preocupações do papa em seu manual inquisitorial intitulado *Practica Inquisitionis Heretice Pravitatis* (*Conduta da Inquisição diante da depravação herética*) (1321-1324), a magia que ele mais esperava ser encontrada pelos inquisidores era popular, em vez de elitista. Ele disse aos inquisidores para perguntarem o que os suspeitos de serem feiticeiros sabiam a respeito de lançar feitiços (ou quebrá-los) sobre infantes, sobre paz e concórdia entre maridos e esposas e sobre capacitar as estéreis a conceber, sobre curar doenças, sobre ladrões a serem aprisionados, sobre substâncias que eles deram para serem comidas – cabelo, garras e outras coisas –, o método para descobrir roubos ou a revelação de segredos e o método de coletar ervas[223]. Tudo isso visava às preocupações e práticas dos feiticeiros populares, e não dos elitistas. Porém, ele não tinha dúvida de que os feiticeiros populares, a exemplo dos praticantes elitistas da magia demoníaca, voltavam "sua atenção aos espíritos do mal e à doutrina de demônios"[224].

A carta que o Papa Eugênio IV escreveu aos seus inquisidores em 1437 foi além. Ele declarou que os feiticeiros são membros de uma nova igreja, uma versão invertida da verdadeira.

---

222. BAILEY, M.D. "From Sorcery to Witchcraft: Clerical Conceptions of Magic in the Later Middle Ages". In: *Speculum*, vol. 76, 2001, p. 960-990. Sou especialmente grato a Bailey por essa discussão.
223. WAKEFIELD, W.P. & EVANS, A.P. *Heresies of the High Middle Ages*: Selected Sources Translated and Annotated. Op. cit., *Middle Ages*, p. 444-445.
224. Ibid., p. 444.

Eles não eram mais invocadores de demônios, mas adoradores do Diabo e malfeitores, membros heréticos e criminosos de uma seita ritual secreta unida em conspiração satânica contra a fé cristã:

> Eles sacrificam a demônios e os adoram, buscam e aceitam respostas deles, prestam homenagem a eles e firmam com eles um acordo por escrito ou outra espécie de pacto por meio do qual, por força de uma única palavra, toque ou sinal, eles podem realizar todo tipo de malfeitos ou feitiçaria que desejarem e ser transportados até ou levados embora de onde quiserem. Eles curam doenças, provocam mau tempo e firmam pactos concernentes a outros malfeitos [...]. Na sua feitiçaria, eles não temem usar os materiais do Batismo, da Eucaristia e de outros sacramentos. Eles fabricam imagens de cera ou outros materiais que eles batizam ou levam a ser batizados em suas invocações. Às vezes eles fazem uma revogação da Santa Cruz, na qual nosso Salvador foi pendurado por nós. Desonrando os mistérios, eles às vezes infligem às representações e a outros sinais da cruz várias coisas vergonhosas, recorrendo a meios execráveis[225].

Assim, na década de 1430, desenvolveu-se a noção de que os mágicos faziam parte de uma seita herética secreta que rejeitava o cristianismo, reunia-se regularmente na presença do Diabo para prestar culto a ele e realizava malfeitos por meio da magia. A partir dessa época, na história do pensamento ocidental, magia e bruxaria se desenvolveram por sendas intelectuais separadas. O que vemos no início do século XV foi a invenção pela Igreja da bruxa europeia como serva maligna de Satanás. Estava dada a condição intelectual essencial para a caça às bruxas que viria. Enquanto os mágicos controlavam, pelo menos teoricamente, os demônios, as bruxas eram controladas por eles.

---

225. Ibid., p. 154-155.

Como observou o Rei Jaime I da Inglaterra em sua demonologia de 1597, "as bruxas não passam de servas e escravas do Diabo; mas os necromantes são seus senhores e comandantes"[226].

Os mágicos, por mais que estivessem em conluio com o Diabo, não eram percebidos como uma ameaça à sociedade como um todo. A seita de Satanás foi uma fantasia que expressou medos da elite em relação a inimigos ideológicos e sociais no interior da sociedade, de um outro secreto operando a partir de dentro da sociedade, mas de fora da Igreja para destruí-la; tratava-se de um outro que aderira a ritos e práticas abomináveis[227]. Na medida em que a narrativa a respeito dessa nova seita satânica se disseminava pela Europa, talvez mediante a rede formada pelo clero que compareceu ao Concílio de Basileia (1431-1440) e ali ouviu a respeito disso[228], foi sendo montado o cenário para as perseguições às bruxas que durariam pelos 300 anos seguintes.

### Erros não catárticos, mas satânicos

O texto intitulado *Errores gazariorum* (*Erros dos cátaros*) é um dos relatos mais antigos da existência de uma sinagoga satânica ou *sabbat*[229] satânico, como mais tarde se tornaria mais comumente conhecido. Foi escrito anonimamente em meados da década de 1430, provavelmente na região da Savoia. O fato de o autor ter conhecimento de julgamentos específicos de bruxaria indica que ele pode ter sido um inquisidor clerical. Embora o título indique que a obra versava sobre os cátaros, ela foi um dos

---

226. HARRISON, G.B. (ed.). *King James the First*: Daemonologie. Op. cit., p. 9.
227. COHN. N. *Europe's Inner Demons*. St. Albans: Paladin, 1976.
228. BAILEY, M.D. & PETERS, E. "A Sabbat of demonologists: Basel, 1431-1440". In: *The Historian*, vol. 65, 2003, p. 1.375-1.395.
229. "Sábado", assembleia de bruxos e bruxas [N.T.].

documentos fundantes que estabeleceu, na mente europeia, as atividades da seita dos adoradores do Diabo. Em suma, a heresia dos cátaros teria se metamorfoseado na da bruxaria.

De acordo com o *Errores gazariorum*, uma vez que uma pessoa de qualquer dos sexos foi seduzida pelo Diabo, ela recebia um recipiente cheio de unguento a ser usado na jornada até sua primeira sinagoga. O unguento era usado para ungir a vara (a "vassoura" da bruxa) com a qual "o homem seduzido deveria ir até a sinagoga"[230]. Quando todos os que foram seduzidos dessa maneira estivessem reunidos na sinagoga, a pessoa seduzida era apresentada ao Diabo. Na maioria das vezes, o Diabo aparecia como um gato preto, mas às vezes como outro animal, ocasionalmente como um homem com deficiência. Então, o Diabo, bem ao estilo de um inquisidor, interrogava o candidato se este queria ser e permanecer membro da seita em benefício do Diabo. Depois de assentir e prestar um juramento de fidelidade ao Diabo, o candidato jurava que seria fiel ao seu novo senhor, que se reuniria com outros membros tão rapidamente quanto possível, sempre que alguma assembleia fosse convocada e que não revelaria os segredos da sociedade a ninguém fora dela, nem mesmo sob pena de morte.

O candidato também jurava matar tantas crianças com menos de 3 anos quantas lhe fosse possível (às vezes até os próprios filhos e netos) e trazer seus corpos até a sinagoga. Valendo-se de *maleficia* (malfeitos) e *sortilegia* (sortilégios), ele jurava impedir o intercurso sexual em todo e qualquer casamento, sempre que possível. Ele também concordou em vingar todas as ofensas ao grupo ou todo ato que o impedisse ou dividisse. Por fim, era

---

230. "Errores gazariorum". In: KORS, A.C. & PETERS, E. *Witchcraft in Europe, 400-1700*: A Documentary History. Op. cit., p. 161.

firmado um pacto explicitamente demoníaco. O *Errores gazariorum* nos conta que, pelo menos de acordo com as confissões de alguns, quando um novo membro ingressava na seita e fazia sua declaração de lealdade, o Diabo fazia com ele um pacto escrito com sangue. Isso será detalhado no próximo capítulo.

Tendo assumido o compromisso com a seita de Satanás, o novo membro adorava o Diabo que presidia o ritual e lhe prestava homenagem. Em sinal de homenagem, ele "beijava o Diabo, quer ele aparecesse como humano ou alguma espécie de animal, no ânus ou na bunda"[231], e legava uma parte do seu corpo ao Diabo por ocasião de sua morte. Para celebrar seu novo membro, a seita desfrutava em conjunto uma ceia de crianças assassinadas. Terminado o jantar, o Diabo ordenava que as luzes fossem apagadas e gritava "*Mestlet, mestlet* [misturem-se]". A essa ordem, bruxos e bruxas faziam sexo uns com os outros, homem com mulher ou homem com homem, às vezes pai com sua filha, filho com sua mãe ou irmão com sua irmã, embora aparentemente não com o Diabo ou outros demônios – "a ordem natural é pouco observada"[232]. Finalizados esses atos, eles se preparavam para a viagem de volta para casa.

No momento da iniciação à seita, o Diabo que presidia o ritual entregava ao iniciado uma jarra de unguento para uso futuro em viagem à sinagoga e lhe ensinava como ungir a vara. Esse unguento era feito da gordura de crianças que haviam sido cozidas. Ele também era combinado com animais (sapos, serpentes, lagartos e aranhas) para produzir um unguento letal ao toque. Para complementar os unguentos, pós-letais eram feitos das partes internas de crianças misturadas com animais peçonhentos.

---

231. Ibid., p. 160.
232. Ibid., p. 161.

Quando estes eram espalhados pelo ar em dias nublados, os que entravam em contato com eles morriam ou passavam a sofrer de doenças prolongadas. O autor declarou que essa era uma explicação para as altas taxas de mortalidade em algumas regiões e o constante mau tempo em outras.

O fato de os atores desse drama sabático terem sido considerados cátaros heréticos indica que os tipos de atividades essenciais à seita da bruxaria eram atribuídos no passado a hereges. De fato, o relato mais antigo de que dispomos a respeito da adoração ao Diabo provém de Paulo, um monge beneditino de Chartres. Ele escreveu sobre um grupo de clérigos heréticos em Orléans no ano de 1022, que se reunia em certas noites, carregando velas e entoando nomes de demônios,

> Até que de repente eles viram descendo no meio deles um demônio com aparência de algum tipo de pequena besta. Assim que a aparição se tornava visível para todos, todas as luzes eram imediatamente apagadas e cada qual, com o mínimo de demora possível, agarrava a primeira mulher que chegava ao alcance de sua mão e abusava dela, sem consciência de pecado. Não importava que abraçassem a mãe, a irmã ou uma monja, eles reputavam deitar-se com elas como um ato de santidade e piedade. Quando uma criança nascia dessa união extremamente imunda, 8 dias depois se acendia uma grande fogueira e a criança era purificada pelo fogo à maneira dos antigos pagãos, e assim era cremada. Suas cinzas eram coletadas e preservadas com grande veneração do mesmo modo que a reverência cristã costuma guardar o corpo de Cristo, sendo dadas aos enfermos como viático no momento em que partiam deste mundo[233].

---

233. WAKEFIELD, W.P. & EVANS, A.P. *Heresies of the High Middle Ages*: Selected Sources Translated and Annotated. Op.cit., p. 78-79.

Na década de 1430, tais atividades eram transferidas dos hereges para os praticantes da magia popular e, por fim, de grupos de homens e mulheres, em primeira linha para mulheres.

## Diabo, sexo e sexualidade

Para o autor do *Errores gazariorum*, a bruxaria não dependia do sexo. Parece que homens e mulheres estiveram igualmente envolvidos. O mesmo pode ser dito da descrição do *sabbat* pelo juiz secular francês Claude Tholosan, que havia presidido pessoalmente mais de uma centena de julgamentos por bruxaria. No curso de uma obra intitulada *Ut magorum et maleficiorum errores...* (c. 1436) – o nome é tirado das palavras que abrem o escrito "De modo que os erros dos magos e daqueles que cometem malfeitos" –, Tholosan descreveu a nova heresia dos adoradores canibais do Diabo. Nenhuma distinção foi feita entre homens e mulheres, de modo que podemos assumir que, para Tholosan, tanto homens quanto mulheres estavam envolvidos.

Em essência, Tholosan nos apresenta variações sobre temas similares aos do *Errores gazariorum*. Tendo bebido de um copo, no qual o Diabo havia urinado, os membros da seita renunciavam às leis de Deus e – sua fé. Eles, então, voltavam seus traseiros nus para o céu para demonstrar seu desprezo por Deus, "desenhando uma cruz no chão, cuspiam nela e a pisoteavam"[234]. O Diabo, em forma de homem e de diferentes animais, recebia beijos na boca dos bruxos e das bruxas, que lhe ofereciam uma de suas crianças, que em seguida era sacrificada e depois exumada após o enterro. A gordura das crianças mortas era ex-

---

234. THOLOSAN, C. "Ut Magorum et Maleficiorum Errores..." In: KORS, A.C. & PETERS, E. *Witchcraft in Europe, 400-1700*: A Documentary History. Op. cit., p. 164.

traída e comida. "Pós-misturados com o mijo do Diabo" e outros ingredientes venenosos eram preparados para matar seus inimigos[235]. Com outras misturas eles impediam que mulheres concebessem, levavam homens à insanidade e faziam com que enlouquecessem de paixão sexual. A hóstia eucarística também era usada na bruxaria.

Como vimos, a necromancia se referia à dominação dos demônios por meio do exercício de uma inteligência culta e da força de vontade. Assim, ela foi concebida como uma atividade predominantemente masculina. A bruxaria, em contrapartida, estava focada na subserviência e submissão a Satanás. Já que se tratavam de "qualidades" percebidas como tipicamente femininas, os demonologistas logo imaginaram que as mulheres predominariam na nova seita de Satanás. Assim, muita tinta demonológica foi gasta na teorização da razão pela qual isso tinha de ser assim. Em contraste com *Errores gazariorum* e Tholosan, João Níder, também durante a década de 1430, foi a primeira pessoa a argumentar que as mulheres estavam predominantemente envolvidas na seita de Satanás[236]. Assim, por exemplo, em seu *Formicarius* (*Formigueiro*), escrito em 1437 e 1438, ele se inspirou em fontes tradicionais, tanto cristãs quanto clássicas, para indicar que a natureza das mulheres tendia para o excessivo, incluindo o excessivamente mau[237]. De modo similar, em 1438, no seu *Preceptorium divine legis* (*Preceptor da lei divi-

---

235. Ibid., p. 165.
236. BAILEY, M.D. *Battling Demons*: Witchcraft, Heresy, and Reform in the Late Middle Ages. University Park, PA: Pennsylvania State University Press, 2003. • BAILEY, M.D. "The Medieval Concept of the Witches' Sabbath". In: *Exemplaria*, vol. 8, 1996, p. 420-439.
237. BAILEY, M.D. "The Feminization of Magic and the Emerging Idea of the Female Witch in the Late Middle Ages". In: *Essays in Medieval Studies*, vol. 19, 2002, p. 123.

*na*), ele mencionou algumas razões pelas quais ser bruxa é algo mais provável para mulheres do que para homens: em primeiro lugar, porque elas são mais crédulas e, por essa razão, suscetíveis a demônios; em segundo lugar, porque elas se deixam impressionar com visões e ilusões mais facilmente do que os homens; em terceiro lugar, porque elas têm "línguas soltas" e não podiam deixar de contar a outras mulheres sobre as artes más; e, por fim, por serem fisicamente fracas, elas buscam vingança por meio de *maleficia*[238]. Em termos gerais, elas eram, como formula o Novo Testamento, "o vaso mais fraco" (1Pd 3,7).

A ideia de que mulheres são mais suscetíveis a Satanás do que homens estivera embutida na narrativa da queda no Jardim do Éden desde o tempo em que a serpente foi identificada com o Diabo. Assim, por exemplo, João Stearne explicou a bruxaria como um fenômeno feminino, já que as mulheres se descontentam mais facilmente e são mais vingativas contra os homens desde que Satanás "prevaleceu contra Eva"[239]. Essa facilidade maior das mulheres para a queda levou Alexandre Roberts a formular, em seu *Tratado sobre a bruxaria*, que é 100 vezes mais provável elas serem bruxas do que os homens[240].

A visão de Níder, isto é, de que a bruxaria era ligada ao gênero, ganhou importância porque essa percepção foi incorporada no que provavelmente é a mais influente demonologia católica, a saber, a obra *Malleus maleficarum*, escrita em 1486 pelo inquisidor dominicano Henrique Kramer. Em consequência, a ideia

---

238. LEA. H.C. *Materials toward a History of Witchcraft*. Nova York: Thomas Yoselhoff, 1957, 1.268. Cf. tb. BAILEY, M.D. *Battling Demons*: Witchcraft, Heresy, and Reform in the Late Middle Ages. Op. cit., cap. 2.
239. STEARNE, J. *The Discoverie of Witchcraft*. Londres, 1648, p. 15.
240. ROBERTS, A. *A Treatise of Witchcraft*. Londres, 1616, p. 43.

de que as bruxas eram mulheres se tornou um componente-chave da *persona* da bruxa. Kramer deu um passo além de Níder. Ele localizou a propensão das mulheres a serem bruxas não só em sua falta de fé e em sua ambição, mas acima de tudo em serem mais carnais do que os homens. Ele declarou:

> Tudo é governado pelo desejo carnal, que é insaciável nelas [...] e, por essa razão, elas até saracoteiam com demônios [*cum demonibus*] para satisfazer seu desejo. Mais evidências poderiam ser citadas aqui, mas homens inteligentes não podem se surpreender com o fato de que mais mulheres do que homens se encontram infectadas pela heresia das feiticeiras. Daí que consequentemente ela não deveria ser chamada de heresia dos feiticeiros, e sim das feiticeiras, para nomeá-la pelo elemento predominante[241].

Daí o título da obra *Malleus maleficarum* (*Martelo das feiticeiras*). Deixando de ser vítimas involuntárias de ataques satânicos, as bruxas passaram a ser participantes voluntárias no sexo satânico. Em consequência, a sexualidade feminina e o mal estavam intimamente ligados. E, para mostrar a "realidade" do sexo demoníaco, Kramer argumentou que as mulheres gostavam dele pelo menos tanto quanto com um homem "normal": "Referente à pergunta sobre se o prazer sexual é maior ou menor com demônios íncubos [masculinos] em um corpo presumido do que com homens em um corpo real, se todas as condições forem iguais, parece ser necessário dizer que [...] a sensação de desejo que ele provoca não é menor"[242]. Como Walter Stephens formula muito bem, "a plausibilidade da copulação demoníaca, sua *verissimilitude*, é uma questão de *virissimilitude*". Stephens

---

241. MACKAY, C.S. (ed. e trad.). *Malleus maleficarum*. Cambridge: Cambridge University Press, 2006, 1.6.45A.
242. Ibid., 2.1.4.3B-C.

prossegue dizendo que a suposição de Kramer de que o prazer sexual só poderia advir da penetração por uma força evidentemente masculina é inequivocamente misógina. No entanto, não se trata da odiar mulheres; trata-se de caçar mulheres "somente na medida em que estiverem focadas em explorar sua sexualidade para descobrir alguma coisa sobre demônios. *Cherchez la femme* [Procurem a mulher] significa *Cherchez le diable* [Procurem o diabo]"[243].

Portanto, o interesse dos demonologistas na copulação demoníaca parece não resultar (pelo menos não inicialmente) de um interesse desordenado por assuntos sexuais, mas pela realidade demoníaca. Por exemplo, o inquisidor dominicano Nicolas Jacquier (c. 1440-1472), em seu *Flagellum haereticorum fascinariorum* (*Flagelo dos encantadores heréticos*), argumentou que, dado que o intercurso sexual só poderia acontecer quando se está desperto, as confissões de sexo demoníaco não poderiam ser descartadas como sonhos. Ele declarou:

> A experiência nos ensina claramente que intercursos sexuais [*operationes venereae*] e a transmissão do prazer carnal não podem ter lugar nem ser consumados por pessoas adormecidas, mesmo que tais experiências possam se originar durante o sono por meio de ilusões ou fantasias imundas [...]. É claro que tais aparições acontecem na realidade e não a pessoas que estão sonhando, mas àquelas que estão bem despertas[244].

A realidade do sexo demoníaco podia também ser demonstrada pela afirmação de que ele era consideravelmente mais pra-

---

243. STEPHENS. W. *Demon Lovers*: Witchcraft, Sex, and the Crisis of Belief. Chicago: University of Chicago Press, 2002, p. 42.

244. Apud ibid., p. 21. A respeito do original, cf. LEA. H.C. *Materials toward a History of Witchcraft*. Op. cit., p. 1.276.

zeroso do que o intercurso humano. Assim, por exemplo, no diálogo *Strix, sive de ludificatione daemonum* (*A bruxa ou sobre a ilusão dos demônios*), escrito pelo filósofo italiano Gianfrancesco Pico Della Mirandola, em 1523, o cético Apístio não conseguia entender por que o sexo com o Diabo era tão prazeroso. O juiz Dicasto respondeu que as bruxas alegavam que não havia prazer como esse sobre a terra e ele pensava que era por três razões: em primeiro lugar, porque os demônios assumiam um aspecto agradável; em segundo lugar, porque seus "membros viris" eram de um tamanho fora do comum. Ele declarou: "Com seu aspecto eles deliciavam os olhos e com seus membros eles preenchiam as partes mais secretas das bruxas". Complementando, ele disse que os demônios fingem estar apaixonados por elas. Ele concluiu que provavelmente "eles conseguem estimular alguma coisa muito profunda dentro das bruxas, que proporciona a essas mulheres um prazer maior do que o dos homens"[245].

Em contrapartida, a realidade da copulação demoníaca – o fato de acontecer "na realidade" e não meramente "na imaginação" – podia ser verificada "empiricamente" tanto pela diferença qualitativa entre sexo humano e sexo demoníaco quanto por suas semelhanças, devido à ausência de prazer tanto quanto por equivaler a ele ou por excedê-lo. Assim, por exemplo, o jurista Henrique Boguet, na seção intitulada "Se tal copulação existe só na imaginação", em seu *Discours des sorciers* (*Discurso sobre os feiticeiros*), publicado pela primeira vez em 1590, encarou as confissões das bruxas como evidência empírica de sua realidade:

---

245. Apud STEPHENS. W. *Demon Lovers*: Witchcraft, Sex, and the Crisis of Belief. Op. cit., p. 97. Sobre Strix, cf. BURKE, P. "Witchcraft and Magic in Renaissance Italy: Gianfrancesco Pico and his Strix". In: ANGLO, S (ed.). *The Damned Art*: Essays in the Literature of Witchcraft. Londres: Routledge & Kegan Paul, 1977, p. 32-52.

Porém, as confissões de bruxas que presenciei me fizeram pensar que há alguma verdade nesse assunto; pois todas admitiram ter copulado com o Diabo e que seu sêmen era muito frio; e isso foi confirmado pelos relatos de Paulo Grilland e dos inquisidores da fé. Paget acrescentou que por diversas vezes segurou com sua mão o membro do Demônio que se deitou com ela e que ele era frio como gelo e tinha o comprimento de um pouco mais de um dedo, mas não era tão grosso quanto o de um homem. Thievenne Paget e Antoine Tornier também acrescentaram que os membros dos seus demônios eram tão longos e grandes como um dos seus dedos; e Thievenne Paget disse, ademais, que, quando Satanás copulou com ela, ela sentiu tanta dor quanto uma mulher em trabalho de parto. Françoise Secretain disse que, enquanto estava praticando o ato, sentiu alguma coisa queimando no seu estômago; e quase todas as bruxas afirmam que essa copulação de modo nenhum é prazerosa para elas, tanto por causa da feiura e deformidade de Satanás quanto por causa da dor física que provoca nelas, como recém dissemos [...]. Por todas essas razões, estou convencido de que há copulação real e factual entre a bruxa e um demônio[246].

E os bruxos? Cifras sobre o equilíbrio de gênero nas perseguições à bruxaria são notavelmente difusas. Ainda assim, podemos dizer que, enquanto as mulheres estavam em maioria de modo geral (ainda que em minoria em algumas regiões em certas épocas), uma quantidade significativa de homens foi julgada por bruxaria durante o período[247]. Embora Kramer, no *Malleus*

---

246. SUMMERS, M (ed.). *An Examen of Witches (Discours Des Sorciers) by Henri Boguet*. Warrington: Portrayer, 2002, p. 31-32.
247. BURGHARTZ, S. "The Equation of Women and Witches: A Case Study of Witchcraft Trials in Lucerne and Lausanne in the Fifteenth and Sixteenth Centuries". In: EVANS, R.J. (ed.). *The German Underworld*: Deviants and Outcasts in German History. Londres: Routledge, 1988, p. 57-74. • APPS, L. & GOW, A. *Male Witches in Early Modern Europe*. Manchester: Manchester University Press, 2003.

*maleficarum,* tenha idealizado a bruxaria como um crime predominantemente feminino, ele aparentemente não teve escrúpulos em reconhecer a existência de bruxos. De fato, ele chegou a reconhecer três tipos de feitiçaria específicos de homens[248].

Teria sido difícil para ele não proceder assim. Foi por solicitação de Kramer e seu colega inquisitorial Jacó Sprenger que o Papa Inocêncio VIII (1484-1492) publicou a famosa Bula *Summis Desiderantes*, subsequentemente incluída em pelo menos algumas edições do *Malleus maleficarum*. Essa bula não fez distinção entre bruxas e bruxos. O papa declarou que "não foi pouca a frustração com que recentemente chegou aos nossos ouvidos que [...] grande quantidade de pessoas de ambos os sexos esqueceu a própria salvação e se desviou da fé católica"[249].

Embora houvesse exceções, a maioria dos demonologistas foi da opinião de que os demônios se abstiveram da sodomia (e de práticas sexuais "pervertidas" de modo geral). Trata-se de uma suposição que remonta a Tomás de Cantimprato († c. 1270-1272), que dedicou um capítulo de seu livro *O bem universal a partir das abelhas* a "O rubor do Diabo diante do pecado contra a natureza". De modo similar, Guilherme de Auvérnia declarou que pecados contra a natureza eram tão hediondos, que os demônios não praticam a sodomia entre eles nem nunca fizeram isso[250]. Tomás de Aquino igualmente negou que os demônios se envolvessem em atos sexuais contrários à natureza, que abrangiam quaisquer práticas sexuais que não levassem à procria-

---

248. MACKAY, C.S. (ed. e trad.). *Malleus maleficarum*. Op. cit., 2.16.147A.
249. Ibid., 1A-1B.
250. ELLIOTT, D. *Fallen Bodies*: Pollution, Sexuality, and Demonology in the Middle Ages. Pennsylvania: University of Pennsylvania Press, 1999, p. 153.

ção[251]. Sua falta de inclinação para fazer isso era um resquício da natureza angelical com que foram originalmente criados.

No *Malleus maleficarum*, Kramer assumiu a posição de Tomás de Aquino. Embora Kramer reconhecesse a possibilidade de haver sexo entre homens e demônios femininos, esse foi um assunto no qual não estava particularmente interessado. Os demonologistas posteriores não foram tão reticentes. Porém, a respeito da questão de haver sexo entre homens e demônios masculinos, a postura de Kramer era clara. Imediatamente depois de ter recomendado que a heresia fosse conhecida como a "heresia das feiticeiras", ele prosseguiu: "Bendito seja o Altíssimo, que até o dia de hoje preservou o gênero masculino desse comportamento infame e claramente privilegiou o homem, já que Ele desejou nascer e sofrer por nós disfarçado de homem"[252]. Sugeriu-se que aqui Kramer está negando que os homens estejam envolvidos em bruxaria de modo geral[253], mas fica claro o que ele quer dizer quando reconhecemos que, ao referir-se a mulheres saracoteando com demônios [*cum demonibus*] imediatamente antes, ele explicitamente tinha em mente demônios masculinos. Então, a rejeição do sexo demoníaco homossexual fica evidente. Deus preservou os homens de ter sexo com demônios masculinos. Essa interpretação é reforçada pelo fato de estar de fato citando Guilherme de Auvérnia, que usara uma linguagem virtualmente idêntica para agradecer a Deus porque os homens

---

251. *ST.*, 2.2.154.11.
252. MACKAY, C.S. (ed. e trad.). *Malleus maleficarum*. Op. cit., 1.6.45A.
253. BROEDEL, H.P. *The* Malleus maleficarum *and the Construction of Witchcraft*: Theology and Popular Belief. Manchester: Manchester University Press, 2003, p. 182.

jamais foram sodomizados por anjos caídos[254]. Assim, embora pudesse ter "feminizado" os bruxos ao permitir que eles fizessem sexo com o Diabo como as mulheres fizeram – e, portanto, conferindo aos seus bruxos o gênero feminino –, Kramer optou por não fazer isso. Seu horror à sodomia era grande demais para permitir isso.

Somente durante o século XVI houve um afastamento gradual da visão dominante de que o Diabo e seus demônios não se envolviam em atos sexuais "contra a natureza". Esse último vestígio de sua original natureza angelical finalmente foi removido. Em 1521, o inquisidor dominicano Silvestre Priérias – mais lembrado como o primeiro católico a dar uma resposta formal às 95 teses de Martinho Lutero – publicou seu *De strigimagarum, demonumque mirandis* (*Sobre os milagres de bruxas-magos e demônios*). De acordo com ele, os demônios estavam muito dispostos a cometer atos contra a natureza se isso levasse as bruxas a pecar. Ele se referiu às confissões das bruxas que admitiram ter feito sexo com demônios que tinham pênis bifurcados (*membro genitali bifurcato*), de modo que foram penetradas via anal e vaginal simultaneamente[255]. Porém, foi Pico Della Mirandola em *Strix*, apenas poucos anos depois de Priérias, que fez a transição da atividade demoníaca heterossexual, que era "contra a natureza", para a atividade demoníaca homossexual. Esta foi uma das questões-chave em que ele discordou do *Malleus maleficarum*[256]. Não sendo mais

---

254. AUVERGNE, W. *De universo*, 2.3.25. Apud MACKAY, C.S. (ed. e trad.). *Malleus maleficarum*, 1.6.45A, n. 343.
255. LEA. H.C. *Materials toward a History of Witchcraft*. Op. cit., p. 1.161.
256. HERZIG, T. "The Demons' Reaction to Sodomy: Witchcraft and Homosexuality in Gianfrancesco Pico della Mirandola's 'Strix'". In: *Sixteenth Century Journal*, vol. 34, 2003, p. 62.

o Diabo refreado pela "natureza", a ênfase nas práticas sexuais não ortodoxas entre bruxos/bruxas e demônios aumentou durante o século seguinte. Assim, Henrique Boguet escreveu: "Satanás copula com bruxas, ora na forma de um homem negro, ora na de algum animal, como um cão, um gato ou um carneiro"[257].

O prazer que uma mulher obtém de fazer sexo com o Diabo era, de acordo com o *Malleus maleficarum*, no mínimo equivalente ao de fazer sexo com um homem, mas o Diabo e seus anjos não obtinham tal prazer. Kramer escreveu que os demônios se convertiam em *succubi* [súcubos] e *incubi* [íncubos], "não por causa do prazer, já que um espírito não tem carne nem ossos, mas [...] para que, pela transgressão da devassidão, eles pudessem ferir a natureza de ambos os aspectos do homem (o corpo e a alma), para que assim os humanos se tornassem mais propensos a todo tipo de transgressão"[258]. Na ausência de carne e ossos, não havia como obter prazer do sexo. Essa teoria foi endossada por Pedro de Lancre em meio à sua descrição do *sabbat*, provavelmente a mais sensacional das descrições da cerimônia no século XVII. Sua obra *Tableau de l'inconstance des mauvais anges et demons* (*Retrato da inconstância dos anjos maus e dos demônios*) se valeu de sua experiência de caça às bruxas ao sul de Bordeaux em 1609. Ele escreveu: "Ora, essa operação lasciva não é realizada nem praticada por eles pelo prazer que obtêm dela; por serem simples espíritos, eles não conseguem obter nenhuma alegria nem prazer das coisas reais"[259]. O Diabo

---

257. SUMMERS, M. (ed.). *An Examen of Witches (Discours Des Sorciers) by Henri Boguet*. Op. cit., p. 32.
258. MACKAY, C.S. (ed. e trad.). *Malleus maleficarum*. Op. cit., 1.3.24B.
259. STONE, H. & WILLIAMS, G.S. (trad.). *On the Inconstancy of Witches*: Pierre de Lancres *Tableau de l'Inconstance des Mauvais Anges et Demons* (1612).

só quer insultar a Deus, ofender a natureza, destruir e desonrar a humanidade[260].

Mas De Lancre realmente tinha certa obsessão por sexo satânico. Ele não teve escrúpulos em declarar que o Diabo se envolveu com práticas contra a natureza, mesmo que tenha qualificado essa declaração, alegando que Satanás não obtinha dessa prática mais "prazer" do que de qualquer prática "natural". Isso resultou do fato de ele aparecer no *sabbat* como bode. De acordo com De Lancre, o Diabo assentou-se em um trono dourado. Ele dançou com as moças e mulheres mais bonitas, às vezes conduzindo a dança, às vezes colocando-se nas mãos daqueles que ele mais favorecia. O Diabo superava em feiura "o bode mais horrível que a natureza jamais criou"[261]. De Lancre ficou espantado com o fato de o Diabo conseguir achar uma mulher suficientemente depravada para querer beijá-lo em qualquer parte do seu corpo[262]. Em uma tentativa de instilar nas moças e mulheres que ele interrogava algum senso de horror por suas ações, ele com frequência lhes perguntava que prazer elas obtinham de ir ao *sabbat*,

Dado que para chegar lá elas eram carregadas violentamente pelo ar correndo grande perigo; que elas eram forçadas a renunciar e abjurar ao seu Salvador, à Santa Virgem, à suas mães, aos seus pais, à generosidade do céu e da terra, para adorar um demônio com forma de um bode medonho, beijá-lo e acariciar as partes mais imundas do seu corpo, a suportar o contato sexual com ele que é tão doloroso quanto parir uma criança. Ademais,

---

Tempe, AZ: Arizona Center for Medieval and Renaissance Studies with Brepols, 2006, 3.5.4.
260. Ibid., 3.5.5.
261. Ibid., 3.4.4.
262. Ibid.

elas tinham de assistir, beijar e sugar, raspar e comer sapos e dançar uma de costas para a outra de maneira tão pervertida que até a mais desavergonhada delas deveria baixar os olhos de vergonha. Nas festas, elas tinham de comer a carne de pessoas que tinham sido enforcadas, de corpos mortos, corações de crianças não batizadas; elas tinham de assistir ao aviltamento dos preciosíssimos sacramentos da Igreja e outras profanações tão abomináveis, que basta ouvi-las para ficar de cabelo em pé, arrepiado e tremendo por todo corpo. Não obstante, elas admitiram livremente que foram lá e assistiram a todas essas profanações com óbvio prazer[263].

A dança satânica era uma dança de sedução com sexo durante ou depois. O Diabo pegava a mulher mais bonita "para seu prazer carnal", mas com muita frequência ele honrava a rainha do *sabbat*, bem como a mulher que ele mais favorecia, fazendo-a sentar-se perto dele. De Lancre nos conta que, de acordo com Jeannette d'Abadie, de 16 anos de idade, o Diabo teria ordenado a homens e mulheres presentes que formassem pares e fizessem sexo incestuoso: uma filha com seu pai, um filho com sua mãe, um irmão com sua irmã. Ela própria teria perdido a virgindade em um *sabbat* quando tinha 13 anos de idade. Ela disse que nunca sentiu nenhum sêmen, exceto quando ele a deflorou, ocasião na qual ela sentiu que ele era frio, enquanto que o de outros homens era normal. Ela disse ainda que, quando o Diabo as possuía de modo carnal, elas experimentavam uma dor aguda. Ela viu mulheres retornarem do *sabbat* cobertas de sangue e queixando-se de dor. Isso ocorria porque o órgão do Diabo era recoberto de escamas que se apertavam quando ele penetrava e arranhavam quando ele recuava. De Lancre foi capaz de extrair dos seus sus-

---

263. Ibid.

peitos várias descrições do pênis do Diabo: era tão longo quanto um tronco de amieiro, ainda que retorcido e espiralado como uma cobra; tinha a metade do tamanho de um tronco de amieiro, de tamanho modesto, vermelho-escuro, torcido, muito rijo e de glande pontuda; quer apareça como homem ou como bode, o pênis do Diabo era como o de um burro, longo e tão grosso quanto um braço; ele era metade de ferro e a outra metade de carne em toda a sua extensão; ou ele era feito de chifre, razão pela qual as mulheres gritavam tanto. De Lancre tinha lido *O exame das bruxas* de Boguet. Ele concluiu: "Isso é totalmente oposto ao que diz Boguet, a saber: que as mulheres de seu país nunca viram o órgão dele [do Diabo] ser mais longo nem mais largo do que um dedo. Então todas as bruxas da Província de Labourd são mais bem-servidas por Satanás do que as de Franche-Comté"[264]. Segundo o que de Lancre nos conta, Johannès d'Aguerre disse que o Diabo, aparecendo como bode, tinha o pênis preso ao seu traseiro e que fazia sexo com as mulheres movendo e empurrando o pênis contra a barriga delas. Marie de Marigrane, de 15 anos de idade, que vivia em Biarritz, disse que frequentemente viu o Diabo fazendo sexo com uma grande quantidade de mulheres. Ela disse que tipicamente ele fazia sexo com as mulheres bonitas pela frente e com as feias por trás.

De Lancre negava que os demônios obtinham qualquer prazer do sexo, visto que eram espíritos; só que, para ele, eles não eram só isso. A exemplo de outros demonologistas, ele estava ciente de que a sexualidade demoníaca era consequência de os demônios não serem puramente espíritos, mas de algumas vezes também terem alguma forma de corporalidade. De Lancre declarou que tudo isso é possível porque "os demônios fazem para si

---

264. Ibid., 3.5.8.

mesmos um corpo de ar com o qual eles conseguem praticar as artes de Vênus, mesmo que isso pareça um tanto miraculoso e quase impossível"[265].

## Demônios corpóreos

A possibilidade do sexo satânico dependia crucialmente da "corporalidade" (em um sentido ou outro) do Diabo. Essa questão da corporalidade dos demônios já tinha uma longa história na tradição cristã. Pelo menos até a época de Agostinho, sua corporalidade era pressuposta. Assim, as leituras cristãs da "copulação" dos anjos caídos com as filhas dos humanos implicavam demônios corpóreos, e isso não era problemático. Para a fase inicial do período cristão em geral, caso os demônios fossem descritos de algum modo como imateriais, isso só podia ser feito de maneiras "materiais" bem complicadas.

Naquele tempo, a questão não era o fato de o Diabo ter corpo, mas o fato de poder tê-lo em uma multiplicidade de maneiras. Para o filósofo neoplatônico Porfírio (c. 232-303), os demônios tinham corpos feitos de *pneuma* (como ar tênue), que lhes permitia tornar-se visíveis e mudar de forma[266]. Esses demônios se regozijavam com sacrifícios e eram cevados com a fumaça de sangue e carne de sacrifícios. A exemplo de Porfírio, Orígenes acreditava que os demônios necessitavam da fumaça dos sacrifícios e dos alimentos que correspondiam aos seus corpos não só para serem capazes de sobreviver, mas, por ficarem "mais pesa-

---

265. Ibid., 3.5.1.
266. PORPHYRY. *De abstinentia*, 2.39. Apud SMITH, G.A. "How Thin is a Demon?" In: *Journal of Early Christian Studies*, vol. 16, 2008, p. 486. Sou particularmente grato a Smith por essa discussão sobre as noções cristãs antigas a respeito de demônios corpóreos.

dos", conseguirem permanecer próximos à terra, onde o ar era mais denso e estavam mais perto das pessoas[267].

Satanás e seus demônios se deliciavam particularmente em aparecer em formas corpóreas a Santo Antão (c. 251-356), tradicionalmente visto como o fundador do monasticismo cristão, em suas tentativas de afastá-lo da vida ascética. Assim, os demônios apareceram a ele não só como mulher e menino negro, mas em numerosas formas animais – leões, ursos, leopardos, touros, serpentes, víboras, escorpiões e lobos. Lemos o seguinte: "Os ruídos de todas as aparições juntas no mesmo lugar eram terríveis e seus rompantes de fúria eram violentos"[268]. Os demônios também apareciam como gigantes, tropas de soldados e até como monges. Desde o tempo de sua queda, eles estiveram continuamente voando sobre a terra perto das pessoas. Por terem corpos diferentes do nosso, "eles conseguem entrar, mesmo que as portas estejam fechadas, e ocupar todo o ar; eles e seu chefe, o Diabo"[269]. O fato de serem predominantemente "ar" significava que eles podiam literalmente ser soprados embora. Assim, um demônio de estatura muito grande apareceu a Antão com uma procissão de espíritos, oferecendo-lhe tudo que desejasse. Antão "soprou seu fôlego contra ele, invocando o nome de Cristo",

---

267. BUTTERWORTH, G.W. (trad.). *Origen*: On First Principles. Op. cit., prefácio, 8. • SMITH, G.A. "How Thin is a Demon?" Op. cit., p. 488.
268. "Life of St. Anthony", 9. In: DEFERRARI, R.J. (ed.). *Early Christian Biographies*. Washington, DC: Catholic University of America Press, 1952, p. 144. Tradicionalmente a obra é atribuída a Atanásio (c. 296-373). A noção do Diabo como um homem negro ou um etíope perpassa a sua história. Cf. BRAKKE, D. "Ethiopian Demons: Male Sexuality, the Black-skinned Other, and the Monastic Self". In: *Journal of the History of Sexuality*, vol. 10, 2001, p. 501-535.
269. "Life of St. Anthony". Op. cit., 28. In: DEFERRARI, R.J. (ed.). *Early Christian Biographies*. Op. cit., p. 161.

ameaçando também esmurrá-lo[270]. Imediatamente os demônios o deixaram. Em outra ocasião, um demônio em pose de monge pareceu fumaça ao sair pela porta[271].

Seus corpos sutis lhes proporcionavam uma velocidade notável que explicava sua aparente presciência dos eventos[272]. Abstraindo da capacidade de serem visíveis e invisíveis a bel-prazer, os demônios têm os mesmos poderes que os humanos, só que altamente aprimorados – mais como um super-homem. Seus corpos eram tão finos que podiam "literalmente" mexer com nossas mentes entrando fisicamente nas cabeças humanas. Eles tentam os humanos não só a partir de fora, mas podiam também fazer o mal a partir de dentro. Em suma, Satanás era capaz de possuir *nossos* corpos[273].

Assim, desde os primórdios do monasticismo cristão, a batalha contra o Diabo foi uma batalha pelas ideias humanas, pelos movimentos "internos" de suas mentes[274]. Era uma questão de psicologia, mas mediada pelo ataque físico do Diabo a nossas mentes. Assim, para Evágrio Pôntico (346-399), influenciado tanto por Orígenes quanto por Antônio, o Diabo e seus anjos eram os oponentes-chave do progresso espiritual. Com corpos feitos de ar condensado, pesado e gelado (aqui está a origem da noção de que fazer sexo com o Diabo seria uma experiência "gélida"), os demônios constantemente usavam seu conhecimento e suas habilidades superiores para enganar suas vítimas. Eles se

---

270. Ibid., 40, p. 171.
271. Ibid., 40, p. 172.
272. Ibid., 31, p. 164.
273. CHITTY, D.J. (trad.). *The Letters of St Antony the Great*. Fairacres: SLG Press, 1975, carta 6, p. 19; grifo meu.
274. SMITH, G.A. "How Thin is a Demon?" Op. cit., p. 509.

mantinham invisíveis até assumir formas e podiam entrar nos corpos humanos com o ar inalado pelo nariz, sustentados por finas asas para operar em seu cérebro[275].

Também para Agostinho os demônios tinham corpos de ar, em contraste com seus ex-colegas angelicais não caídos, que mantiveram seus corpos etéreos. Sendo assim, eles podiam gozar dos pecados do corpo. As capacidades sobre-humanas dos demônios seriam decorrentes, pelo menos em parte, desses corpos aéreos. Agostinho escreveu que, mediante esses poderes de percepção que fazem parte do corpo não substancial, os demônios facilmente sobrepujavam a percepção própria dos corpos terrenos. De modo similar, devido à velocidade e mobilidade superiores do corpo aéreo, eles superavam os movimentos não só de humanos e bestas, mas também dos pássaros. Era isso que explicava sua aparente capacidade de predizer o futuro. Pois, dotados dessas duas faculdades, a de agudeza de percepção e a de velocidade de movimento, "eles predizem e declaram muitas coisas que reconheceram muito antes"[276]. Como resultado dessas capacidades, associado com seu longo prazo de vida, os demônios só predizem muitas coisas que ocorrerão, mas também realizam muitos atos prodigiosos.

---

275. Ibid., p. 512. Cf. tb. SINKEWICZ, R.E. *Evagrius of Pontus*: The Greek Ascetic Corpus. Oxford: Oxford University Press, 2003, p. 200-201. Essa obra também contém "Sobre os oito pensamentos", de Evágrio, sendo que o sétimo é a vanglória. Quando ela foi traduzida por João Cassiano para o latim, o Papa Gregório Magno refinou a lista para produzir os sete pecados capitais (soberba, inveja, avareza, ira, luxúria, gula e preguiça, e daí foi parar na *Divina comédia*, de Dante.

276. AUGUSTINE. "The Divination of Demons", 3.7. In: DEFERRARI, R. (ed.). *Saint Augustine*: Treatises on Marriage and Other Subjects. Op. cit., p. 426.

Ademais, os demônios eram capazes de persuadir os humanos que eram avarentos e pervertidos "de modos mirabolantes e jamais vistos", entrando nos seus corpos por meio da sutileza dos seus corpos e influenciando seus pensamentos[277]. O Diabo se esgueirava pelas aberturas dos sentidos, camuflando-se com cores, associando-se a sons, ocultando-se em raiva e mentiras, unindo-se a aromas, misturando-se a sabores e obscurecendo o entendimento[278].

Essa descrição agostiniana dos demônios corpóreos chegaria até a alta Idade Média devido à sua aprovação por Gregório Magno em sua obra *Moral no Livro de Jó* e por Isidoro de Sevilha em sua obra *Etimologias*[279]. Esse ponto de vista perdurou até o século XIII. O propósito da discussão a respeito "dos demônios", no *Diálogo dos milagres*, de autoria do monge cisterciense Cesário de Heisterbach († 1240) foi demonstrar por meio de muitos contos exemplares que os demônios existiam, que eram numerosos e que eram maldosos e hostis aos humanos. Eles apareciam em uma vasta gama de formas, até em formas humanas bem peculiares. Cesário declarou que os demônios "não possuem as partes posteriores, e é por isso que um demônio que aparecia com bastante frequência a certa mulher respondeu o seguinte, quando esta lhe perguntou por que ele sempre se afastava dela andando para trás: 'Podemos assumir a forma humana, mas, não obstante, não temos costas'"[280].

---

277. Ibid., 5.9, p. 430.
278. MOSHER, D.L. (trad.). *Saint Augustine*: Eight-Three Different Questions. Washington, DC: Catholic University of America Press, 1982, 12, p. 43.
279. BARNEY, S.A. et al. *The Etymologies of Isidore of Seville*. Op. cit., 8.11.16-17.
280. SCOTT, H.E. & SWINTON BLAND, C.C. (trad.). *The Dialogue on Miracles*: Caesarius of Heisterbach (1220-1235). Londres: George Routledge &

A discussão mais clara de Cesário sobre a natureza dos corpos demoníacos ocorreu em um capítulo concernente ao modo como os demônios estão nos humanos. Nesse trecho, sua corporalidade "natural" é implicitamente afirmada, em contraste com a ausência de Deus nela. De acordo com Cesário, era impossível ao Diabo estar dentro da alma humana. Entrar na alma era possível tão somente para Deus, "porque sua substância é incorpórea por natureza"[281]. Todavia, o Diabo podia unir-se à alma "por contato e pressão", e, a partir daí, "atirar sua maldade dentro dela como uma flecha, sugerindo o mal e conformando a mente ao vício"[282]. Assim, quando se diz que o Diabo está em um ser humano, isso não deve ser entendido no sentido de que está em sua alma, mas em seu corpo, "porque ele é capaz de entrar nas suas cavidades vazias, como os intestinos"[283].

A visão que Cesário tinha da natureza corpórea dos demônios já estava ultrapassada na época em que redigiu seu escrito em meados do século XIII. A visão agostiniana de que demônios (e anjos) tinham corpos havia sido desmontada no século anterior. Tratava-se de uma questão com a qual Pedro Lombardo já se debatera claramente em meados do século XII, em suas *Sentenças*, assegurando que o assunto dos corpos demoníacos permaneceria uma parte crucial da discussão teológica pelo restante do período medieval. A estratégia de Lombardo foi dar a entender que a posição de Agostinho era bem mais ambígua do que de fato era. Ele escreveu que, em contrapartida, os que

---

Sons, 1929, 3.6. Cf. tb. ELLIOTT, D. *Fallen Bodies*: Pollution, Sexuality, and Demonology in the Middle Ages. Op. cit., cap. 6.
281. SCOTT, H.E. & SWINTON BLAND, C.C. (trad.). *The Dialogue on Miracles*: Caesarius of Heisterbach (1220-1235). Op. cit., 5.15.
282. Ibid.
283. Ibid.

declaram "que todos os anjos antes de [sua] confirmação e/ou queda tiveram corpos de ar [*corpora aëtrea*] formados da parte mais pura e superior do ar [...], mas os corpos dos anjos maus foram modificados por ocasião da [sua] queda na pior qualidade do ar mais denso [*spissoris*]"[284]. Em confronto com estes se encontravam aqueles que davam a entender que Agostinho estava meramente expressando a opinião de outros a respeito da natureza corpórea de anjos e demônios. Lombardo declarou que esses mesmos autores "ensinaram unânimes [*concorditor*] que os anjos são incorpóreos e não têm corpos unidos a si mesmos; mas às vezes eles assumem corpos"[285]. O próprio Lombardo se simpatizava mais com a última posição, o que está implícito em sua discussão subsequente ao tema "como os demônios entraram nos humanos" e em sua conclusão de que falar que os demônios entram nos humanos é mais metafórico do que literal[286].

Não obstante, mesmo simpatizando com a não corporalidade dos demônios, Lombardo terminou afirmando que Agostinho nunca resolveu a questão. Boaventura, em contraposição, em seu comentário às *Sentenças*, de Lombardo, deu um passo adiante, declarando que Agostinho duvidou de que os anjos estavam naturalmente unidos a corpos. Tendo contornado a questão de Agostinho, Boaventura fez a seguinte declaração: "Anjos, tanto bons quanto maus, não têm corpos, nem os *naturalmente* unidos a eles nem os amarrados [a eles] inseparavelmente"[287]. Não obstante, ele sustentou que tanto os bons quanto os maus anjos

---

284. BUGNOLO, A. (trad.). *Master Peter Lombard's Book of Sentences*. Op. cit., 2.8.1.1.

285. Ibid., 2.8.1.1.

286. Ibid., 2.8.2.4.

287. BUGNOLO, A. (trad.). *St. Bonaventure's Commentaries on the Four Books of Sentences of Master Peter Lombard*. Op. cit., 2.8.1.1; itálico meu.

podiam assumir corpos compostos em primeira linha de ar, "um anjo mau [de ar] da região inferior, mas um [anjo] bom [de ar] da região superior"[288].

A descrição de Boaventura se complicou bastante devido à sua adesão à noção aristotélica de que todo ser vivo é composto tanto de forma quanto de matéria. Assim, embora anjos e demônios não tivessem corpos, para poder existir eles precisavam de matéria. Somente Deus existia como imaterialidade pura. Sendo assim, isso parecia contradizer seu argumento de que os espíritos são incorpóreos por natureza. No entanto, a solução de Boaventura foi argumentar que anjos e demônios (quando desencarnados) possuíam "matéria espiritual". Assim, a matéria era capaz de ser "espiritual" quando unida a formas espirituais ou "corporal" quando unida a uma forma corporal[289].

Tratava-se de uma dificuldade desnecessária que seria removida por Tomás de Aquino. Ele fez isso simplesmente tornando a matéria equivalente à corporalidade. Isso quer dizer que, para Tomás de Aquino – que pensava mais como um físico moderno – ter matéria era ter corpo, ser feito de matéria, ser material, terra, ar, átomos. Em consequência, a noção de "matéria espiritual" de Boaventura se tornou uma "contradição em termos"; "espírito" e "matéria" passaram a ser opostos por definição. Assim, à pergunta "Os demônios têm corpos unidos a eles por natureza?"[290], Tomás de Aquino respondeu com um sonoro "não". Foi uma conclusão na qual ele discordou de

---

288. Ibid., 2.8.1.2.2.
289. Ibid., 2.3.1.1. • KECK, D. *Angels and Angelology in the Middle Ages*. Op. cit., p. 93-99.
290. BUGNOLO, A. (trad.). *St. Bonaventure's Commentaries on the Four Books of Sentences of Master Peter Lombard*. Op. cit., 16.1.

Agostinho, embora tenha se esforçado para enfatizar que Agostinho não achava que isso fosse tão importante.

Para Tomás de Aquino, tanto anjos quanto demônios eram basicamente entes espirituais, o que queria dizer essencialmente "incorpóreos": "ter um corpo unido a ela não é da natureza de uma substância intelectual"[291]. Não obstante, ele argumentou que – e nesse ponto ele e Boaventura concordaram – anjos e demônios podiam ocasionalmente assumir corpos virtuais. A partir da Escritura, estava claro que eles apareciam não só à imaginação, mas também à visão externa dos humanos, "caso em que o objeto visto existe fora da pessoa que o observa e, de acordo com isso, pode ser visto por todos"[292]. Assim, anjos e demônios poderiam assumir corpos de ar apropriadamente condensado para formar formas visíveis[293]. Desse modo, Tomás de Aquino foi capaz de conciliar o aparente conflito entre razão e Escritura, no qual aquela indicava incorporalidade, esta corporalidade. Independentemente do desacordo sobre a questão da forma e matéria, crucial para os demonologistas foi a concordância de Boaventura e Tomás de Aquino a respeito da capacidade dos demônios de assumir corpos; foi isso que tornou possível a sexualidade demoníaca.

Pois, de acordo com Tomás de Aquino, os corpos assumidos por entes espirituais eram feitos de ar apropriadamente condensado, modelado e colorido pelo poder divino, conforme surgia a necessidade. Nos seus corpos virtuais esses entes pareciam ser humanos vivos, embora não pudessem exercer as funções específicas dos sujeitos vivos. Daí que eles apenas pa-

---

291. *Suma Teológica* 1.51.1.
292. Ibid., 1.51.2.
293. Ibid.

reciam perceber, conversar e comer. O ponto mais crucial para a demonologia posterior era que eles não podiam procriar, embora houvesse uma atividade na qual eles eram quase genuinamente humanos – a atividade sexual. Ao assumir o corpo de uma mulher, eles podiam pegar o sêmen de um homem e, em seguida, assumindo o corpo de um homem, transmiti-lo a uma mulher[294]. Tratava-se essencialmente da mesma explicação dada por Boaventura[295].

Tanto para Tomás de Aquino quanto para Boaventura o demônio podia mudar de gênero para roubar e injetar o sêmen. Essa aparente bissexualidade demoníaca criaria problemas para os demonologistas posteriores. Por exemplo, o *Malleus maleficarum*, geralmente preocupado em manter as atividades demoníacas dentro dos limites do "natural", normalizou isso por meio da noção de uma transferência de sêmen de um demônio para outro; mantendo, em princípio, a heterossexualidade de cada demônio. "O demônio súcubo libera o sêmen de um criminoso; se o demônio estiver pessoalmente designado para esse homem e não quiser se tornar o íncubo da feiticeira, ele entregará o sêmen ao demônio designado para a mulher (a feiticeira), e o segundo demônio se tornará o íncubo da feiticeira"[296]. Os diabos eram muito seletivos a respeito de quem eles escolhiam. A progênie que daí resultava era "forte e de grande estatura"[297]. Como era do conhecimento de Tomás de Aquino e é do nosso também, havia um precedente bíblico para isso; os anjos caídos que se

---

294. Ibid.
295. BUGNOLO, A. (trad.). *St. Bonaventure's Commentaries on the Four Books of Sentences of Master Peter Lombard*. Op. cit., 2.8.1.3.1.
296. MACKAY, C.S. (ed. e trad.). *Malleus maleficarum*. Op. cit., 2.1.4.109B.
297. Ibid., 2.1.4.109A.

juntaram com as filhas dos humanos no Gênesis e acabaram gerando gigantes.

O sexo demoníaco era absolutamente central para a heresia satânica. A corporalidade demoníaca, real ou suposta, era central para o sexo demoníaco. O sexo com o Diabo só foi tirado da agenda demonológica um século após o *Malleus maleficarum*, quando Reginaldo Escoto, em 1584, e depois, de modo mais influente, Balthasar Bekker, no início da década de 1690, negou qualquer tipo de corporalidade ao Diabo, seja ela real ou virtual. A partir daquela época o Diabo, não mais capaz de ser íncubo ou súcubo, ficou filosoficamente assexuado. Esse foi o momento--chave do desaparecimento da crença na heresia do satanismo.

# 6
# O Diabo e a bruxa

*Não deixarás com vida uma feiticeira* (Ex 22,17).

## Infanticídio e canibalismo

No ano de 1612, o mesmo ano em que foi publicado o *Retrato da inconstância dos anjos maus e dos demônios*, de Pedro de Lancre, o tribunal civil e criminal de Lancaster, no noroeste da Inglaterra, ficou petrificado pela narrativa de um *sabbat* satânico descrito por uma menina de 14 anos de idade chamada Grace Sowerbutts. De acordo com ela, no final do ano anterior, acompanhara sua avó Jennet Bierley, sua tia Ellen Bierley e outra mulher de nome Jane Southworth a um lugar chamado Red Bank, situado a norte do Rio Ribble, perto de Samlesbury, em Lancashire, toda quinta-feira e todo domingo à noite por uma quinzena. Elas cruzaram o rio magicamente a partir da margem de Samlesbury com a ajuda de "quatro coisas pretas", que paravam em pé, mas não tinham faces humanas[298]. Em Red Bank, elas encontraram comida mágica que as outras três mulheres comeram. Embora Grace tenha sido encorajada por sua avó a

---

298. POTTS, T. *The Wonderfull Discoverie of Witches in the Countie of Lancaster.* Londres, 1613, sig. L.2.v.

comer, a comida tinha uma aparência estranha demais e ela não comeu nada. Depois de comer, as três mulheres e Grace dançaram, cada qual com uma das coisas pretas. Depois de dançar, ela supôs que as 3 mulheres fizeram sexo com 3 das 4 coisas, pois ela própria também acreditava que "a coisa preta que estava com ela abusou do seu corpo"[299].

Com o transporte mágico, comida, dança e sexo com coisas pretas (talvez) com aparência de animais, esse encontro tinha todas as características de um *sabbat* de bruxas europeu. De fato, trata-se da primeira descrição de uma assembleia de bruxas em solo inglês. Porém, isso não era tudo que Grace tinha para contar ao tribunal. Ela também disse que uma noite foi com sua avó e sua tia Ellen Bierley à casa de um certo Tomás Walshman em Samlesbury. Toda a família estava dormindo e as portas estavam trancadas. De alguma maneira, Jennet Bierley as abriu e as três entraram na casa. Jennet entrou sozinha no quarto em que Tomás Walshman e sua esposa dormiam. Ela trouxe para fora um bebê que estivera na cama com seus pais e então fez Grace sentar junto ao fogo com a criança. Então, Jennet Bierley pegou um prego e o enfiou no umbigo da criança. Depois disso, ela pegou um cálamo de pena de ave, introduziu-o no furo feito pelo prego "e sugou dali por um bom tempo"[300]. Ela então colocou a criança de volta na cama e as três retornaram aos seus lares. Grace disse que nem Tomás Walshman nem sua esposa se deram conta de que a criança tinha sido tirada. Ela acrescentou que, quando Jennet enfiou o prego no umbigo da criança, esta não gritou.

---

299. Ibid., sig. L.2.v. Cf. ALMOND, P.C. *The Lancashire Witches*: A Chronicle of Sorcery and Death on Pendle Hill. Londres: I.B. Tauris, 2012.
300. POTTS, T. *The Wonderfull Discoverie of Witches in the Countie of Lancaster*. Op cit., sig. L.2.r.

Ela informou ao tribunal que, a partir daquele dia, a criança não prosperou, e pouco depois morreu. A exemplo do *sabbat*, até aquele tempo a bruxaria inglesa não tivera tradição de infanticídio nem de canibalismo. Grace não havia sido "escolada" nisso por nenhum magistrado investigador inglês. Então como uma menina de 14 anos de idade sabia dessas coisas?

O mistério se esclareceu para o tribunal quando Grace admitiu que um mestre, Cristóvão Southworth, "ao qual ela foi levada para aprender suas orações, a persuadiu, aconselhou e lhe recomendou agir [...] contra sua dita avó, tia e esposa de Southworth"[301]. Cristóvão Southworth era de fato um sacerdote católico que tinha sido treinado em Douai e Roma entre 1579 e 1586 e estava se escondendo na casa de sua família em Samlesbury Hall. A mãe de Grace Sowerbutts, preocupada com uma série de comportamentos que indicavam fortemente que Grace estava possuída pelo Diabo, levara Grace até ele, provavelmente na expectativa de um exorcismo. Cristóvão Southworth aproveitou a oportunidade de usar Grace para envolver Jane Southworth, sua tia por lei e viúva, e vários inquilinos de sua família em bruxaria, porque eles haviam se convertido ao protestantismo e se recusavam a voltar ao aprisco católico. Ele aproveitara a oportunidade de fazer isso introduzindo Grace em alguns dos meandros da demonologia elitista europeia que ele, sem dúvida, havia aprendido durante seus estudos em Douai e Roma. Assim, a esse pouco conhecido sacerdote católico cabe o dúbio privilégio de ter sido responsável pela introdução do *sabbat*, do infanticídio e do canibalismo em um julgamento por bruxaria na Inglaterra.

---

301. Ibid., sig. M.4.v.

Bruxas que matavam crianças sugando seu sangue faziam parte da tradição europeia que remontava aos primórdios da caça às bruxas no início do século XV. Assim, por exemplo, na década de 1420, Bernardino de Sena proferiu um sermão em que falou de algumas mulheres que foram detidas por suspeita de bruxaria. Ele disse:

> E foi apanhada, dentre outras, uma que contou e confessou, sem ter sido submetida a tortura, que tinha matado em torno de 30 crianças sugando seu sangue; ela também disse que, toda vez que deixava uma delas escapar, tinha de sacrificar um membro ao diabo, e ela costumava oferecer o membro de um animal; e ela agira dessa maneira por longo tempo. Ela confessou mais ainda, dizendo que matara o próprio filho pequeno e fizera dele um pó que dava para as pessoas comerem nessas práticas delas[302].

Do mesmo modo que se dizia que as bruxas sugavam o sangue de crianças, também fazia parte da tradição europeia desde o início do século XV dizer que comiam crianças, embora houvesse precursores para isso em estereótipos mais antigos referentes a hereges medievais[303]. O canibalismo de infantes exemplifica a metáfora da bruxa como a antimãe na tradição de que as bruxas matavam, enterravam, exumavam, cozinhavam e depois comiam crianças em suas assembleias. Assim, por exemplo, no

---

302. ORLANDI, N. (ed.). *Saint Bernardino of Siena, Sermons*. Siena: Tipografia Sociale, 1920, p. 166-167 [Trad. de Helen J. Robins (trad.)]. Apud KIECKHEFER, R. "Avenging the Blood of Children: Anxiety over Child Victims and the Origins of the European Witch Trials". In: FERREIRA, A. (ed.). *The Devil, Heresy and Witchcraft in the Middle Ages*: Essays in Honour of Jeffrey B. Russell. Leiden: Brill, 1998, p. 95.

303. KIECKHEFER, R. "Avenging the Blood of Children: Anxiety over Child Victims and the Origins of the European Witch Trials". Op. cit., p. 101-102. Cf. tb. ROPER, L. *Witch Craze*: Terror and Fantasy in Baroque Germany. New Haven, CT/Londres: Yale University Press, 2004, p. 67-81.

*Malleus maleficarum*, Kramer incrementou a narrativa do infanticídio demoníaco que ele tinha encontrado no *Formicarius*, de João Níder. De acordo com Kramer, ao ser perguntada a respeito dos métodos usados para capturar infantes, certa feiticeira capturada respondeu:

> Nós pegamos bebês, especialmente aqueles que ainda não foram batizados, mas os batizados também. [...] Com nossas cerimônias os matamos em seus berços ou enquanto estão deitados ao lado dos seus pais e, enquanto se pensa que eles morreram esmagados ou de alguma outra coisa, nós os roubamos secretamente de sua tumba e os cozinhamos em um caldeirão até que toda a carne se torne quase potável, depois de extraídos os ossos. Da matéria mais sólida fazemos uma massa adequada a nossos desejos e artes e movimentos durante o voo, e com o líquido que escorre enchemos um recipiente. [...] Quem quer que beba desse recipiente imediatamente se torna um conhecedor, bastando acrescentar algumas poucas cerimônias, e ele se torna o chefe da nossa seita[304].

## Viagens sabáticas

Na passagem anterior, o assassinato de infantes e a viagem ao *sabbat* estão conectados. É a massa feita de infantes que magicamente capacita as bruxas a comparecerem ao encontro de bruxas. Mais tarde, o *Malleus maleficarum* informou a seus leitores que as bruxas faziam uma massa dos membros de crianças e, seguindo as instruções do Diabo, a esfregavam em um assento ou um pedaço de madeira. Então, elas eram imediatamente carregadas pelo ar de dia ou de noite, de modo visível e invisível[305]. Ele alegou que, em outros casos, em vez de usar unguentos, a

---

304. MACKAY, C.S. (ed. e trad.). *Malleus maleficarum*. Op. cit., 2.1.2.97C-D.
305. Ibid., 2.1.3.104A.

bruxa era transportada por meio de demônios com forma de animais, outras vezes meramente pelo poder invisível do Diabo.

Kramer, o autor do *Malleus maleficarum*, associou aqui a noção de infanticídio com a ideia já estabelecida pelo *Errores gazariorum* de que as bruxas já iniciadas recebiam um unguento para passar nos seus bastões e viajar para a sinagoga[306]. Em seu *Bericht* [Relato] da década de 1430, João Fründ não fez menção de unguentos, mas ele falou do "espírito mau" (*"der bös geist"*) que transportava as bruxas de noite do topo de uma montanha para o topo de outra[307]. O *Malleus maleficarum*, o *Errores gazariorum* e o *Bericht*, de Fründ, eram todos inspirados em uma tradição intelectual de debate sobre "mulheres voadoras noturnas" que remontava ao Cânon *Episcopi*, do século X. A autoridade desse texto, erroneamente atribuída ao Concílio de Ancira, celebrado no ano de 314, derivava de ter sido incluído na metade do século XII, no que se tornaria a mais importante coletânea de leis eclesiásticas, a saber, o Decreto de Graciano. Ali lemos o seguinte:

> Tampouco se deve omitir que algumas mulheres maldosas, pervertidas pelo Diabo, seduzidas por ilusões e fantasias de demônios, acreditam e confessam que elas próprias, nas horas noturnas, cavalgaram certas bestas em companhia de Diana, a deusa dos pagãos, [ou então com Herodias] e uma inumerável multidão de mulheres, e no silêncio noturno dos mortos atravessaram grandes distâncias da terra, e que obedecem a suas ordens como se fosse sua senhora e que são

---

306. "Errores gazariorum". In: KORS, A.C. & PETERS, E. *Witchcraft in Europe, 400-1700*: A Documentary History. Op. cit., p. 160.

307. "Bericht des Luzerner Chronisten Johann Fründ über die Hexenverfolgung im Wallis". In: HANSEN, J. *Quellen und Untersuchungen zur Geschichte des Hexenwahns und der Hexenverfolgung im Mittelalter.* Bon: Carl Georgi, Universitäts-Buchdruckerei und Verlag, 1901, p. 536.

convocadas a seu serviço em certas noites [...]. Razão pela qual os sacerdotes deveriam pregar em todas as suas igrejas com toda insistência às pessoas, para que saibam que isso é errado em todos os sentidos [...]. Por essa razão, quem crer que qualquer coisa possa ser feita, que qualquer criatura possa mudar para melhor ou para pior ou ser transformada em outra espécie ou semelhança, exceto pelo próprio Criador que fez todas as coisas e por meio do qual todas as coisas foram feitas, é, sem dúvida alguma, um infiel [e pior do que um pagão][308].

Mais tarde, essas "mulheres voadoras noturnas" viriam a ser identificadas com bruxas. Assim, por exemplo, no início da década de 1320, Bernardo Gui, no seu manual do inquisidor, associou as bruxas com "as mulheres fabulosas, que são chamadas de 'boa gente' [*bonas res*] e que, como dizem, vagueiam por aí à noite"[309]. E o inquisidor espanhol Nicolau Eymeric, em seu *Directorium inquisitorum* (*Diretório para inquisidores*), do ano de 1376, declarou que as mulheres do Cânon *Episcopi* "oferecem sacrifícios aos demônios que invocam"[310].

Quando Gui e Eymeric fizeram essa identificação, a noção do *sabbat* satânico ainda estava por ser inventada. Quando foi inventada, a passagem do Cânon *Episcopi*, com a indicação de que o "voo noturno" era uma ilusão, seria um problema central para os demonologistas que queriam argumentar a favor da realidade da viagem mágica para o *sabbat*. A factibilidade "teórica" do *sabbat* dependia da possibilidade de haver um meio "inteligí-

---

308. LEA. H.C. *Materials toward a History of Witchcraft*. Op. cit., p.1.178-1.180. As frases entre colchetes são acréscimos ao Cânon *Episcopi* no *Decretum*.
309. WAKEFIELD, W.P. & EVANS, A.P. *Heresies of the High Middle Ages*: Selected Sources Translated and Annotated. Op. cit., p. 444. Cf. tb. HANSEN, J. *Quellen und Untersuchungen zur Geschichte des Hexenwahns und der Hexenverfolgung im Mittelalter*. Op. cit., p. 48.
310. LEVACK, B.P. (ed.). *The Witchcraft Sourcebook*. Op. cit., p. 46.

vel" pelo qual muitas bruxas viajavam longas distâncias até ele. Talvez até mais importante ainda, o sexo satânico só seria "realmente" possível se a bruxa estivesse pessoalmente presente no *sabbat*. Assim, como formulou claramente o inquisidor Nicolau Jacquier em seu *Flagellum haereticorum fascinariorum* (*Flagelo dos encantadores heréticos*) de 1458: "A experiência nos ensina claramente que intercursos sexuais e a transmissão do prazer carnal não podem ter lugar nem ser consumados por pessoas adormecidas, mesmo que tais experiências possam se originar durante o sono por meio de ilusões ou fantasias imundas"[311].

Assim, a noção do Cânon *Episcopi* de que o "voo noturno" era *ilusório* e não real constituiu um problema crucial que os demonologistas tiveram de resolver para possibilitar o *sabbat* e o sexo sabático. Uma das maneiras de fazer isso era afirmar que os feitos das "mulheres voadoras" do Cânon *Episcopi* não eram relevantes para os das bruxas mais recentes. Assim, por exemplo, Bartolomeu Della Spina (c. 1475-1546), em sua *Quaestio de strigibus* (*Investigação sobre as bruxas*), não só deu a entender que o Concílio de Ancira (de onde ele acreditava derivar o Cânon *Episcopi*) não era autoritativo, mas também que, mesmo que fosse, as bruxas de sua época difeririam tanto das descritas no Cânon *Episcopi*, que sua descrição de mulheres voadoras não era relevante para as circunstâncias contemporâneas[312].

Della Spina estava certo: a crença popular nas mulheres voadoras que o Cânon *Episcopi* declarou ilusória não tinha nada a

---

311. Apud CHAMPION, M. "Crushing the Canon: Nicolas Jacquier's Response to the Canon *Episcopi* in the *Flagellum Haereticorum Fascinariorum*". In: *Magic, Ritual, and Witchcraft*, vol. 6, 2011, p. 186.
312. BARTOLOMEO DELLA SPINA. *Quaestio de Strigibus*. Venice, 1523, cap. 21-26. Cf. tb. LEA. H.C. *Materials toward a History of Witchcraft*. Op. cit., p. 1.390-1.391.

ver com *sabbats* ou o Diabo, mas esse argumento era difícil de sustentar. Ademais, a opinião do Cânon *Episcopi* de que o voo noturno não passava de sonho e ilusão foi reforçada pela narrativa da *Vita Sancti Germani* (*Vida de São Germano*). Escrita por Constâncio de Lyon algum tempo antes do ano de 494, a obra era bem conhecida no período medieval tardio em consequência de sua incorporação na *Lenda dourada*, de Tiago de Voragine (c. 1228-1298).

De acordo com a *Lenda dourada*, ao visitar uma casa, São Germano ficou surpreso ao ver a mesa sendo posta de novo. Ao perguntar por que isso estava sendo feito, contaram-lhe que a mesa estava sendo preparada para certas boas mulheres que viajavam pela noite. Germano permaneceu acordado para ver quem chegaria para a ceia noturna. Ele viu uma tropa de espíritos entrar na forma de homens e mulheres e perguntou a seus anfitriões se conheciam essas pessoas. Eles foram identificados como os vizinhos (em Níder, como as vizinhas) dos anfitriões. Germano proibiu que os espíritos saíssem e fez diligências nos lares dos vizinhos e todos eles foram encontrados dormindo em suas camas. Ele então exigiu que os espíritos contassem a verdade e eles declararam ser demônios que procuravam enganar os humanos desse modo[313].

Havia outra possibilidade proposta pelo *Malleus maleficarum* em resposta à narrativa da *Vida de São Germano*: "claramente era possível para os demônios posicionar-se ao lado dos seus maridos enquanto estes dormiam, como se as mulheres estivessem dormindo com seus maridos, durante o período intermediário

---

313. RYAN, G. & RIPPERGER, H. (trad.). *The Golden Legend of Jacobus de Voragine*. Nova York: Arno Press, 1969, p. 397.

em que estava sendo feita a busca pelas esposas"[314]. De fato, o *Malleus maleficarum* tentou lidar com toda uma gama de questões envolvendo essas viagens sabáticas: a viagem das bruxas para esses *sabbats* em seu corpo físico; a viagem aparente das bruxas em visões, sonhos ou na imaginação; a capacidade dos demônios de personificar em festas os inocentes que estavam deitados em suas camas dormindo à noite; e a capacidade dos demônios de personificar as bruxas em suas festas tomando o lugar delas em suas camas à noite.

Ora, o *Malleus maleficarum*, a despeito do Cânon *Episcopi*, defendia enfaticamente a ideia do transporte físico das bruxas. Como ele conciliava isso com a alegação do Cânon *Episcopi* de que as mulheres que acreditavam voar fisicamente à noite foram enganadas pelo Diabo? Ele procedeu do mesmo modo que Bartolomeu Della Spina fez mais tarde, distinguindo entre as mulheres descritas no Cânon *Episcopi* e as bruxas reais que cometeram crimes e fizeram um trato com o Diabo, alegando que as enganações das primeiras não se aplicam do mesmo modo às últimas[315]. Assim, do ponto de vista do *Malleus maleficarum*, nada havia em comum entre os dois grupos de mulheres.

Só assim ele foi capaz de sustentar tanto a autoridade da lei canônica quanto a própria defesa da realidade da viagem sabática. Contudo, o *Malleus maleficarum* quis manter as duas opções abertas. Ele também argumentou que as bruxas *verdadeiramente* viajaram ao *sabbat em sua imaginação*. Isso lhe possibilitou descartar o problema detectado por São Germano, a saber: a aparente presença das bruxas em suas camas enquanto estavam supostamente em outro lugar. Adicionalmente, em um trecho

---

314. MACKAY, C.S. (ed. e trad.). *Malleus maleficarum*. Op. cit., 2.1.3.105C.
315. Ibid., 1.1.10C-D.

de casuísmo mais do que obscuro, o *Malleus maleficarum* alegou que a possibilidade de os demônios personificarem mulheres nas festas sabáticas, como supusera São Germano, foi mencionada de tal modo, que ninguém acreditaria na *impossibilidade* de demônios personificarem mulheres em suas camas[316].

A necessidade de demonstrar a "realidade" do *sabbat* e a "realidade" das relações corporais que nele ocorreram levou muitos demonologistas a argumentar a favor o transporte "real" das bruxas até o *sabbat*, mesmo que estivessem dispostos a concordar que ocasionalmente as bruxas viajavam até lá também só na imaginação. Ainda assim, a balança da opinião pendia mais para o lado de quem argumentava a favor de viagens sabáticas reais. Assim, por exemplo, o jesuíta Martín del Rio, em suas *Disquisitiones magicae libri sex* (*Seis livros de investigações sobre a magia*), de 1599-1600, defendeu enfaticamente a viagem real até o *sabbat*. Depois de se ungirem com um bastão untado com unguento feito de gordura de crianças mortas, "elas eram usualmente carregadas, embora sentadas sobre uma vara, um forcado ou uma roca; ou ficavam paradas sobre uma perna só em um cesto; ou elas sentavam em cima de vassouras, de um caniço ou de um touro, um porco, um bode ou um cão"[317].

Os unguentos eram o elo entre infanticídio, canibalismo e viagens sabáticas. A conexão entre unguentos e a viagem até o *sabbat*, associada à visão do Cânon *Episcopi* de que tais viagens seriam ilusórias, também deu margem ao ceticismo. Assim, por exemplo, em seu livro *A descoberta da bruxaria*, do ano de 1584,

---

316. Ibid., 2.1.3.105C (itálico meu).
317. MAXWELL-STUART, P.G. *Martín del Rio*: Investigations into Magic. Manchester/Nova York: Manchester University Press, 2000, p. 92. Cf. tb. SCOTT, R.A. (trad.). *On the Demon-Mania of Witches*. Toronto: Centre for Reformation and Renaissance Studies, 1995, p. 114-117.

O cético inglês Reginaldo Escoto rejeitou completamente a possibilidade da viagem física até o *sabbat*. Ele fez isso invocando a autoridade do mágico natural napolitano João Batista Napolitano, mais comumente conhecido como Giambattista Della Porta (1535-1615). Ele era um médico e cético pelo qual Escoto, na condição de apoiador da magia natural, teria se sentido atraído. Sem dúvida, Escoto foi levado a investigar a *Magiae naturalis* de Della Porta a partir de sua leitura do livro de João Weyer: *De praestigiis daemonum* (*Sobre os truques dos demônios*), de 1563. Pois ali, sob o título "Unguentos da lâmia e de certas plantas que provocam sonolência e perturbam fortemente a mente", Weyer fizera um relato do experimento de Della Porta[318]. Sem dúvida alguma, Escoto ficou maravilhado com o teste feito por Della Porta e o traduziu com precisão. Depois de detalhar as duas receitas para transporte de Della Porta, uma baseada na gordura de crianças pequenas, a outra no sangue de um morcego, ele reproduziu o relato de Della Porta:

> Ora [diz ele], enquanto eu refletia cuidadosamente sobre isso, permanecendo em dúvida a respeito do assunto, caiu em meu poder uma bruxa, que por vontade própria me prometeu fazer de imediato uma viagem a países distantes, e quis que todos os que eu havia trazido para testemunhar o fato saíssem do recinto. E depois de ter se despido e esfregado certos unguentos em seu corpo (ação que observamos por uma fresta ou pequeno buraco na porta), ela caiu no mais puro e pesado sono em virtude daqueles unguentos soporíferos ou soníferos. Diante disso, arrombamos a porta e batemos nela até com força excessiva; mas seu sono era tão profundo que a deixou totalmente insensível; e saímos dali por algum tempo. Ora, quando sua força e seus poderes

---

318. MORA, G. (ed.). *Witches, Devils, and Doctors in the Renaissance*: Johann Weyer, De Praestigiis Daemonum. Binghamton, NY: Medieval and Renaissance Texts and Studies, 1991, p. 225-226.

se exauriram e decaíram, ela despertou por si mesma e começou a falar muitas palavras vãs e desconexas, afirmando que tinha atravessado mares e montanhas, dando-nos muitos relatos inverídicos e falsos; nós seriamente os negamos, ela impudentemente os afirmou[319].

Por meio de Della Porta, Escoto foi capaz de efetivamente ligar o uso de unguentos às viagens ilusórias da imaginação, mais do que do corpo. Della Porta também foi útil à Teoria Escotiana das Origens Melancólicas da Viagem Sabática, pois Escoto pôde dar a entender que, de acordo com Della Porta, tais viagens imaginárias eram falsas e não verdadeiras, por serem ilusões de mulheres velhas e insanas[320]. Assim, para Escoto, o relato de Della Porta resolveu a questão das viagens sabáticas, tanto físicas quanto imaginárias. Ele se ajustou perfeitamente à explicação que o próprio Escoto dava das bruxas: que se tratavam de mulheres velhas, iludidas e melancólicas.

Em sua *Investigação sobre as bruxas*, Henrique Boguet anotou que tinha lido João Weyer. Assim, ele também conhecia o relato de Della Porta sobre seu experimento com os unguentos e viu o problema que isso representava para os defensores das viagens sabáticas corporais. Assim, para evitar as conclusões tiradas por Della Porta, ele interpôs um separador entre unguentos e voo para o *sabbat*. Ele escreveu que algumas viajavam até o *sabbat* montadas em uma vara branca, outras em um carneiro preto, um homem preto, um bode, um cavalo, às vezes em uma vassoura, geralmente deixando sua casa pela chaminé. Ele prosseguiu dizendo que algumas esfregavam certo unguento no corpo, enquanto outras não usam nenhum. Algumas que nem mesmo são

---

319. SCOT, R. *The Discoverie of Witchcraft*. Londres, 1584, p. 185.
320. Ibid., p. 185.

bruxas, depois de se ungirem não deixam de levantar voo pela chaminé e serem levadas embora como se fossem bruxas. Algumas até vão ao *sabbat* sem besta nem vara que as carregue. Porém, o que se deve saber, concluiu ele, é "que a utilidade de uma besta ou de uma vara não é maior do que a do unguento, mas é o Diabo que, com seu poder, como um vento as carrega por toda parte"[321]. Ele estava tão preocupado com o fato de a viagem sabática na imaginação estar sujeita ao ceticismo, que se dispôs a admitir que era impossível viajar de verdade até o *sabbat* sem o corpo:

> Da minha parte, nunca fui capaz de crer que tal coisa seja possível de alguma maneira; pois, se for verdade que quando a alma é separada do corpo, deve-se seguir necessariamente a morte, como pode ser possível para uma bruxa retornar à vida com a ajuda do Diabo, depois de ter estado em espírito no *sabbat*? Isso só poderia acontecer por milagre, que é da alçada exclusiva de Deus, e não de Satanás, que opera somente por meio de causas secundárias e naturais e, por essa razão, não tem poder de dar vida aos mortos[322].

Ao descartar as viagens imaginárias "verdadeiras", relegando-as ao reino da ilusão, ele deixou somente uma opção – a das viagens satânicas no corpo físico; estas se tornariam cada vez mais inacreditáveis.

## O pacto satânico

Quando o Papa Eugênio IV escreveu sua Carta a todos os inquisidores da depravação herética, em 1417, ele acreditava que no cerne da bruxaria satânica havia um pacto firmado entre a

---

321. SUMMERS, M. (ed.). *An Examen of Witches (Discours Des Sorciers) by Henri* Boguet. Op. cit., p. 45.
322. Ibid., p. 48-49.

bruxa e o Diabo. Ele declarou que as bruxas "firmam com eles [os diabos] um acordo por escrito ou outra espécie de pacto por meio do qual, por força de uma única palavra, toque ou sinal, eles podem realizar todo tipo de malfeitos ou feitiçaria que desejarem"[323]. O *Errores gazariorum* informou a seus leitores que, depois que um membro aderiu à seita, jurou sua fé e prestou homenagem, "o Diabo pica sua mão esquerda com um instrumento e extrai sangue dela, com o qual ele redige certo escrito a respeito de um feito, que ele então guarda consigo"[324]. Foi o pacto que, independentemente de quaisquer atos criminosos (*maleficia*) que pudessem resultar dele, criou o momento *herético*. Como formularia o protestante inglês Guilherme Perkins, 200 anos mais tarde: "A base de todas as práticas de bruxaria é um pacto ou uma aliança firmada entre a bruxa e o Diabo, por meio do qual eles se vinculam mutuamente entre si"[325]. Em decorrência desse pacto ou de seu equivalente protestante, a aliança, Satanás "se comprometeu com elas para a efetivação de obras raras e extraordinárias, que outras, não aliadas com ele na mesma confederação, não são capazes de levar a cabo, seja com seu auxílio seja pelo próprio poder ou sagacidade"[326]. Em suma, sem pacto não há magia!

Portanto, o pacto entre o Diabo e o mago ou a bruxa era percebido como precondição de todo e qualquer poder mágico. Acompanhando Agostinho, as práticas supersticiosas em geral e a bruxaria e a feitiçaria em particular eram vistas como originá-

---

323. KORS, A.C. & PETERS, E. *Witchcraft in Europe, 400-1700*: A Documentary History. Op. cit., p. 154.
324. "Errores gazariorum". Op. cit., p. 162.
325. PERKINS, W. *A Discourse of the Damned Art of Witchcraft*. Cambridge, 1608, p. 41-42.
326. Ibid., p. 44-45.

rias de um pacto entre humanos e demônios. O pacto podia ser explícito ou tácito. De acordo com Tomás de Aquino, um pacto era explícito quando o feiticeiro invocava a assistência demoníaca, e tácito quando, sem atos de conjuração de demônios, alguém realizava um ato com o propósito de efetuar alguma coisa que não se seguia naturalmente ou não era esperada como resultado da intervenção direta de Deus.

Essa distinção tomista foi endossada pelo terceiro dos artigos contra a magia ritual da Universidade de Paris, de 1398, que condenou firmar pactos implícitos ou explícitos com demônios, definindo os primeiros como "qualquer ritual supersticioso, cujos efeitos não podem ser razoavelmente derivados de Deus ou da natureza"[327]. Foi uma distinção que tornou difusos os limites entre superstições populares de um lado, feitiçaria e bruxaria de outro, e negou a diferença entre magia benevolente e malévola. Assim, estar envolvido em qualquer forma de magia era ter feito um pacto com o Diabo, mesmo que tenha sido sem saber. Porém, o que atrairia a atenção dos demonologistas eram os pactos explícitos mais do que os implícitos, e, desses pactos explícitos, os demonologistas se concentraram nos que eram firmados publicamente no *sabbat*, mais do que nos que eram feitos de modo privado entre a bruxa ou o mago e o Diabo.

Na época de Guilherme Perkins, no início do século XVII, o simples pacto entre a bruxa e o Diabo foi elaborado de acordo com o repertório que estava sendo desenvolvido das práticas de bruxaria. Atendo-se ao seu protestantismo, a versão de Perkins a respeito disso era a de um acordo verbal entre o Diabo e o homem que anulava a aliança divina firmada entre Deus e o cristão. De acordo com Perkins, quando um pacto era feito abertamente,

---

327. LEVACK, B.P. (ed.). *The Witchcraft Sourcebook*. Op. cit., p. 48.

o feiticeiro se unia ao Diabo, renunciando a Deus e à Bíblia, à aliança feita no batismo e à sua redenção por Cristo; como penhor e sinal de tudo isso, ele dava ao Diabo um pacto escrito de próprio punho ou alguma parte do seu sangue. O Diabo, de sua parte, prometia estar pronto para aparecer ao comando do feiticeiro na forma de qualquer criatura, para confabular com ele, para ajudá-lo na busca de prazeres, honra, riqueza ou privilégio e para fazer tudo que lhe fosse ordenado.

Em sua forma mais elaborada, no mesmo ano de 1608, no *Compendium maleficarum*, de Guazzo, o pacto compreendia um ritual complexo que revertia crenças e práticas católicas. Nesse caso, as bruxas negavam a fé cristã e retiravam sua lealdade a Deus. Elas repudiavam a Virgem Maria, lançando insultos contra ela. O Diabo então posicionava sua garra sobre a testa delas, removendo simbolicamente a sagrada crisma e, portanto, destruindo o sinal do seu batismo. Em seguida, ele as banhava em um novo batismo e lhes dava um novo nome. Ele também fazia com que negassem suas madrinhas e seus padrinhos, tanto de batismo quanto de confirmação, e lhes designava novos. As bruxas então entregavam ao Diabo uma peça de sua roupa. Dentro de um círculo traçado no chão, elas juravam fidelidade a ele e rogavam que ele as riscasse do livro da vida e inscrevesse seus nomes no livro da morte. Em seguida, elas prometiam oferecer sacrifícios a ele ou sufocar para ele uma criança por quinzena ou por mês, e prometiam dar a ele um presente por ano. Ele, então, colocava a sua marca em alguma parte do corpo delas. Depois de marcadas, as bruxas prometiam deixar de adorar a Eucaristia, insultar a Virgem Maria e as imagens dos santos, a espezinhar e destruir relíquias e imagens dos santos, água-benta, o sal e o pão sagrados, jamais fazer confissão a um sacerdote e guardar silêncio sobre seu acordo com o Diabo. Elas também prometiam voar até o *sabbat*, participar de suas atividades e recrutar a quem pudessem ao serviço do Diabo. O Diabo prometia estar ao lado delas, realizar todos os seus pedidos nesta vida e conduzi-las à felicidade após a morte[328].

Na Europa Ocidental, a origem da noção do pacto satânico remonta à tradução do grego para o latim, no século IX, por Paulo, um diácono de Nápoles, de um texto intitulado "Um milagre da Virgem Maria concernente a Teófilo o Penitente"[329]. Por volta do ano de 1500, ele tinha sido traduzido para todas as línguas europeias. De acordo com a lenda, Teófilo foi um sacerdote fiel na Ásia Menor, a quem foi oferecido o bispado após a morte do detentor anterior do cargo. Teófilo relutou em aceitar o posto e outro foi designado. Depois que o novo bispo foi consagrado, certo clérigo insistiu para que Teófilo fosse removido de sua posição de administrador. Em decorrência disso, ele foi deposto pelo novo bispo, e um novo administrador foi designado.

Então, o Diabo fez o coração de Teófilo "pulsar com pensamentos perversos, instilando nele ciúme do poder do administrador e desejo de honra"[330]. Havia na cidade um mágico judeu, "praticante de todos os tipos de artes diabólicas"[331]. Teófilo foi até ele de noite e buscou sua ajuda. O mágico lhe disse para

---

328. ASHWIN, E.A. (trad.). *Francesco Maria Guazzo*: Compendium maleficarum. Nova York: Dover, 1988, p. 13-16. A respeito do pacto na última das demonologias clássicas, cf. SUMMERS, M. (ed.). *Demoniality by Ludovico Maria Sinistrari Friar Minor*. Nova York: Benjamin Blom, 1972, p. 8-11.

329. Cf. a tradução inglesa em PALMER, P.M. & MORE, R.P. *The Sources of the Faust Tradition from Simon Magus to Lessing*. Nova York: Oxford University Press, 1936, p. 60-75.

330. Ibid., p. 61.

331. Ibid., p. 62.

voltar na noite seguinte e ele o levaria até seu senhor. Na noite seguinte, depois de Teófilo ter prometido que não faria o sinal da cruz por qualquer coisa que ouvisse ou visse, o mágico "lhe mostrou subitamente uma criatura vestida de túnica branca [...] e, assentado no meio deles, o príncipe. Eram o Diabo e seus asseclas"[332]. O Diabo prometeu a Teófilo que governaria sobre tudo, até sobre o bispo, se ele se tornasse servo do Diabo. Teófilo beijou os pés do Diabo e pediu para ser seu servo. O Diabo lhe disse para negar o filho de Maria e a própria Maria, e todas as coisas ofensivas ao Diabo, e registrar esse acordo por escrito. Satanás entrou em Teófilo e este disse: "Nego Cristo e sua mãe"[333]. E registrou sua negação por escrito.

No dia seguinte, Teófilo foi reconvocado de sua aposentadoria. O homem que o havia substituído fora afastado de modo inglório, Teófilo foi redesignado como administrador e recebeu o dobro de responsabilidades que detinha antes. Todo mundo lhe obedecia com temor e tremor. Porém, Teófilo logo se arrependeu dessa sua arrogância e dedicou-se ao jejum, à oração e às vigílias. Então ele sentiu remorso de seu trato com o Diabo, arrependeu-se dos seus pecados e se confiou à misericórdia da Virgem Maria. Depois de 40 dias de oração e jejum, ela lhe apareceu. Ele fez uma nova confissão de sua fé e Maria intercedeu como mediadora (*mediatrix*) entre ele e Deus[334]. Maria resgatou de Satanás o contrato escrito e Teófilo foi perdoado por Deus.

A lenda de Teófilo é importante por sua participação na história do culto à Virgem Maria e por seu papel na história do

---

332. Ibid.
333. Ibid., p. 63.
334. Esta foi a primeira vez que o termo *mediatrix* foi usado no Ocidente para significar seu papel de mediação entre Deus e o pecador.

antissemitismo. Também é um texto significativo na história da demonologia. Numa de suas trajetórias intelectuais ela alimenta a história da bruxaria e do pacto entre o Diabo e a bruxa; mas, em outra trajetória, ela é parte da história da magia. A lenda de Teófilo, combinada com a figura de Simão Mago, converte-se na lenda do Dr. Fausto, o mago, mestre e necromante versado que vendeu sua alma ao Diabo, o Dr. Fausto histórico († c. 1539), que em seu tempo de vida já não podia mais ser destrinçado da mitologia que o rodeava. A forma exemplar da lenda pode ser datada de 1587, o ano em que João Spies publicou em alemão a *Geschichte von D. Johann Fausten* [História do Doutor Fausto]. Foi a tradução inglesa dessa obra, publicada em 1592, *The historie of the damnable life, and deserved death of Doctor Iohn Faustus* [A história da vida condenável e da morte merecida do Doutor João Fausto], que inspirou o *Doctor Faustus*, de Christopher Marlowe[335], de onde, como um bumerangue, a lenda retornou à Alemanha e ao *Fausto* de Goethe, do século XIX.

De acordo com o livro inglês do Fausto, João Fausto, apesar de seus estudos exitosos em teologia, voltou-se progressivamente à prática da necromancia, tanto "que não suportava ser chamado de doutor em teologia, mas deu-se ares de homem mundano e passou a chamar-se de astrólogo e matemático: e por premonição, às vezes de médico, realizando grandes curas, principalmente com ervas, raízes, águas, beberagens, receitas e clisteres"[336]. Sua especialização em necromancia e conjuração estava tão avançada e seu desejo de conhecimento era tão grande, que se determinou a conjurar o Diabo. Ele foi a uma densa

---

335. JONES, J.H. (ed.). *The English Faust Book*: A Critical Edition Based on the Text of 1592. Cambridge: Cambridge University Press, 1994.
336. Ibid., p. 93.

floresta perto de Wittenberg; com uma vareta traçou um círculo na areia e, dentro deste, mais círculos e caracteres. Então começou a invocar o espírito Mefostófiles [sic] e a incumbi-lo de aparecer ali em nome de Belzebu. Quando o espírito apareceu, Fausto lhe ordenou que reaparecesse em sua casa ao meio-dia do dia seguinte. Nesse encontro, o necromante Fausto, aparentemente no comando do espírito, disse-lhe querer que o espírito o servisse e obedecesse em todas as coisas até sua morte, que o espírito deveria lhe trazer o que quer que pedisse e que sempre deveria lhe dizer a verdade. Mefostófiles disse a Fausto que não podia fazer tal promessa sem a permissão do seu príncipe, Lúcifer. Ademais, o espírito disse: "Também é certo que nunca até agora revelamos a nenhum homem a verdade sobre onde moramos, nem sobre como governamos, nem sobre qual é o nosso poder, nem demos a homem algum qualquer presente ou lhe ensinamos alguma coisa, a não ser que ele prometa ser nosso"[337]. Porém, Fausto continuou determinado a obter suas demandas do Diabo sem perder sua alma.

Na mesma noite, Mefostófiles retornou, tendo obtido o assentimento de Lúcifer para o que quer que Fausto desejasse, se Fausto prometesse ser dele. Fausto reiterou suas demandas e o espírito, por sua vez, a sua: que, em troca, Fausto deveria dar a Lúcifer seu corpo e sua alma; que ele deveria fazer isso por escrito com o próprio sangue; que ele seria inimigo de todos os cristãos e que deveria negar sua crença cristã; e que ele jamais deixaria que alguém mudasse sua opinião sobre esses assuntos. O espírito prometeu, além disso, que seus desejos seriam cumpridos por alguns anos, ao final dos quais ele seria buscado. Fausto

---

337. Ibid., p. 95.

concordou. Na manhã seguinte, Fausto redigiu o contrato com o próprio sangue posto em um pires sobre cinzas quentes:

> Eu, Doutor João Fausto, visando ao maior vigor e à solidez deste escrito, trago a público conhecimento de próprio punho que, desde que [sic] comecei a estudar e especular o curso e a ordem dos elementos com o dom que me foi dado do alto não encontrei nem ensino nem sabedoria capazes de me propiciar a satisfação dos meus desejos. [...] Então eu, Doutor João Fausto, entreguei corpo e alma ao príncipe infernal do Oriente e seu mensageiro Mefostófiles com a condição de que me ensinem e satisfaçam meu desejo em todas as coisas, cumprindo o que prometeram e juraram a mim, com a devida obediência a mim, de acordo com os artigos mencionados entre nós.
> Além disso, compactuo com eles e lhes concedo por meio destes presentes, que, ao término dos 24 anos subsequentes à data desta carta, depois que tiverem expirado, e se, nesse ínterim, eu, durante ditos anos, tiver sido servido por eles em minha vontade e eles tiverem satisfeito meus desejos em todos os pontos conforme nosso acordo, lhes darei pleno poder para fazer comigo o que quiserem, mandar em mim, enviar-me, buscar-me ou me carregar, seja em corpo, alma, carne, sangue ou bens, para a sua habitação, seja onde for: e, dito isto, desafio Deus e seu Cristo, todos os exércitos do céu e todas as criaturas vivas modeladas por Deus, sim, tudo que vive; digo e repito, e assim será. E para maior solidez deste escrito, eu o redigi de próprio punho e com meu sangue, de posse do juízo perfeito, [...] João Fausto, aprovado nos elementos e doutor espiritual[338].

A exemplo de Teófilo, Fausto viveria para se arrepender do seu acordo. Diferentemente de Teófilo, ele não tinha nem a Virgem Maria para vir em seu socorro e salvá-lo da condenação eterna no inferno nem saída do seu lado da negociação. Ao final

---

338. Ibid., p. 98-99.

dos 24 anos, depois de sua última alocução aos seus estudantes em sua última noite lamentando seu destino, ele estava sozinho. Na manhã seguinte, quando chegaram ao salão em que o haviam deixado, seus estudantes, "não encontraram Fausto, mas o salão inteiro estava respingado de sangue, seus miolos grudados na parede, pois o Diabo o tinha jogado de uma parede contra a outra; em um canto jaziam seus olhos, em outro seus dentes, um espetáculo lamentável e dantesco de se contemplar"[339]. Encontraram seu corpo no terreiro, deitado dentro do esterco de cavalo, "monstruosamente retorcido e dantesto de se contemplar"[340].

## A marca do Diabo

Na teologia protestante, e em particular no pensamento calvinista, a relação estabelecida entre Deus e o homem era uma aliança cujos termos foram ditados exclusivamente por Deus. Diante disso, talvez não surpreenda que, na demonologia calvinista, a ênfase estivesse na aliança feita entre o Diabo e a bruxa ou o bruxo. Como formulou o calvinista genebrês Lamberto Daneau em 1574, os feiticeiros operam e infectam coisas com seu veneno por meio de Satanás. Ele prosseguiu assim: "Não existe feiticeiro, mas ele firma um pacto e uma aliança com o Diabo e jura se submeter a ele"[341]. A aliança com o Diabo era selada quando ele marcava a bruxa ou o bruxo com seus dentes ou com suas garras. Daneau declarou que se tratava de uma marca que a bruxa/o bruxo "sempre trazia consigo da parte dele, alguns debaixo das pálpebras, outros entre as nádegas, alguns no céu da

---

339. Ibid., p. 180.
340. Ibid.
341. DANEAU, L. *A Dialogue of Witches*. Londres, 1575, sig. F.4.v.

boca e em outros lugares em que possa estar escondida e oculta de nós"[342].

A adesão de Daneau à ideia de que o pacto com o Diabo era selado com a marca do Diabo desempenhou um papel menor nos escritos dos demonologistas mais antigos. O *Malleus maleficarum*, por exemplo, não faz referência a ela. Em outras ocasiões, a referência era feita somente para ser refutada[343]. Os demonologistas católicos somente chegaram a ela no final do século XVI. Nicolau Remy, por exemplo, em sua *Daemonolatria (Demonolatria)*, de 1595, não tinha dúvida de que o Diabo marcava aqueles que ele havia reivindicado para si recentemente, colocando neles um sinal de sua posse. Ele lembrou a seus leitores de que essas marcas podiam ser encontradas por não terem sensibilidade à dor e não sangrarem quando picadas, por mais fundo que fosse. Para ele, isso se explicava pelo fato de que áreas expostas ao frio extremo perdem sua sensibilidade, e, quando tocadas pelas garras do corpo gélido do Diabo, elas ficam permanentemente afetadas. De modo similar, Henrique Boguet observou que "o lugar em que trazem essas marcas é tão insensível, que eles não se retraem nem mesmo quando testados até a medula nesse lugar"[344].

Ainda assim, Boguet não quis fazer da descoberta de marcas um parâmetro de convicção. Ele disse que é muito difícil achá-las por serem muito imperceptíveis. Com frequência o Diabo as apaga assim que a bruxa é presa. Além disso, algumas bruxas

---

342. Ibid., sig. F.4.v.
343. RUSSELL, J.B. *Witchcraft in the Middle Ages*. Ithaca, NY/Londres: Cornell University Press, 1972, p. 242-243.
344. SUMMERS, M. (ed.). *An Examen of Witches (Discours Des Sorciers) by Henri Boguet*. Op. cit., p. 129.

nunca são marcadas; o Diabo só marcava aquelas cuja lealdade era mais duvidosa. Portanto, para Boguet, a ausência de uma marca não é evidência conclusiva de inocência. Ele concluiu: "Estão equivocados aqueles que são tão escrupulosos a ponto de não estarem dispostos a condenar uma bruxa à morte caso não seja encontrada uma marca, como é praxe em certa república cujo nome não quero dizer [Genebra]"[345].

O reformador escocês João Knox, exilado da Escócia, sua terra natal, de 1553 a 1555, aprendeu não só sua teologia, mas também sua demonologia na Genebra calvinista. Assim, não surpreende que a marca do Diabo, como evidência do pacto demoníaco, frequentemente acompanhada do ato de "picar" a bruxa em busca de uma marca insensível à dor e que não sangrava, foi uma característica comum dos julgamentos por bruxaria na Escócia reformada do final do século XVI até o início do século XVIII[346]. Em nenhum lugar é possível demonstrar melhor a conexão calvinista entre aliança e marca do que durante a última caçada mais intensa às bruxas na Escócia, em um sermão de 1697 endereçado aos juízes pelo ministro de Kilallan, Jaime Hutchinson. Baseado no texto retirado de Ex 22,17, "Não deixarás com vida uma feiticeira", ele propôs uma teologia da aliança que proveu a legitimação para julgar crianças como bruxas. Assim, de acordo com Hutchinson, o termo "bruxa" é constituído pelo "pacto real entre Satanás e aquela pessoa, quer composto e firmado pessoalmente, quer pela mediação dos pais [...] que têm o poder sobre a pessoa, ao que [Satanás] acrescenta abaixo a

---

345. Ibid., p. 130.
346. LARNER, C. *Enemies of God*: The Witch-Hunt in Scotland. Londres: Blackwell, 1981, p. 110-112.

sua marca"[347]. Exatamente do mesmo modo que as crianças dos pais que professam quando batizadas estavam em aliança com Deus, as crianças dos pais que fizeram uma aliança com Satanás estavam em aliança com o Diabo. Aquelas crianças que "receberam sua marca e foram treinadas por esses pais no caminho da bruxaria e a praticaram podem com razão ser consideradas bruxas, formalmente constituídas como estando sob a aliança real com Satanás"[348].

Apesar de ter se imposto na Escócia, o endosso de Daneau à marca do Diabo como evidência de que o Diabo selou a negociação não foi um sinal de bruxaria que tenha se disseminado na Inglaterra. Lá, onde os atos malignos (*maleficia*) constituíam o foco da perseguição, mais do que a heresia, a noção de um pacto demoníaco não foi tão enfatizada e consequentemente a crença na marca demoníaca como evidência-chave dele foi posta à margem. Ou melhor, na Inglaterra, a marca sutilmente se modificou em consequência da característica distintiva da bruxaria inglesa: a manutenção de espíritos familiares.

Manter e alimentar espíritos familiares em forma animal ou humana se tornou uma das características decisivas de bruxaria na Inglaterra[349]. As bruxas pagavam um preço para seus espíritos familiares. Eles tinham de ser alimentados com pão, leite, animais – e até o sangue da própria bruxa. Assim, a marca do Diabo europeia foi suplementada na Inglaterra pela marca da bruxa – um mamilo ou uma teta supranumerária com a qual a bruxa inglesa alimentava seus espíritos familiares. Enquanto

---

347. LEVACK, B.P. (ed.). *The Witchcraft Sourcebook*. Op. cit., p. 114.
348. Ibid., p. 115.
349. DALTON, M. *The Countrey Justice Containing the Practice of the Justices of the Peace out of their Sessions*. Londres, 1630, p. 273.

as bruxas europeias eram amantes demoníacas, as bruxas inglesas eram mães demoníacas. Ou talvez melhor, no contexto inglês, o sexual, o maternal e o demoníaco estavam entrelaçados de modo complexo[350]. Assim, a busca pelo sinal do pacto demoníaco na Europa foi transformada, na Inglaterra, na busca pelo lugar a partir do qual o espírito familiar era alimentado pelo sangue da bruxa, e o sentido das marcas se tornou fluido e ambíguo.

Descrições bem detalhadas de espíritos familiares estiveram presentes em textos ingleses desde o ano de 1566. Assim, naquele ano, no julgamento de Agnes Waterhouse, as marcas dos acusados foram examinadas por demanda do advogado da rainha:

> Agnes Waterhouse, quando foi que teu Gato sugou teu sangue ela nunca disse, nem ele disse, deixe-me ver, e então o carcereiro removeu o lenço de sua cabeça e havia diversas manchas em sua face e uma no seu nariz; então o advogado da rainha disse, de boa-fé: "Agnes, quando foi a última vez que ele sugou teu sangue?" "Pela minha fé, meu senhor [disse ela], não foi nesta quinzena[351].

Até esse tempo ninguém tinha juntado a marca do Diabo europeia – um sinal do pacto satânico, insensível à dor e incapaz de sangrar – com as marcas das bruxas inglesas, decorrentes de elas alimentarem espíritos familiares.

As duas ideias continuaram a correr paralelas por mais 100 anos. Assim, por exemplo, na edição de 1697 de *The Countrey*

---

350. Assim, o mamilo com frequência era procurado nas áreas genitais. Cf. um exemplo antigo disso no nível popular em [ANÔNIMO]. *The Most Strange and Admirable Discoverie of the Three Witches of Warboys, Arraigned, Convicted, and Executed at the Last Assises at Huntington*. Londres, 1593, sig. O.3.v-O.4.r. Cf. tb. ALMOND, P.C. *The Witches of Warboys*: An Extraordinary Story of Sorcery, Sadism and Satanic Possession. Londres: I.B. Tauris, 2008.
351. [ANÔNIMO]. *The Examination and Confession of Certaine Wytches at Chensforde in the Countie of Essex*. S.l., 1566, sig. 2.A.7.v.

*Justice* [A justiça do país], de Miguel Dalton, os juízes são encorajados a procurar tanto por mamilos quanto por marcas, aqueles como evidência de as bruxas terem espíritos familiares; de estas terem feito uma negociação com o Diabo[352]. No entanto, já em 1612, em *As bruxas do condado de Northampton*, as duas marcas se tornaram uma só na ampliação de uma passagem da *Daemonologie*, do Rei Jaime, de 1597. Em sua demonologia, Jaime observou que havia duas maneiras de ajudar no julgamento das bruxas: uma delas era "o fato de flutuarem sobre a água"; a outra "encontrar sua marca e testar a insensibilidade dela"[353]. Isso era mais para se manter na tradição europeia da marca da bruxa, como era de se esperar de um rei escocês. Porém, em *As bruxas do condado de Northampton*, lemos que havia dois sinais ou signos pelos quais se podia detectar e encontrar bruxas: de novo "pelo fato de flutuarem sobre a água", mas dessa vez também "pela marca *onde os espíritos sugam* e testam a insensibilidade dela"[354]. Essa foi uma versão híbrida peculiarmente inglesa da marca do Diabo, tanto maternal quanto erótica. Indubitavelmente tratou-se da consequência da introdução da marca europeia na Inglaterra por um rei escocês que, na condição de Jaime VI da Escócia e Jaime I da Inglaterra, tinha algo de híbrido nele próprio.

No ano de 1584, Reginaldo Escoto, em seu livro *A descoberta da bruxaria*, contou a respeito da marca do Diabo europeia a um público leitor inglês, e, por essa razão, deteve a honra um tanto dúbia de ter sido o primeiro a fazer isso. Ainda assim, fiel

---

352. DALTON, M. *The Countrey Justice Containing the Practice of the Justices of the Peace out of their Sessions*. Op. cit., p. 384.
353. HARRISON, G.B. (ed.). *King James the First*: Daemonologie. Op. cit., p. 80.
354. [ANÔNIMO]. *The Witches of Northamptonshire*. Londres, 1612, sig. C.2.r; itálicos meus.

à sua tendência cética, Escoto refutou tanto a marca quanto o pacto satânico. Sua impossibilidade advém do cerne do argumento de Escoto; a saber, que o pacto do tipo descrito pelos demonologistas supunha algo que era impossível, isto é, a corporalidade do Diabo:

> Dar as mãos ao Diabo, beijar suas nádegas nuas e ele arranhar e mordê-las são mentiras absurdas; quem tiver o dom da razão poderá perceber isto nitidamente: na medida em que isso está manifesto a nós pela Palavra de Deus, um espírito não possui carne, nem ossos, nem tendões, do que consistem as mãos, as nádegas, garras, dentes e lábios[355].

Para Escoto, não ter dentes nem garras significava não ter marca; e não ter marca significava não ter aliança entre o Diabo e a bruxa. A crítica de Escoto foi um sinal precoce de que o edifício construído pelos demonologistas estava começando a trincar.

---

355. SCOT, R. *The Discoverie of Witchcraft*. Op. cit., p. 47.

# 7
# Um Diabo muito possessivo

*Jesus lhe perguntou: "Qual é o teu nome?" "Legião", respondeu ele, porque haviam entrado nele muitos demônios. [...] Saindo do homem, os demônios entraram nos porcos e a vara precipitou-se barranco abaixo, dentro do lago, e se afogou* (Lc 8,30-33).

## O corpo possuído

Para a família e a criadagem puritana de Alexandre Nyndge, de Herringswell, em Suffolk, pareceu que ele podia ter sido louco. Somos informados de que, no dia 20 de janeiro de 1573, Alexandre Nyndge mostrou toda uma gama de comportamentos suficientes para levá-las a ter essa suspeita. Seu peito e corpo incharam, seus olhos se esbugalharam, ele tremia, recusava-se a comer, batia a cabeça e outras partes do seu corpo contra o solo e a armação da cama, rangia os dentes e espumava pela boca, um nódulo percorria seu corpo de cima a baixo entre a pele e a carne, ele ficou horrivelmente desfigurado e tinha uma força enorme[356].

---

356. [ANÔNIMO]. *A True and Fearefull Vexation of One Alexander Nyndge*. Londres, 1615, sig. A.3.v. Cf. uma elaboração mais detalhada dos materiais usados neste capítulo em ALMOND, P.C. *Demonic Possession and Exorcism in*

Eduardo, irmão de Alexandre, mestre das artes pela Universidade de Oxford, fez uma leitura bem diferente dos sintomas. Ele não os encarou como resultado de loucura, mas de Alexandre ter sido possuído por um demônio. Foi um diagnóstico que o próprio Alexandre aceitou: "Alexandre Nyndge, podendo então falar à vontade, disse ao próprio Eduardo: 'Irmão, que maravilha ele estar com medo de ti; por isso eu te peço que fiques comigo'"[357]. Alexandre passou a falar do lugar que Eduardo havia construído para ele e no papel que Eduardo tinha determinado para ele como uma pessoa possuída pelo Diabo. Fisicamente ele exibia o demônio dentro dele: "E pouco tempo depois, o corpo do referido Alexandre foi tão miraculosamente transformado quanto o fora antes, quando era muito parecido com um retrato do Diabo em uma peça teatral, com uma voz que rugia horrivelmente, soando como um cão do inferno, atormentado de modo sumamente horripilante"[358].

O período de 1550 a 1700 constituiu a era áurea do demoníaco. Como observa Midelfort: "Observadores daquela época ficaram tão impressionados com tal disseminação da possessão, que nenhuma era anterior, com exceção da própria era de Cristo, pareceu ter apresentado tantos exemplos medonhos da fúria do Diabo"[359]. Não é coincidência que a era do demoníaco também foi a da bruxa. Pois esta foi tida com mais frequência como

---

*Early Modern England*: Contemporary Texts and their Cultural Contexts. Cambridge: Cambridge University Press, 2004.

357. [ANÔNIMO]. *A True and Fearefull Vexation of One Alexander Nyndge*. Op. cit., sig. A.3.r-v.

358. Ibid., sig. B.1.r.

359. MIDELFORT, H.C. "The Devil and the German People: Reflections on the Popularity of Demon Possession in Sixteenth-Century Germany". In: OZMENT, S.E. (ed.). *Religion and Culture in the Renaissance and Reformation*. Kirksville, MO: Sixteenth Century Publishers, 1989, p. 105.

a causa daquela. De Alexandre Nyndge em Suffolk, no ano de 1573, até as possessões em Salém, no ano de 1692, o Diabo esteve especialmente ativo entrando em corpos humanos. Casos de possessão demoníaca eram suficientemente comuns, como observa Daniel Walker, "para que as pessoas comuns os entendessem e acreditassem neles". Em contrapartida, como ele enfatiza e os escritos contemporâneos confirmam, eles eram "suficientemente raros para serem uma novidade excitante e, assim, atrair grandes audiências"[360], sendo uma das razões principais o fato de o demoníaco ter a qualidade particularmente numinosa de ser tanto aterrorizante quanto fascinante.

A capacidade de o Diabo possuir corpos humanos resultou da convicção de que o Diabo também tinha corpo ou, pelo menos, como vimos, era "virtualmente" encarnado. Em decorrência disso, o corpo possuído era um local de conflito entre bem e mal. E os endemoninhados, em sua batalha contra o Diabo dentro eles, tornaram-se exemplos de piedade e até de santidade. Embora metáfora e realidade muitas vezes se sobrepusessem na descrição da entrada e saída do demônio, a tradição demonológica e os próprios textos de possessão aderem de modo geral à ideia da quase corporalidade demoníaca. O jurista Henrique Boguet, em seu *Discours des Sorciers* [Discurso sobre os feiticeiros] estava convicto de que as bruxas e os bruxos costumam usar alimentos, geralmente maças, para introduzir o Diabo na pessoa:

> E, em relação a isso, não posso omitir o que aconteceu em Annecy, na Savoia, no ano de 1585. Na lateral da Ponte de Hasli foi vista por duas horas uma maça da qual saía um ruído tão alto e confuso que as pessoas ficaram com medo

---

360. WALKER, D.P. *Unclean Spirits*: Possession and Exorcism in France and England in the Late Sixteenth and Early Seventeenth Centuries. Filadélfia: University of Pennsylvania Press, 1981, p. 4.

de passar por ali [...]. Todos correram para ver aquela coisa, embora ninguém ousasse chegar perto dela; [...] por fim, um homem mais corajoso do que os demais pegou uma vara comprida e tacou a maçã dentro do Rio Thiou [...] e, depois disso, nada mais se ouviu. Não pode haver dúvida de que essa maçã estava cheia de demônios e que havia sido frustrada uma tentativa da bruxa de dá-la a alguém[361].

Encontramos um precedente disso no uso que Satanás fez da maçã para tentar Eva no Jardim do Éden. Ele prosseguiu, recontando a narrativa familiar de São Gregório a respeito da monja que, ao comer alface, engoliu o Diabo escondido nela por não ter feito o sinal da cruz.

Considerava-se que o Diabo entrava pelas aberturas do corpo: narinas, ouvidos, feridas, ânus, e assim por diante. Porém, era mais comum que entrasse pela boca, com frequência misturado com o ar que se respirava[362]. Tendo obtido o ingresso, o Diabo não ficava restrito a alguma parte do corpo possuído, mas podia se mover por todo ele. Diante disso, o demonologista Francisco Maria Guazzo desenvolveu uma sintomologia complexa da possessão, de acordo com a qual a localização do Diabo podia ser determinada à luz dos sintomas apresentados pelo possesso:

> Se o demônio estiver na cabeça dele, ele [o endemoninhado] sente dores de cabeça agudíssimas [...]. Se estiver nos seus olhos, ele [o Diabo] os retorce. Se estiver nas costas, ele machuca seus membros anteriores e posteriores [...]. Se estiver nas partes nobres do corpo, como, por exemplo, no coração ou nos pulmões, ele provoca respiração ofegante, palpitação e síncope. Se estiver mais para o lado do estômago, ele provoca soluço e vômito, de modo que eles [os

---

361. SUMMERS, M. (ed.). *An Examen of Witches (Discours Des Sorciers) by Henri Boguet*. Op. cit., p. 12.
362. LEMNIUS, L. *The Secret Miracles of Nature*. Londres, 1658, p. 385.

endemoninhados] às vezes não conseguem se alimentar ou, quando o fazem, não conseguem reter o alimento[363].

Os demônios sairiam de maneiras similares – pelos ouvidos, pelas narinas, pela vagina, pelo ânus, com mais frequência pela boca –, como formulou Zacarias Visconti, exorcista italiano do século XVI, "como uma chama de fogo, um vento gelado ou alguma criatura"[364].

Múltiplas personalidades demoníacas podiam coexistir no corpo do endemoninhado. A possessão por legiões de demônios tem fundamentação, não só no caso do endemoninhado geraseno exorcizado por Jesus (Mc 5,1-20), mas também no caso de Maria Madalena, que foi possuída por 7 demônios (Lc 8,2). Em consequência disso, a possessão por muitos, tanto nominados quanto anônimos, era regra mais do que exceção. O endemoninhado francês Nicole Obry foi possuído ao mesmo tempo por cerca de 30, o chefe dos quais era Belzebu, de renome bíblico[365]. Belzebu também estava ativo do outro lado do canal, na Inglaterra, onde os demônios Irmão Glassap e Irmão Radulfo, que fixaram residência no assim chamado menino de Burton, Tomás Darling, reportaram-se a ele[366]. Raquel Pinder quebrou todos os recordes. Diz-se que ela tinha dentro de si 5 mil legiões de demônios[367]. Um cético como o anglicano Samuel Harsnett pôde

---

363. ASHWIN, E.A. (trad.). *Francesco Maria Guazzo*: Compendium maleficarum. Op. cit., p. 170-171.

364. MAXWELL-STUART, P.G. *The Occult in Early Modern Europe*: A Documentary History. Nova York: St Martin's Press, 1999, p. 57.

365. WALKER, D.P. *Unclean Spirits*: Possession and Exorcism in France and England in the Late Sixteenth and Early Seventeenth Centuries. Op. cit., p. 21.

366. [ANÔNIMO]. *The Most Wonderful and True Storie, of a Certaine Witch Named Alse Gooderidge*. Londres, 1597, p. 34.

367. [ANÔNIMO]. *The Disclosing of a Late Counterfeyted Possession by the Devyl in Two Maydens within the Citie of London*. Londres, 1574, sig. A.4.v.

apresentar boas razões para a presença de tantos, sendo as principais o fato de a expulsão de uma grande quantidade prolongar o exorcismo e aumentar a reputação do exorcista[368].

## Possessão, remédio e ceticismo

O corpo possuído não era somente um lugar de conflito entre bem e mal. No século XVII, ele foi também um campo de batalha entre crentes e céticos. Os céticos anglicanos, como João Deacon e João Walker, ansiosos por desacreditar exorcismos católicos e a desencorajar os exorcistas puritanos, argumentaram que, quando as Escrituras falaram de possessão por demônios, elas fizeram isso apenas metaforicamente. Eles sustentaram que interpretar possessão literalmente "importunaria a Igreja com muitas opiniões absurdas e inconvenientes"[369]. De modo similar, Tomás Hobbes alegou que os relatos bíblicos a respeito de Satanás entrar em corpos devem ser interpretados metaforicamente. Ele deu a entender que, como os espíritos são corpóreos, e visto que duas entidades corpóreas não podem ocupar simultaneamente o mesmo espaço, a possessão corporal é impossível[370].

O motivo de haver espaço conceitual para céticos se deve ao fato de que a possessão de um corpo pelo Diabo frequentemente era indistinguível de doenças "naturais". Relutando em aceitar que seus entes queridos foram possuídos pelo Diabo, os paren-

---

368. BROWNLOW, F.W. *Shakespeare, Harsnett, and the Devils of Denham*. Newark, DE: University of Delaware Press, p. 243-253.
369. DEACON, J. & WALKER, J. *A Summarie Answere to al the Material Points in any of Master Darel his Bookes More Especiallie to that One Booke of his, Intituled, the Doctrine of the Possession and Dispossession of Demoniaks out of the Word of God*. Londres, 1601, p. 16.
370. KORS, A.C. & PETERS, E. *Witchcraft in Europe, 1100-1700*: A Documentary History. Londres: J.M. Dent and Sons, 1973, p. 346-347.

tes geralmente consultavam os especialistas médicos. Porém, muitos médicos, quando não eram capazes de encontrar uma razão "natural" para os sintomas de quem era afligido, não eram avessos a suspeitar que o Diabo estivesse ativo. Não necessariamente – de fato, nem frequentemente – opostas a diagnósticos demoníacos, as avaliações dos médicos foram muitas vezes importantes para determinar que a causa das aflições se encontrava além do plano médico.

Ainda assim, nem todos os médicos apoiaram um diagnóstico de possessão demoníaca. Eduardo Jorden, por exemplo, explicou os sintomas de possessão nos termos da doença da histeria ou "da sufocação da mãe". Jorden foi motivado pela possessão de Maria Glover e pelo julgamento da Bruxa Elizabet Jackson em dezembro de 1602, por tê-la enfeitiçado. Naquela ocasião, os doutores Hering e Spencer testemunharam a favor das origens sobrenaturais de sua doença, os doutores Jorden e Argent a favor de suas origens médicas. O juiz Anderson, nem um pouco convencido pelas explicações "naturalistas" que Jorden deu para os sintomas de Maria, declarou Jackson culpada[371].

De acordo com Jorden, a histeria era "uma afecção da mãe ou do útero, em que as partes principais do corpo por empatia sofrem diversamente de acordo com a diversidade de causas e doenças que afetam a *matrix*"[372]. Jorden acompanhou a tradição de incluir sob "histeria" uma gama de sintomas, acreditando que todos eles decorriam de irregularidades ginecológicas que

---

371. BRADWELL, S. "Mary Glovers Late Woeful Case, Together with her Joyfull Deliverance" (1603). In: MacDONALD, M. (ed.). *Witchcraft and Hysteria in Elizabethan London*. Londres: Routledge, 1991, p. 26ss.

372. JORDEN, E. "A Briefe Discourse of a Disease Called the Suffocation of the Mother" (Londres, 1603). In: MacDONALD, M. (ed.). *Witchcraft and Hysteria in Elizabethan London*. Op. cit., sig. C.1.r-v.

frequentemente eram incluídas entre os sinais de possessão. O propósito do seu livro sobre histeria era demonstrar que "diversas ações e paixões estranhas do corpo do homem, que na opinião comum são imputadas ao Diabo, possuem suas causas naturais verídicas e acompanham essa doença"[373]. Não tendo chegado ao ponto de negar a possibilidade da possessão demoníaca, ele defendeu a precaução no diagnóstico, "tanto porque as imposturas são muitas quanto porque as afecções das doenças naturais são estranhas para quem não fez um exame completo delas"[374]. Para os possessos aparentemente curados pela oração e pelo jejum de outros, Jorden tinha uma explicação psicológica pronta, na expectativa confiante de o paciente encontrar alívio através daqueles meios.

A exposição de Jorden baseou-se no pressuposto de que descrições "naturalistas" e "sobrenaturalistas" de doenças eram incompatíveis. Isso não era facilmente aceito por quem acreditava que Satanás podia estar igualmente envolvido tanto em doenças naturais quanto em possessões sobrenaturais. Como escreveu Stephen Bradwell: "Ele [Jorden] está muito enganado no que supõe ao colocar que efeitos naturais requerem causas naturais e admitir que causas naturais excluem terminantemente as sobrenaturais. Porque causas eficientes sobrenaturais podem fazer tudo [o que] as naturais podem fazer e muito mais"[375]. Ainda assim, a descrição que Jorden faz da possessão como uma enfermidade abriu a possibilidade de que os sintomas da possessão demoníaca não fossem tomados necessariamente apenas como

---

373. Ibid.
374. Ibid.
375. BRADWELL, S. "Mary Glovers Late Woeful Case, Together with her Joyfull Deliverance". Op. cit., p. 57.

evidência genuína do diabólico ou como resultado de fraude intencional por parte dos aparentemente possuídos. Para Jorden, a doença era uma alternativa genuína para a fraude ou para as atividades do Diabo e seus asseclas.

Assim, no verão e outono de 1605, a endemoninhada Ana Gunter foi entrevistada pelo Rei Jaime I. Ana se tornara tema de considerável interesse público, suficiente para chamar a atenção do rei. Logo após o primeiro dos seus encontros, Ana foi entregue ao cético Ricardo Bancroft, na época arcebispo de Cantuária, e dele para Samuel Harsnett, que estivera envolvido em investigações de casos de suposta possessão. Como ocorreu no caso de Maria Glover, Eduardo Jorden também se envolveu. Em seu último encontro com Jaime, no dia 10 de outubro, Gunter confessou que vomitar agulhas e alfinetes tinha sido fraude, mas que há muito vinha sendo afligida pela histeria[376].

Submetidos a exame formal, outros endemoninhados também alegaram histeria como explicação para seu comportamento, tentando atenuar sua aparente fraude. Entre a primavera de 1585 e o verão de 1586, 6 endemoninhados foram exorcizados por 12 sacerdotes católicos, a maioria em Denham, no Condado de Buckingham. 15 anos mais tarde, Bancroft e Harsnett decidiram investigar. 3 dos endemoninhados, Ana Smith, Sara Williams e Ricardo Mainy alegaram sofrer de histeria na época de suas supostas possessões[377]. Para Harsnett, o fato de estarem realmente sofrendo de histeria tornou o oportunismo dos sacerdotes exorcistas ainda maior:

---

376. Cf. uma análise abrangente do caso de Ana Gunter em SHARPE, J. *The Bewitching of Anne Gunter*. Londres: Profile, 1999.
377. BROWNLOW, F.W. *Shakespeare, Harsnett, and the Devils of Denham*. Op. cit., p. 223, 349, 381, 386, 401, 409.

deixe-os virar uma nova página que seja em Sprenger, Níder, Mengo ou Tireu e ver como descobrir um demônio na epilepsia, na histeria, na cólica, na convulsão, na dor ciática ou na gota, e então aprender um encantamento, um amuleto, o talismã de um padre, e obterão mais fama e dinheiro em uma semana do que ganham agora em um ano com todo o seu árduo trabalho[378].

Ao lado da histeria, a epilepsia também foi muitas vezes encarada como possível explicação natural para sintomas demoníacos. Quando começou a enfermidade de Tomás Darling, muitos acreditaram que ele estivesse sofrendo de epilepsia, "em razão de não se tratar de um distúrbio contínuo, mas de vir em surtos, com pasmo repentino, um debater-se e lutar com muita violência, e cair no chão com vômitos inflamados"[379]. Certamente epilepsia e possessão têm sintomas comparáveis – cair subitamente no chão, ranger os dentes, espumar pela boca, violência autoinfligida, privação dos sentidos e inchaço do corpo[380].

O diagnóstico de uma doença natural não implicava necessariamente a negação de um envolvimento demoníaco. A linha entre doença "natural" e causa demoníaca não estava tão nitidamente traçada. Assim, para alguns, as doenças naturais em geral tinham uma causa demoníaca[381]. Outros viam esses que sofriam de doenças naturais como bons candidatos para infecção pelo Diabo. O médico holandês Levino Lêmnio acreditava ser frívolo atribuir as causas de uma enfermidade a espíritos maus. Mas ele admitia que o Diabo podia piorar os padecimentos naturalmente

---

378. Ibid., p. 225.
379. [ANÔNIMO]. *The Most Wonderful and True Storie, of a Certaine Witch Named Alse Gooderidge*. Op. cit., p. 1.
380. Cf. uma lista contemporânea de sintomas da epilepsia em WILLIS, T. *The London Practice of Physick*. Londres, 1685, p. 239.
381. P. ex., MASON, J. *The Anatomie of Sorcerie*. Londres, 1612, p. 41-42.

causados[382]. O autor de *Religio medici* [Religião de médico], Tomás Browne, atestou em um julgamento por bruxaria na Inglaterra no ano de 1664 que os surtos de algumas fêmeas "são naturais e não passam do que chamam de [sufocação d]a mãe, só que intensificada excessivamente pela sutileza do Diabo em cooperação com a malícia daquelas que denominamos bruxas"[383]. Na Nova Inglaterra do final do século XVII, Cotton Mather acreditava "que os anjos maus frequentemente se aproveitam de distúrbios naturais nas crianças humanas para molestá-las com outras travessuras que chamamos de sobrenaturais"[384].

A possessão demoníaca frequentemente também era associada à melancolia, igualmente uma enfermidade que cobria uma vasta gama de sintomas. O pastor presbiteriano Ricardo Baxter acreditava que Satanás usou a melancolia para levar os humanos ao desespero e ao suicídio[385]. Para Roberto Burton, a própria melancolia religiosa era causada pelo Diabo e a possessão demoníaca estava incluída em suas categorias de doenças mentais. Ele escreveu o seguinte: "O último tipo de loucura ou melancolia é a da obsessão ou possessão demoniacal (se é que posso chamá-la assim), uma possessão que *Platero* e outros considerariam sobrenatural: coisas estupendas são ditas deles, de seus atos, gestos, contorções, jejum, profecias, falar línguas que nunca lhes foram ensinadas etc".[386]

---

382. LEMNIUS, L. *The Secret Miracles of Nature*. Op. cit., p. 86-89.
383. KARLSEN, C. *The Devil in the Shape of a Woman*: Witchcraft in Colonial New England. Nova York: Vintage Books, 1989, p. 234.
384. Ibid., p. 233.
385. BAXTER, R. *The Certainty of the World of Spirits*. Londres, 1691, p. 173.
386. FAULKNER, T.C. et al. *Robert Burton*: The Anatomy of Melancholy. Oxford: Clarendon, 1989, p. 1.135-1.136.

Houve ocasiões em que se acreditava que quem sofria do que Burton diagnosticaria como melancolia religiosa (e nós diagnosticaríamos como depressão clínica) estavam possuídos pelo Diabo. Impulsos suicidas eram vistos como evidência de atividade demoníaca. Em agosto de 1590, por exemplo, João Dee diagnosticou Ana Frank, uma suicida em sua família, como possuída por um espírito mau[387]. Suas tentativas de exorcizar o espírito foram vãs; ela morreu no final de setembro, tendo cortado sua garganta. Impulsos suicidas são comuns entre os que não eram apenas melancólicos, mas também mostravam sintomas de possessão.

Para aqueles que tinham uma maneira de pensar mais "secular", a noção de que uma enfermidade podia ser tanto "natural" quanto causada por Satanás era inaceitável e os sintomas de possessão demoníaca eram totalmente subsumidos nos da melancolia ou outras doenças físicas ou mentais. Em seu livro *O tesouro de Euônimo*, de 1559, Conrado Gesner prescreveu um pó como cura para endemoninhados: "Muitos também que são linfáticos, isto é, loucos ou melancólicos, a respeito dos quais comumente se acreditava que eram afetados por demônios, nós curamos com o mesmo"[388]. Em 1601, os anglicanos João Deacon e João Walker incluíram a melancolia, ao lado da histeria e da epilepsia, entre as causas dos sintomas de possessão demoníaca[389]. Seu colega Samuel Harsnett concordou: "Um antigo aforis-

---

387. HALLIWELL, J.O. *The Private Diary of John Dee*. Londres: Camden Society, 1842, p. 35-36.
388. GESNER, K. *The Treasure of Euonymus*. S.l., 1559, p. 331. Apud KOCHER, P.H. "The Idea of God in Elizabethan Medicine". In: *Journal of the History of Ideas*, vol. 51, 1950, p. 21.
389. DEACON, J. & WALKER, J. *Dialogicall Discourses of Spirits and Divels*. Londres, 1601, p. 206-208. Cf. tb. WALKER, D.P. *Unclean Spirits*: Possession

mo dos filósofos é '*cerebrum melancholicum est sedes daemonum*' (um cérebro melancólico é cadeira cativa do demônio)"[390].

De sua parte, Samuel Harsnett via manifestações de possessão como reflexo de qualquer quantidade de enfermidades. Ele escreveu:

> Se alguém tem uma garota ociosa ou rabugenta, e uma ajudinha da histeria, epilepsia ou cólica a ensina a revirar os olhos, torcer a boca, ranger os dentes, fazer coisas chocantes com o corpo, manter os braços e as mãos rígidos, fazer caretas, trejeitos, poses e esfregar as mãos como um macaco, tombar como um ouriço e conseguir murmurar duas ou três palavras desconexas, como *obus, bobus* e, então alguma anciã distinta a chamar por acaso de jovem dona de casa ociosa ou mandar o diabo arranhá-la, então, sem dúvida, a anciã distinta é a bruxa e a garota está enfeitiçada e possessa[391].

Sem negar a realidade do reino demoníaco, Deacon e Walker, a exemplo de Harsnett, tentaram introduzir uma cunha anglicana de secularismo entre papistas e puritanos. Eles declararam que relatos de feitos raros e estranhos não provêm do diabólico, mas de causas médicas, "da *melancolia* descontrolada, da *mania*, da *epilepsia*, da *demência*, de *convulsões*, da *histeria*, das *obstruções menstruais* e diversas outras *enfermidades ultrajantes*"[392].

Medicar a possessão demoníaca foi um primeiro sinal de mudança significativa na primeira fase da demonologia moderna. De um lado, ela sinalizou a crescente predominância de uma nova compreensão de possessão demoníaca, uma que não im-

---

and Exorcism in France and England in the Late Sixteenth and Early Seventeenth Centuries. Op. cit., p. 69-70.

390. BROWNLOW, F.W. *Shakespeare, Harsnett, and the Devils of Denham*. Op. cit., p. 304.

391. Ibid., p. 308-309.

392. DEACON, J. & WALKER, J. *Dialogicall Discourses of Spirits and Divels*. Op. cit., p. 206.

plicava a escolha entre apenas duas possibilidades – o Diabo ou fraude de parte do endemoninhado. O endemoninhado doente e, por essa razão, iludido, passou a ter uma opção. Com efeito, os que estavam engajados em medicar o Diabo dentro da pessoa se debatiam com uma nova compreensão do que deveria ser considerado como no domínio da natureza e lutavam contra a possibilidade de continuar incluindo o demoníaco no "natural". Eles rumavam para a crença de que as explicações médicas e as diabólicas não podiam mais ser mantidas ao mesmo tempo. Era preciso fazer uma escolha – pela explicação médica ou pela diabólica, mas não mais por ambas.

## Demonologia forense

Mas, mesmo assegurada a capacidade de distinguir claramente o médico do demoníaco, os endemoninhados fraudulentos eram uma opção sempre presente. Diante de dúvidas diagnósticas e a possibilidade de falsários e charlatães, tornou-se crucial estabelecer critérios claros de possessão satânica. Os sinais de possessão nos e dentro dos corpos dos possessos forneciam a evidência de que Satanás fixou residência dentro deles. Assim, o detalhamento dos critérios de possessão e a evidenciação de que os endemoninhados preencheram os critérios são características comuns de textos empenhados em estabelecer a autenticidade de qualquer possessão em particular.

Esses textos pelo menos mostravam que o Diabo era coerente. As manifestações de possessão demoníaca pouco diferiam de uma idade para outra e de um gênero para outro. Assim, endemoninhados masculinos exibiam o mesmo comportamento dos femininos e endemoninhados mais velhos tinham o mesmo repertório dos mais jovens. Embora o comportamento dos endemoninhados fosse nuançado de acordo com as fidelidades denominacionais dos possessos, as mesmas características gerais de possessão eram evidentes entre os atormentados nos casos de protestantes e católicos ingleses e, pode-se acrescentar, de modo geral nos contextos católico e protestante europeus. Ademais, no período de 1500 a 1700 não houve mudanças perceptíveis na natureza das possessões. O que fica claro é que crianças e adolescentes eram mais inclinados à possessão do que adultos.

A possessão fornecia uma desculpa para o comportamento ultrajante e o atenuante completo para ela. Longe de ser condenado, o endemoninhado era tratado com simpatia e interesse. Afinal, era o Diabo que estava-o forçando a fazer aquilo. A linguagem dos endemoninhados muitas vezes era claramente obscena – pelo menos para ouvidos setecentistas. Ocasionalmente, mesmo que fosse raro, o comportamento deles também era assim. Guilherme Sommers, por exemplo, ultrapassou os limites que separam o humano do bestial ao tentar montar uma cadela[393]. O Diabo também deslocava os limites da blasfêmia. A jovem inglesa Joana Harvey às vezes cuspia ao ouvir o nome de Jesus e blasfemava contra Deus, dizendo: "Deus é um homem bom e eu posso fazer tanto quanto Ele; não estou nem aí para Jesus etc."[394]

Do outro lado do Canal da Mancha, em Loudun, os sintomas em um grupo de monjas possuídas na década de 1630 foi típico, embora tivesse uma carga sexual muito maior (o que não era incomum em endemoninhados femininos católicos

---

393. DARRELL, J. *The Doctrine of the Possession and Dispossession of Demoniakes*. S.l., 1600, p. 10.

394. EWEN, C.l'E. *Witchcraft and Demonianism*. Londres: Heath Cranton, 1933, p. 191.

de modo geral). Elas ultrapassaram os limites traçados tanto a monjas quanto a mulheres em geral. De acordo com um relato de 1634, *La veritable histoire des diables des Loudun* (*A verdadeira história dos diabos de Loudun*), aquelas monjas davam provas diárias de sua possessão:

> Elas golpeavam o peito e as costas com sua cabeça como se tivessem o pescoço quebrado, e faziam isso com rapidez inimaginável; elas retorciam seus braços nas articulações dos ombros, do cotovelo e do pulso dando duas ou três voltas; deitadas de barriga para baixo, elas juntavam as palmas das suas mãos com as solas dos seus pés; seus rostos ficavam tão medonhos, que não era possível ficar olhando para eles; seus olhos ficavam abertos sem piscar; sua língua saía repentinamente de sua boca, horrivelmente inchada, preta, dura e coberta de espinhas, e mesmo nesse estado elas falavam de modo bem articulado; elas se inclinavam para trás até sua cabeça tocar seus pés e caminhavam nessa posição com extraordinária rapidez e por longo tempo. Elas emitiam gritos tão horríveis e tão ruidosos como nunca se tinha ouvido antes; faziam uso de expressões tão indecentes que faziam corar até o mais pervertido dos homens, enquanto seus atos, tanto em expor a si mesmas quanto em convidar os presentes a um comportamento obsceno, teriam causado espanto aos frequentadores dos mais reles bordéis do país; elas proferiam maldições contra as três pessoas divinas da Trindade, juramentos e expressões blasfemas tão execráveis, tão inauditas, que não poderiam ter ocorrido desse modo à mente humana. Elas costumavam ficar em vigília sem descanso e jejuar durante 5 ou 6 dias de cada vez ou ser torturadas 2 vezes por dia por várias horas, como descrevemos, sem dano para sua saúde[395].

Os sinais se multiplicavam e o repertório do Diabo crescia. Francisco Guazzo listou 47 sinais de possessão para distingui-los

---

395. LEVACK, B.P. (ed.). *The Witchcraft Sourcebook*. Op. cit., p. 257.

de outros 20 sinais que indicavam enfeitiçamento[396]. O exorcista italiano Zacarias Visconti citou 21 "sinais de alguém possuído por um espírito mau"[397]. Dos depoimentos dados no julgamento de Guilherme Sommers, o autor de *Uma breve narração*, de 1598, produziu uma lista de 23 critérios "provando que Guilherme Sommers de Nottingham, com 20 anos de idade, estava possuído por Satanás e não simulou, como alegam alguns"[398].

Talvez não seja surpreendente que muitos desses critérios tenham sido fornecidos pelas evidências de possessão em endemoninhados no Novo Testamento. João Darrell, por exemplo, apontou para "gritar, ranger os dentes, chafurdar na lama, espumar, força extraordinária e sobrenatural, conhecimento sobrenatural, e vários outros atos até o número de 18"[399]. Em adição aos listados acima, os textos bíblicos também incluíram violência contra si mesmo e contra outros, incapacidade de ouvir e falar, entrar em estados comatosos e definhamento, nudez, morar entre túmulos e em lugares desertos. Desses, somente os 2 últimos deixaram de ocorrer entre os endemoninhados do início da Era Moderna.

Os sinais bíblicos de possessão não foram os únicos nem foram considerados definitivos. Reconheceu-se que alguns dos sinais bíblicos de atividade demoníaca podiam aparecer entre aqueles que sofriam de enfermidades naturais e outros podiam

---

396. ASHWIN, E.A. (trad.). *Francesco Maria Guazzo*: Compendium maleficarum. Op. cit., p. 167-169.

397. MAXWELL-STUART, P.G. *The Occult in Early Modern Europe*: A Documentary History. Op. cit., p. 46.

398. [ANÔNIMO]. *A Breife Narration of the Possession, Dispossession, and, Repossession of William Sommers*. Londres, 1598, sig. E.3.r-v.

399. DARRELL, J. *An Apologie, or Defence of the Possession of William Sommers*. Amsterdã [?], 1599[?], p. 9.

ser simulados com certa facilidade. Constatou-se que o Diabo ampliou seu repertório desde os tempos bíblicos e que sua criatividade foi convertida em virtude teológica. Assim, por exemplo, o autor de *Uma breve narração*, de 1598, argumentou a favor da necessidade de sinais de possessão diferentes e menos ambíguos: "Porém, vendo que os homens se tornaram mais incrédulos nesse assunto do que eram antes, aprouve a Deus dar ainda outros sinais além dos sinais de possessão mencionados na Escritura, mais em função de tornar suas obras gloriosas tanto mais manifestas e certas"[400].

Para muitos, os sinais "sobrenaturais" de possessão – os que pareciam ir além da natureza – eram os sinais definidores. O conhecimento sobrenatural ou a clarividência, conhecimento de outras línguas, levitação, batidas, cheiros, evidência de coisas vivas debaixo da pele dos possuídos, vomitar objetos estranhos, todos eles eram vistos como provas incontroversas de possessão, já que, pelo menos aparentemente, resistiam a uma explicação natural.

Em particular, a capacidade de falar sem mexer a boca, os lábios ou a língua, geralmente a partir do estômago (ventriloquismo), reforçava a crença de que, nesse caso, a fonte da voz não era o endemoninhado, mas o Diabo. Não só os olhos, mas também os ouvidos das testemunhas constatavam a presença do demoníaco, pois os endemoninhados falavam em tons diferentes de sua voz normal. Para seus descendentes teatrais "secularizados", os "bonecos" de ventríloquo, o propósito era persuadir os espectadores de que o movimento dos seus lábios expressava os próprios pensamentos, e não os de outro. Diferentemen-

---

400. [ANÔNIMO]. *A Breife Narration of the Possession, Dispossession, and, Repossession of William Sommers.* Op. cit., sig. B.3.v.

te dos seus equivalentes de madeira, os "bonecos" demoníacos não moviam seus lábios. Por isso, para o espectador, a voz que vinha de dentro expressava os pensamentos de outra presença dentro do possesso – os do Diabo. A disjunção de voz e corpo e a consequente convicção de que, nesse caso, tratava-se de uma voz (ou de vozes) dos domínios do inferno, sem dúvida era reforçada quando uma voz com um timbre masculino surdo, profundo e grave provinha de um corpo feminino ou do corpo de um menino. Joice Dovey, por exemplo, falou "em um tom mais alto e mais grave do que o de sua fala ordinária e, quando falava, ela tinha uma aparência feroz e alguma coisa grande lhe subia pela garganta, geralmente acompanhada de palavrões"[401]. Em 1533, Tomás Cranmer escreveu a respeito de uma criada, de cujo ventre se ouvia uma voz que, "quando dizia qualquer coisa a respeito das alegrias do céu, o fazia com uma voz tão doce e celestial, que cada qual ficava extasiado de ouvir a respeito; e, pelo contrário, quando dizia qualquer coisa a respeito do inferno, o fazia de modo tão horrível e terrível, que metia muito medo nos ouvintes"[402].

O corpo passivo geralmente era sinal da presença do demoníaco. Estar possuído pelo Diabo era estar fechado para sensações, impermeável ao mundo exterior. Assim, Guilherme Sommers esteve deitado frio como gelo, como se estivesse morto, "insensível e mudo, seus olhos saltando de sua cabeça como nozes, sua face enegrecida de maneira estranha e todos os seus membros e as partes do seu corpo instantaneamente frias pelo intervalo de

---

401. [ANÔNIMO]. *A Strange and True Relation of a Young Woman Possest with the Devill by Name Joyce Dovey.* Londres, 1647, p. 2.
402. COX, J.E. *The Works of Thomas Cranmer.* Cambridge: Cambridge University Press, 1844, p. 243.

uma hora"[403]. Quase um século mais tarde, em 1698, Cristiana Shaw "ficou muda, surda e cega". A exemplo de muitos outros endemoninhados, sua língua ficou imobilizada, "esticada a um comprimento prodigioso por cima do queixo"[404].

Também se pensava que os endemoninhados fossem insensíveis à dor e que não sangrassem enquanto se encontravam em estado de transe. Certamente essa foi uma maneira de testar sua autenticidade. No caso de Guilherme Sommers, por exemplo, "alfinetes eram enfiados profundamente em sua mão e perna para testar se ele estava simulando. Mas ele não sentia nada nem corria sangue"[405]. A respeito de Catarina Waldron, visitada pelo Rei Jaime por volta de 1597, contou-se que "ela teria suportado tormentos requintados, como ter alfinetes enfiados em sua carne e até debaixo das unhas"[406]. Maria Glover demonstrou sua insensibilidade ao não esboçar reação quando alfinetes quentes foram encostados em sua bochecha e perto do seu olho, e quando foi queimada com papel em chamas em cinco lugares[407].

O fechamento dos corpos dos endemoninhados para o mundo exterior era frequentemente reforçado por uma recusa ou incapacidade de comer – uma espécie de anorexia nada santa. O maxilar firmemente cerrado dos possessos era um sinal visível da maldade de Satanás. O distúrbio alimentar de Elisabete

---

403. [ANÔNIMO]. *A Breife Narration of the Possession, Dispossession, and, Repossession of William Sommers*. Op. cit., sig. D.1.r.
404. GRANT, F. [Lorde Cullen]. *Sadducismus Debellatus*. Londres, 1698, p. 17.
405. [ANÔNIMO]. *A Breife Narration of the Possession, Dispossession, and, Repossession of William Sommers*. Op. cit., sig. B.1.v.
406. HALLIWELL, J.O. *Letters of the Kings of England*. Londres: H. Colburn, 1848, p. 124.
407. BRADWELL, S. "Mary Glovers Late Woeful Case, Together with her Joyfull Deliverance". Op. cit., p. 21.

Throckmorton avançou a ponto de seus maxilares ficarem tão fortemente cerrados, que ela não conseguia mais beber leite por um cálamo empurrado entre seus dentes[408]. De modo similar, Maria Glover não comeu durante 18 dias, "a não ser por meio de injeção ou empurrando à força goela abaixo com uma colher e, embora fosse sempre um pouquinho de cada vez, havia enorme resistência em fazer a comida descer em razão de tudo isso"[409]. Parece que a endemoninhada luterana Judite Klatten não comeu durante quase 5 anos, embora ela própria alegasse que "homenzinhos delgados e criadas vestindo belos ornamentos [...] lhe traziam a comida que estivessem cozinhando em casa ou assando em algum outro lugar"[410].

Satanás fixava residência no lugar de onde falava. Assim, não é de surpreender que ele controlasse o que entrava no estômago. Nem é surpresa que um sinal da presença do Diabo era a regurgitação de objetos que ele presumivelmente havia trazido com ele. Sem dúvida, esta era uma das evidências mais exóticas de ele ter fixado residência dentro do endemoninhado. Em 1616, João Cotta, por exemplo, relatou que o possesso havia sido visto "vomitar ferro recurvo, carvão, enxofre, pregos, agulhas, alfinetes, pedaços de chumbo, cera, palha e similares"[411]. Ele via isso como um dos efeitos sobrenaturais assegurados da possessão. A essa lista Guilherme Drage acrescentou facas, tesouras, ovos inteiros, rabos

---

408. [ANÔNIMO]. *The Most Strange and Admirable Discoverie of the Three Witches of Warboys, Arraigned, Convicted, and Executed at the Last Assises at Huntington*. Op. cit., sig. C.4.v.

409. BRADWELL, S. "Mary Glovers Late Woeful Case, Together with her Joyfull Deliverance". Op. cit., p. 4.

410. MIDELFORT, H.C. "The Devil and the German People: Reflections on the Popularity of Demon Possession in Sixteenth-Century Germany". Op. cit., p. 99.

411. COTTA, J. *The Triall of Witch-craft*. Londres, p. 76.

de cachorro, pedaços de seda, enguias vivas, grandes nacos de carne, ossos e pedras, madeira, ganchos e cubos de salitre, tanto vomitados quanto "evacuados com as fezes"[412]. O repertório de Ana Gunter era limitado a alfinetes, mas ela conseguia vomitá-los não só pela boca, mas também pelo nariz, extraí-los do peito e pela urina[413]. Cristiana Shaw, de 11 anos de idade, só vomitava, mas sua lista de objetos era vasta – cabelo de diferentes cores, enrolado, trançado e preso, pedaços de carvão em brasa do tamanho de nozes, palha e alfinetes, bastões e ossos, feno misturado com esterco, como se fosse de uma esterqueira, penas, pedras, pedaços de parafina e cascas de ovo[414].

## Além dos limites do humano

Como vimos, o Diabo frequentemente era percebido como uma mistura de humano e animal e os espíritos maus apareciam em forma animal. Apesar de o Diabo estar dentro, suas visões externas eram comuns entre endemoninhados, não só no início da possessão, mas também durante toda a duração dela. Os demônios com frequência apareciam em forma animal como ratos, gatos e cães; ocasionalmente como pássaros e até como ursos. Eles se manifestavam para alguns como homens negros, com frequência como crianças de cor negra, branca ou vermelha. Assim, Margarete Byrom ficou "seriamente incomodada e extremamente assustada com uma visão terrível [...] como um anão preto imundo, com metade do rosto, os cabelos compri-

---

412. DRAGE, W. *Daimonomageia*. Londres, 1665, p. 5.
413. SHARPE, J. *The Bewitching of Anne Gunter*. Op. cit., p. 44, 172, 184.
414. GRANT, F. [Lorde Cullen]. *Sadducismus Debellatus*. Op. cit., p. 3ss., 15, 33.

dos desgrenhados, as mãos grandes e os pés pretos fendidos"[415].
Em 31 de agosto de 1590, Elisabete Throckmorton alardeou de modo pungente que tivera uma visão da mãe Samuel com uma criança negra sentada sobre seu ombro[416].

Os possessos com frequência se comportavam como animais. Ao fazer isso eles encarnavam o domínio demoníaco. Devido ao fato de o demoníaco e o animal se sobreporem, ao ocupar o terreno fronteiriço entre o humano e o animal os possessos ameaçavam a distinção essencial entre o animal e o humano estabelecida por Deus no Jardim do Éden. Para os espectadores, os possessos de fato pareciam imitar atos de animais. Seu comportamento era descrito nesses termos; a respeito deles foi dito que latiram, ronronaram e miaram, que coaxaram como rãs, cantaram como galos, urraram como ursos e grunhiram como porcos. A exemplo dos loucos, eles perderam sua identidade humana. Eles corriam por toda parte de quatro, caminhavam como aranhas, arranhavam e mordiam a si próprios, rosnavam, ganiam, uivavam e mordiam como cachorros loucos, saltavam como rãs e pulavam como cabras.

O Diabo dentro deles também desfigurava os traços faciais dos possessos para além do que parecia ser humanamente possível. Dizia-se que a cabeça deles fazia um giro de 180 graus e balançava prodigiosamente. Seu maxilar ficava deslocado e sua face ficava preta. Seus olhos ficavam saltados como se estivessem apoiados em hastes ou se afundavam em suas órbitas, e às vezes até mudavam de cor. Sua boca ficava torta. Alguns forçavam seu

---

415. MORE, G. *A True Discourse Concerning the Certain Possession and Dispossession of 7 Persons in one Family in Lancashire*. Londres, 1600, p. 29.
416. [ANÔNIMO]. *The Most Strange and Admirable Discoverie of the Three Witches of Warboys, Arraigned, Convicted, and Executed at the Last Assises at Huntington*. Op. cit., sig. C.4.r.

queixo para cima até encostarem na testa, outros tinham línguas comprida como bezerros. Seu corpo era capaz de contorções e acrobacias extremas. Eles repicavam como bolas, voavam por cima da cabeceira da cama, rolavam pelo recinto como argolas, debatiam-se como peixe em terra seca e subiam pelas paredes e pelo teto de cabeça para baixo.

Era perigoso tê-los por perto; eles eram violentos e imprevisíveis. Era violência combinada com força extraordinária. Como evidenciado nas Escrituras, a força era um dos sinais certos de possessão. Em seus ataques, Guilherme Sommers parecia ser mais forte do que 4 ou 5 homens. 2 ou 3 homens fortes dificilmente conseguiriam segurar os 4 mais jovens dentre os 7 de Lancashire nem Guilherme Perry de 12 anos de idade. Um homem forte não foi capaz de acorrentar Jane Throckmorton de 9 anos de idade.

A teologia da possessão também era complexa e caótica. Todos estavam de acordo que só com a permissão divina o Diabo era capaz de entrar em quem quer que fosse. Essa era uma consequência simples da doutrina da soberania de Deus. O demonologista francês João Bodin declarou: "Também pode ocorrer que Satanás seja enviado por Deus; já que, com certeza, toda punição vem dele"[417]. Em contraposição, tanto os próprios possessos quanto os envolvidos na sua libertação estavam aptos a dar a firme impressão de que, ao menos no caso deles, o Diabo estava firmemente sob controle ou, pelo menos, que Deus e o Diabo estavam envolvidos em uma batalha que qualquer um deles podia ganhar.

---

417. SCOTT, R.A. (trad.). *On the Demon-Mania of Witches*. Op. cit., p. 169.

Como vimos, essa era uma ambivalência insolúvel no centro do próprio cristianismo. Satanás era tanto emissário divino quanto inimigo de Deus. Esse era um paradoxo frequentemente presente na literatura de bruxaria e possessão. Assim, por exemplo, Levino Lêmnio informou seus leitores de que Deus acena nas feridas provocadas nos humanos pelo Diabo; de fato, Ele "em parte instiga os diabos e seus instrumentos a despejar sua fúria contra muitos que mereceram ser punidos dessa maneira"[418]. Lêmnio também lembrou-os de que, sendo o principal propósito de Satanás desfazer a glória de Deus, ele ataca o ser humano, tanto dentro quanto fora, "e às vezes ele cria problemas para o corpo, às vezes para a alma e às vezes para ambos, visando a sua destruição"[419].

O assunto se tornava ainda mais complexo pela possibilidade de dois modos de possessão. Num dos casos, o endemoninhado era possuído em consequência da ação direta de Satanás; no outro, em consequência da presença da bruxaria. A diferença tinha consequências morais importantes. Em geral, onde o Diabo havia entrado diretamente no corpo do endemoninhado, isso decorria do pecado deste. Em última análise, os possessos eram responsáveis por sua condição. Assim, no caso de Alexandre Nyndge, seu corpo possuído era o sinal da pecaminosidade dele e o Diabo era o emissário de Deus. Assim, a narrativa de Alexandre funcionou como um lembrete aos seus leitores da necessidade de um autoexame moral rigoroso para evitar a punição de Deus[420]. No caso de Guilherme Sommers, Deus usou

---

418. LEMNIUS, L. *The Secret Miracles of Nature.* Op. cit., p. 385.
419. Ibid., p. 386.
420. [ANÔNIMO]. *A True and Fearefull Vexation of One Alexander Nyndge.* Op. cit., sig. A.3.r.

seu corpo endemoninhado para revelar os pecados da comunidade inteira: "Quando Sommers começou com seu gestual, o Mestre Darrell afirmou que se tratava dos sinais com que o Diabo mostrava os pecados que reinavam em Nottingham, e ele próprio interpretou alguns deles [...]. Com essa conduta, as pessoas ficaram estupefatas ao pensarem que o Diabo estava pregando desse modo entre eles e ao perceberem os pecados que reinavam naquela cidade"[421].

Em contraste, quando o Diabo obteve acesso em decorrência de bruxaria, era mais provável que o endemoninhado fosse idealizado como vítima inocente das maquinações de uma bruxa. Diante disso, dificilmente será motivo de surpresa que aqueles que eram possessos e suas famílias estivessem inclinados a apontar o dedo para responsabilizar alguém diferente. As acusações de bruxaria eram a norma, mais do que a exceção. Visto que as bruxas tinham o poder de mandar o Diabo entrar nos seus inimigos, não causa surpresa que os possessos pelo demônio buscassem a causa do seu sofrimento nos *maleficia* das bruxas, e não nos próprios pecados. A era áurea da possessão também foi a das bruxas. Assim, bruxaria e possessão demoníaca criaram um círculo particularmente vicioso e danoso.

Para os acusados de mandar o Diabo entrar nos possessos, as consequências eram sérias e costumavam ser fatais. Em decorrência das acusações das monjas possessas de Loudun, o sacerdote local, Urbano Grandier, foi queimado na fogueira em 1634[422]. Alice Samuel, sua filha Agnes e seu marido João foram

---

421. HARSNETT, S. *A Discovery of the Fraudulent Practices of John Darrel*. Londres, 1599, p. 117.
422. CERTEAU, M. *The Possession at Loudun*. Chicago: University of Chicago Press, 2000.

enforcados juntos em Huntingdon em decorrência das acusações de feitiçaria feitas pelas crianças Throckmorton. Com base na palavra de Tomás Darling, Alice Gooderidge foi presa e morreu na prisão. Edmundo Hartley, um inglês muito sagaz, foi enforcado duas vezes; na segunda vez com êxito. As acusações de Guilherme Sommers levaram 13 pessoas a comparecer diante do tribunal. Elisabete Jackson foi indiciada por bruxaria com base nas acusações de Maria Glover. A culpa pela enfermidade de Margarete Muschamp foi posta em várias pessoas, mas só Doroteia Swinow, que havia tido uma história de más relações com a mãe de Margarete, acabou sendo indiciada. Em 1616, 9 mulheres foram enforcadas em consequência das acusações de Henrique Smith de que elas mandaram seus espíritos familiares atormentá-lo.

## Exorcizando o Diabo

Seja como emissário de Deus ou como agente de uma bruxa, o Diabo era um hóspede indesejado. E, a exemplo de hóspedes indesejados de modo geral, ele tinha a tendência de ficar por longo tempo e era difícil se livrar dele. Assim, por exemplo, a monja ursulina de Loudun, Madre Joana dos Anjos, esteve possessa de 1632 a 1638; Maria des Vallées, a assim chamada santa de Coutances, de 1609 a 1655; Judite Klatten, a menina luterana do povoado alemão de Helpe, esteve possessa por quase 5 anos.

A Inglaterra protestante não presenciou a rotinização e a ritualização da possessão que ocorreu na França católica. Ainda assim, possessões que duraram meses ou até anos eram comuns, embora às vezes com períodos de interrupção. Os Throckmortons estiveram possessos por 3 1/2 anos, até abril de 1593; os 7 de Lancashire, de fevereiro de 1595 a março de 1597, com

18 meses de interrupção durante esse tempo. Os problemas de Margarete Muschamp duraram de agosto de 1645 a fevereiro de 1648; os de Jaime Barrow por cerca de 2 anos[423].

As permanências prolongadas do Diabo não se davam por falta de tentativas de se livrar dele. Os endemoninhados católicos eram submetidos a longos e complexos rituais de exorcismo. Até o final do século XVI, tratava-se bem mais de uma questão de improvisação que, em decorrência da dificuldade de distinguir exorcismo de invocação, com frequência levou a suspeitas de que o exorcista estivesse mancomunado com o Diabo. Porém, a proliferação de possessões pelo Diabo gerou a demanda por manuais de exorcismo, tanto para legitimar a realidade da possessão demoníaca e o papel do exorcista quanto para gerenciar formalmente as técnicas de libertação de Satanás. Esses manuais eram do gênero "Aprenda exorcismo por si mesmo". Como formulou o subtítulo da mais autoritativa das coletâneas de ritos de exorcismo, o *Thesaurus exorcismorum,* de 1608: "Tesouro dos mais terríveis, poderosos e eficazes exorcismos e conjurações com o método mais comprovado de expulsar espíritos maus, demônios e todos os maus encantamentos de corpos humanos possessos como se fossem expelidos por chicotes e porretes"[424].

Estava incluído nessa coletânea o *Flagellum daemonum (Flagelo dos demônios)*, de 1578, o mais bem-sucedido manual de exorcismo do seu tempo, escrito pelo franciscano italiano Girolamo Menghi (1529-1609). Ele continha uma série complexa de 7 exorcismos, compreendendo tanto fórmulas verbais quanto

---

423. [ANÔNIMO]. *Wonderfull Newes from the North.* Londres, 1650. • [BARROW, J.]. *The Lord's Arm Stretched Out.* Londres, 1664.
424. FERBER, S. *Demonic Possession and Exorcism in Early Modern France.* Londres: Routledge, 2004, p. 67.

atos litúrgicos. Estes consistiam de ritos com o uso contínuo do sinal da cruz, a imposição de mãos, aspersão do endemoninhado com água-benta, a apresentação do crucifixo, fumigação do endemoninhado e do Diabo de posse dele com enxofre, a queima de uma gravura do demônio autor da possessão e o uso de ervas para fumigar e causar vômito – arruda, endro, alho, olíbano e hipérico. A esses meios estavam associados o uso de orações, a leitura da Bíblia (especialmente do primeiro capítulo do Evangelho de João), perguntar o nome dos demônios e de seus companheiros, interrogatório dos demônios e adjurações para eles partirem. O exorcista precisava se assegurar de que os demônios seriam expulsos de cada parte do corpo do possesso: "Saiam, pois, em nome do eterno Deus, da cabeça, do cabelo, do topo da cabeça [...], dos joelhos, das pernas, das partes íntimas", e assim por diante[425]. Onde o endemoninhado não tinha sido libertado e, por alguma razão, o exorcismo ainda estava por ser concluído, todos os demônios tinham de receber ordem de ir para as partes mais baixas do corpo, "como as unhas dos pés"[426].

De acordo com a prática protestante de evitar rituais elaborados e qualquer coisa que pudesse sugerir "magia sacerdotal", os exorcismos protestantes se constituíam de eventos muito menos enfeitados. Era, em primeira linha, uma questão de orar e jejuar. – No Novo Testamento há o precedente de oração e jejum como meio para libertar da possessão; diante da incapacidade dos seus discípulos de expulsar um espírito mau de um menino possesso, Jesus lhes explicou que "essa espécie [de demônio] não se pode expulsar senão pela oração e pelo jejum" (Mc 9,29).

---

425. PAXIA, G. (trad.). *The Devil's Scourge*: Exorcism during the Italian Renaissance. Boston: Weiser Books, 2002, p. 128.
426. Ibid., p. 185.

Para os protestantes, a afirmação bíblica de que só *essa espécie* é expulsa por meio de oração e jejum passou a englobar *todas as espécies* de espíritos maus. Era um regime que combinava com a espiritualidade protestante de modo mais geral, na medida em que períodos prolongados de oração e jejum eram características centrais de uma espiritualidade protestante em desenvolvimento durante aquele período e se acreditava que fossem meios eficazes para todo tipo de necessidades especiais.

Oração e jejum por libertação de demônios rimavam com a aceitação teológica de que tal libertação era da alçada de Deus. Porém, havia também a convicção razoável de que períodos prolongados de oração poderiam desgastar o Diabo até que ele finalmente se desse por vencido e partisse. Para os envolvidos, o fato de oração e jejum funcionarem era uma prova convincente de que o protestantismo podia ser genuinamente competitivo com o catolicismo. Até entre os céticos havia reconhecimento suficiente de sua efetividade em enunciar uma explicação. Assim, para o médico Eduardo Jorden, oração e jejum eram remédios naturais, e não sobrenaturais. Ele declarou que, quando oração e jejum funcionam, "não é devido a alguma virtude sobrenatural contida neles, seja de Deus ou do Diabo [...], mas em razão da persuasão confiante de que pessoas melancólicas e fervorosas podem ter neles"[427]. Era uma visão que se atinha à crença médica comum da época no poder da imaginação sobre o corpo.

O próprio Diabo claramente se ressentia do primeiro modo de libertação – a oração. Quando o Dr. Dorington começou a orar pelas meninas de Throckmorton, "no mesmo instante, todas as crianças tiveram seus ataques [...], milagrosamente ator-

---

427. Apud MacDONALD, M. (ed.). *Witchcraft and Hysteria in Elizabethan London*. Op. cit., p. 28.

mentadas como se tivessem sido despedaçadas"[428]. Quando o bispo orou com João Harrison, "o menino ficou tão indignado, que voou para fora de sua cama, assustando tanto os acompanhantes do bispo, que um deles desmaiou"[429]. Outros reagiam com veemência às palavras "Deus", "Cristo" ou "Jesus".

Nos exorcismos protestantes, oração e jejum estavam entremeados com pregação e leitura da Bíblia. Sendo o objeto cúltico principal no protestantismo, a Bíblia provocava a fúria do demônio dentro da pessoa. O exorcista Jessé Bee viu a reação do Diabo à sua leitura da Bíblia na presença de Tomás Darling como um meio de inspirar a "atenção devida e divina" pela Bíblia entre os espectadores[430]. Bee desafiou Satanás para a batalha por meio da leitura do primeiro capítulo do Evangelho de João. Durante a leitura, Darling ficou atormentado, com frequência no quarto versículo, mas também no nono, no décimo terceiro, no décimo quarto e no décimo sétimo. Em outras ocasiões, ele tinha ataques no quinto versículo do primeiro capítulo do Livro de Apocalipse e nos versículos 12 e 25 do capítulo 12 do Evangelho de João[431].

Ainda assim, apesar das preocupações com a magia sacerdotal, até na demonologia protestante a palavra impressa tinha um poder quase mágico. Quando Maria Hall foi ler a Bíblia, os dois espíritos que a possuíam disseram: "'Maria, não leia' ou 'Ma-

---

428. [ANÔNIMO]. *The Most Strange and Admirable Discoverie of the Three Witches of Warboys, Arraigned, Convicted, and Executed at the Last Assises at Huntington.* Op. cit., sig. B.3.r; cf. tb. sig. N.3.r.

429. CLARKE, S. *The Lives of Two and Twenty English Divines.* Londres, 1660, p. 189-190.

430. HARSNETT, S. *A Discovery of the Fraudulent Practices of John Darrel.* Op. cit., p. 288.

431. [ANÔNIMO]. *The Most Wonderful and True Storie, of a Certaine Witch Named Alse Gooderidge.* Op. cit., p. 13, 17, 19, 22.

ria, você não vai ler, pois os livros são todos contra nós'. Seu pai disse: 'Ela vai ler, apesar de todos os demônios', e foi isso que ela fez sempre sem interrupção; pois quando ela lia, não era incomodada"[432].

A violência diabólica com frequência também era provocada pela presença de objetos e rituais sagrados. Quando residia dentro de católicos, o Diabo era especialmente sensível, não só à hóstia eucarística, mas também a relíquias, à água-benta, ao sinal da cruz e à Bíblia. Essas reações a objetos e rituais sagrados atestava a presença do demoníaco. Ironicamente, em sua resposta aos objetos cúlticos e rituais do catolicismo, o Diabo era visto como legitimador da doutrina e prática católicas contra as alegações espúrias do protestantismo. Em contrapartida, ainda de acordo com o leque mais limitado da parafernália cúltica e dos rituais protestantes, a reação do Diabo aos objetos e rituais protestantes era mais restrita. De sua parte, o Diabo estava claramente mais inclinado a certo tipo de ecumenismo do que a católicos ou protestantes – ele desprezava todos eles.

O exorcista protestante João Darrell reconheceu o valor estratégico do exorcismo para sua causa puritana contra as alegações de Roma. Ele acreditava que a prática da oração e do jejum para expulsar demônios capacitaria mais efetivamente os protestantes para "calar a boca do adversário, atingindo o seu privilégio de expulsar demônios, de que tanto se gloriam, junto com seus outros milagres mentirosos"[433]. Ao promover a libertação dos endemoninhados, Deus parecia favorecer a causa puritana.

---

432. DRAGE, W. *Daimonomageia*. Op. cit., p. 33.
433. DARRELL, J. *An Apologie, or Defence of the Possession of William Sommers*, Amsterdã [?], 1599 [?], sig. F3.r.

Tão consciente do valor estratégico dos exorcismos quanto Darrell, mas tão cético quanto este era crédulo, o anglicano Samuel Harsnett suspeitou de um desfecho desastroso se os exorcismos protestantes se disseminassem: protestantes se voltariam contra protestantes, e não só contra católicos. Harsnett escreveu que, caso não se tivessem tomado medidas em relação a Darrell e afins, "teríamos muitos outros sinais fictícios de possessão: um Diabo teria enlouquecido ao ouvir o nome do pastor, outro ao ver um ministro que se recusa a assinar, outro ao ver homens sentados ou em pé durante a Comunhão"[434].

Os temores de Harsnett não se concretizaram realmente entre os endemoninhados protestantes. O Diabo dentro deles estava mais interessado em almas individuais do que em organismos eclesiásticos; sua presença era mais o desfecho do feitiço provocado por uma bruxa do que um símbolo de conflito entre ou dentro de grupos cristãos. Porém, as preocupações de Harsnett foram confirmadas no caso dos endemoninhados católicos. Harsnett estava familiarizado com a endemoninhada francesa Marta Brossier, pois Abraão Hartwell tinha publicado a tradução de um relato francês sobre Brossier em 1599, dedicada a Ricardo Bancroft, o então bispo de Londres e "chefe" de Harsnett[435]. O Diabo de Brossier tinha declarado que todos os protestantes lhe pertenciam[436]. Os endemoninhados católicos de Denham, Sara e Friswood Williams, relataram que seus exorcistas acreditavam

---

434. HARSNETT, S. *A Discovery of the Fraudulent Practices of John Darrel*. Op. cit., p. 35.
435. HARTWELL, A. (trad.). *A True Discourse upon the Matter of Martha Brossier of Romorantin*. Londres, 1599. Sobre Brossier, cf. FERBER, S. *Demonic Possession and Exorcism in Early Modern France*. Op. cit.
436. WALKER, D.P. *Unclean Spirits*: Possession and Exorcism in France and England in the Late Sixteenth and Early Seventeenth Centuries. Op. cit., p. 34-35.

que a maioria dos protestantes era possessa[437]. A endemoninhada Ana Smith declarou que os sacerdotes perguntaram aos demônios dentro dela por que eles não a incomodaram antes, quando era protestante, e "o diabo respondeu que não havia razão para eles fazerem isso, pois os protestantes já eram deles"[438]. Em geral, talvez sem causar surpresa, os demônios de Denham demonstraram o *status* demoníaco do protestantismo e o caráter divino do catolicismo[439].

É claro que as preocupações de Harsnett só seriam válidas sob o pressuposto de que o Diabo estivesse falando a verdade. Em geral, sua palavra era tomada desse modo. De fato, havia autoridade bíblica para a afirmação de que Diabo conhece a verdade religiosa. O espírito impuro dentro do endemoninhado na sinagoga clamou a Jesus: "Sei quem Tu és: o Santo de Deus" (Mc 1,24). O endemoninhado geraseno reconheceu Jesus como o Filho de Deus (Mc 5,7). Portanto, havia uma expectativa tanto entre católicos quanto entre protestantes de que o Diabo dentro dos possessos falaria a verdade. Dessa maneira, paradoxalmente, o Diabo era um defensor da fé. Sua capacidade de possuir e a capacidade do crente de libertar aqueles que foram possuídos por ele constituíam uma defesa contra o ceticismo e o ateísmo. João Darrell pergunta retoricamente:

> Quem sabe Deus enviou espíritos maus para dentro de várias pessoas inglesas, vexando-as em seus corpos, com o propósito de, por esse meio, confundir os ateístas na Inglaterra? [...] Pois não há dúvida de que algo especial está motivando o Senhor mais nesta época do que em épocas an-

---

437. BROWNLOW, F.W. *Shakespeare, Harsnett, and the Devils of Denham*. Op. cit., p. 226-227, 368.
438. Ibid., p. 386.
439. Ibid., p. 332.

teriores a enviar demônios para dentro dos humanos; sim, para dentro de diversos[440].

A atestação demoníaca da verdade religiosa – ou qualquer tipo de verdade, no que se refere a esse assunto – tinha um quê de espada de dois gumes. Ela continha em si mesma a possibilidade da própria negação; a autoridade bíblica também apontava em outra direção. Em Jo 8,44, Cristo chamou o Diabo de mentiroso e de pai da mentira. Assim, já em 1593, o religioso não conformista Jorge Gifford expressou suas dúvidas sobre se o Diabo dentro dos possessos poderia ser forçado a falar a verdade. Ele perguntou: "Porém, como se pode provar que o pai da mentira pode ser preso e forçado, por meio de acusação e adjuração em nome e no poder de Deus, a dizer a verdade?"[441] O médico João Cotta lembrou seus leitores em 1616 que, "já que ele com frequência é um falso acusador e inimigo de Deus e da verdade, não se pode dar crédito a ele assim sem mais nem à verdade simplesmente por sair de sua boca"[442]. Isso teve implicações legais. Ricardo Bernard advertiu os jurados a terem cuidado com a nominação da bruxa pelo possesso, "porque se trata tão somente do testemunho do Diabo, que pode mentir e que faz isso com mais frequência do que fala a verdade"[443].

Ademais, o Diabo era tão astuto, que podia produzir a ilusão de possessão demoníaca. João Darrell declarou que, com sua sutileza, Satanás "fez com o menino [Guilherme Summers] algumas coisas ilusórias e banais, em diversas ocasiões, com o

---

440. DARRELL, J. *An Apologie, or Defence of the Possession of William Sommers.* Op. cit., sig. G.1.v.
441. GIFFORD, G. *A Dialogue Concerning Witches and Witchcraftes.* Londres, 1593, sig. I.2.v.
442. COTTA, J. *The Triall of Witch-craft.* Op. cit., p. 126.
443. BERNARD, R. *A Guide to Grand-Jury Men.* Londres, 1627, p. 208.

propósito de enganar os espectadores e conduzi-los pela mão, como se ele nunca tivesse feito coisas maiores nele: induzindo-os, desse modo, a pensar que ele era um simulador"[444]. Darrell estava tão convicto de que o Diabo voltara a possuir Sommers, que ele se recusou a aceitar a capacidade do menino de imitar seus ataques anteriores[445]. No mundo de Darrell, a atividade satânica era impermeável à refutação, mesmo que o próprio endemoninhado confessasse ser uma fraude.

Onde a oposição entre fraude e possessão demoníaca é solapada, a verdade fica indeterminada para sempre. Em suma, onde nada do que ocorre pode ser levado em conta contra a atividade do Diabo, nada se pode dizer que possa ser levado em conta a favor dela. Como observa Stephen Greenblatt: "Se Satanás puder simular a simulação, não pode haver confissão definitiva, e o que se abre é uma perspectiva de regresso infinito de revelação e incerteza"[446].

Convencido do caráter fraudulento, tanto dos possessos quanto de seus exorcistas, Samuel Harsnett viu possessão e libertação como um teatro de imposturas. A conexão entre teatralidade e possessão foi percebida por Shakespeare, que tomou emprestada *A declaração das egrégias imposturas papais*, de Samuel Harsnett, do ano de 1603, em sua representação da loucura de Edgar, de sua *hysterica passio*, na peça *Rei Lear*. O Diabo adorava uma plateia, e os endemoninhados se tornaram bons atores em um drama público.

---

444. HARSNETT, S. *A Discovery of the Fraudulent Practices of John Darrel*. Op. cit., p. 231.
445. Ibid., p. 189.
446. GREENBLATT, S. "Loudun and Londres". In: *Critical Inquiry*, vol. 12, 1985-1986, p. 337.

Resta pouca dúvida de que os papéis do endemoninhado, do exorcista e do espectador foram representados, improvisados, desenvolvidos, enfeitados e refinados em séries de negociações e interações contínuas entre todos os participantes no formato de um roteiro cultural estruturado de maneira vaga e do conhecimento de todos os participantes. No entanto, para aqueles que estavam convictos de sua realidade, tratava-se muito mais do que um drama. O fictício e o real se sobrepunham de maneira indistinguível. Era a encenação da realidade, uma peça que criava igualmente uma realidade bem própria para endemoninhados, exorcistas e espectadores. Por essa razão, tanto naquela época quanto agora, é difícil determinar onde o real e o irreal começam e terminam.

# 8
# O Diabo derrotado

> *Por isso alegrai-vos, ó céus e todos os seus habitantes. Mas ai da terra e do mar, porque o Diabo desceu para junto de vós, cheio de grande furor, sabendo que lhe resta pouco tempo* (Ap 12,12).

## Prisão e soltura de Satanás

O período de 1550 a 1700 foi, como vimos, a era de florescimento dos endemoninhados. Para quem viveu durante essa época não era motivo de surpresa encontrar grande quantidade de possessos pelo Diabo. Pelo contrário, isso era esperado. A questão da atividade demoníaca estava ligada ao fim do mundo e à convicção de que, na medida em que a história rumava para um desfecho e a volta de Cristo para o julgamento se tornava iminente, Satanás estaria mais ativo.

Ap 12,12 profetizara que o furor de Satanás aumentaria na medida em que seu tempo se abreviava. Por isso, Jaime I terminou sua *Daemonologie* em 1597, lembrando seus leitores de que a consumação do mundo "faz com que Satanás se enraiveça tanto mais em seus instrumentos, sabendo que seu reino está tão perto do fim"[447]. Ainda na década de 1730, Guilherme Whiston,

---

447. HARRISON, G.B. (ed.). *King James the First*: Daemonologie. Op. cit., p. 81.

sucessor de Isaac Newton como professor lucasiano de Matemática na Universidade de Cambridge (embora até mesmo nessa época ele pudesse ser definido como um anacronismo acadêmico), acreditava que o poder do exorcismo tinha sido preservado para o tempo do Anticristo. Era um poder que, com o fim esperado do Papado, estava prestes a ser restaurado[448].

Tanto exorcistas quanto endemoninhados estavam conscientes do contexto apocalíptico em que viviam. Eles fundaram suas atividades em um contexto cosmológico. João Denison, por exemplo, começou sua introdução à possessão de Tomás Darling em 1597, situando-a dentro do contexto do fim da história e da profecia de que o furor do Diabo aumentaria por saber que tinha pouco tempo. Ele declarou:

> Esta profecia se cumpriu, não só na fúria ultrajante que Satanás usa ao suscitar perseguição contra os santos de Deus por meio de seus instrumentos perniciosos e corromper as mentes humanas por meio dos seus sugestionamentos perversos, mas também ao tiranizá-las conforme seu poder limitado sobre elas por meio de tormentos [...]. E essa última espécie de tirania também é manifesta, entre outros exemplos, na lamentável vexação desta pobre criança[449].

O próprio Darling tinha visões do céu, do inferno e do Dia do Juízo[450]. Um século mais tarde, em 1689, o exorcismo do "seguramente endemoninhado" Ricardo Dugdale pelo ministro não conformista João Carrington e seus colegas esteve saturado de expectativas escatológicas. Perguntado por Carrington por que

---

448. CLARK, S. *Thinking with Demons*: The Idea of Witchcraft in Early Modern Europe. Oxford: Oxford University Press, 1997, p. 419.
449. [ANÔNIMO]. *The Most Wonderful and True Storie, of a Certaine Witch Named Alse Gooderidge*. Op. cit., sig. A.2.r.
450. Ibid., sig. E.1.v–E.2.v.

ele atormentou Dugdale, o Diabo respondeu: "Tenho pouco tempo e preciso aproveitar todas as vantagens para prosseguir na minha obra, sendo esta uma ocasião propícia para isso"[451].

Possessões genuínas deviam ser esperadas nos últimos dias; isso era parte importante do argumento de João Darrell contra o tratamento dado aos seus endemoninhados como fraudes ou pessoas que sofriam de doenças naturais. Darrell escreveu que Deus está tão pronto a castigar os humanos nesses dias quanto esteve em dias passados "e o Diabo, tendo em vista a brevidade do seu tempo, está mais disposto do que nunca a fazer seu serviço com o maior empenho"[452]. Além disso, os sofrimentos dos possessos deste lado da tumba eram um sinal escatológico do destino final dos que seriam atormentados no inferno[453]. Inclusive os "céticos" interpretavam as fraudes de endemoninhados como parte da iminência do fim[454].

O próprio corpo dos possessos era palco do conflito escatológico. O furor crescente de Satanás no final do seu tempo no corpo dos possessos espelhava o crescimento de sua atividade no domínio histórico. O processo da história foi replicado no corpo dos possessos, e quanto mais se aproximava sua derrota no corpo dos possessos tanto mais ele se enfurecia. Assim, por exemplo, os 7 endemoninhados de Lancashire foram atormentados de modo crescente na medida em que se aproximava a hora

---

451. JOLLIE, T. *The Surey Demoniack*. Londres, 1697, p. 18.
452. DARRELL, J. *An Apologie, or Defence of the Possession of William Sommers*. Op. cit., sig. D.4.v.
453. Ibid., sig. G.1.v.
454. BROWNLOW, F.W. *Shakespeare, Harsnett, and the Devils of Denham*. Op. cit., p. 331-332.

da partida do Diabo[455]. Quando a libertação de Maria Glover se aproximava do término, João Swan disse: "Imaginei que sua maldade se tornaria maior enquanto rumava para o fim do seu reinado. Foi o que aconteceu"[456].

A escatologia cristã (a doutrina das últimas coisas) movia-se dentro de um espaço emoldurado pela Bíblia e fora composta a partir de um *pot-pourri* de textos bíblicos. Como vimos em capítulo anterior, o fato de o Diabo ter somente pouco tempo era interpretado em conjunção com o fim da história e o retorno de Cristo para julgar os vivos e os mortos. Era tido como certo que Satanás seria amarrado por um milênio antes de sua soltura e confinamento final no inferno por toda a eternidade. Bem menos clareza se tinha sobre quando isso aconteceria ou se já tinha acontecido, ou ainda se tudo isso deveria ser tomado mais ou menos literalmente. A questão-chave era se a prisão de Satanás (e, portanto, o início da regência de Cristo) já acontecera em algum ponto do passado ou se ainda estava para ocorrer. Isso dependia de modo crucial de como se deveria conceber o reino de Cristo durante o período do milênio. Para aqueles que acreditavam que o reino milenar de Cristo seria na terra o início do milênio e a prisão de Satanás, sucederia no futuro e ainda estava por começar. Porém, para aqueles que assumiam que o reino milenar de Cristo seria celestial (ou espiritual), era possível ver a prisão de Satanás e o início do período milenar como já acontecidos. Que Satanás já tinha sido amarrado foi a leitura de Ap 20,2-3, que combinou perfeitamente com a visão de que, em

---

455. MORE, G. *A True Discourse Concerning the Certain Possession and Dispossession of 7 Persons in one Family in Lancashire*. Op. cit., p. 62.
456. SWAN, J. *A True and Breife Report, of Mary Glovers Vexation*. Londres, 1603, p. 21.

sua vida, morte e ressurreição, Cristo tirou o poder do Diabo e libertou seus cativos.

Essa foi uma interpretação do Apocalipse que ecoaria por todo o período medieval, principalmente em decorrência do aval que recebeu de Agostinho. Embora anteriormente Agostinho tivesse acreditado que a primeira ressurreição seria corporal e que haveria um sábado de mil anos de prazeres espirituais para os santos, sua posição ponderada em *A cidade de Deus* foi que a primeira ressurreição já ocorreu; foi uma ressurreição espiritual e o milênio já começou. Portanto, de acordo com Agostinho, a prisão de Satanás aconteceu em decorrência da vitória de Cristo e ele já foi lançado no abismo sem fundo. O Diabo foi "proibido e impedido de seduzir as nações que pertencem a Cristo, mas que ele anteriormente seduziu ou manteve em sujeição"[457]. Não obstante, ele reside nas profundezas dos "corações cegos" daqueles que odeiam os cristãos[458] e permanece sendo ainda mais capaz de tomar posse dos ímpios, pois "é mais plenamente possuído pelo Diabo aquele homem que não só está alienado de Deus, mas também odeia gratuitamente aqueles que servem a Deus"[459]. Logo, a Igreja, inclusive no tempo presente, era o Reino de Deus, e os santos de Deus reinam com ele. O "milênio" não equivalia literalmente a mil anos, mas representava mais figurativamente todos os anos do período posterior a Cristo até o fim da história, cuja quantidade só Deus conhece.

---

457. AUGUSTINE. "The City of God". Op. cit. Sobre a escatologia de Agostinho cf. DALEY, B.E. *The Hope of the Early Church*. Cambridge: Cambridge University Press, 1991, p. 131-150.
458. AUGUSTINE. "The City of God". Op. cit., 20.8.
459. Ibid., 20.7.

Embora interpretasse o milênio "espiritualmente", e não em termos históricos, Agostinho continuou sustentando um fim literal da história. Ele tinha toda a clareza a respeito da natureza dos eventos que viriam: "Elias o tesbita virá; os judeus crerão; o Anticristo perseguirá; Cristo julgará; os mortos se levantarão; os bons e os perversos serão separados; o mundo será incinerado e renovado. Cremos que todas essas coisas sucederão"[460].

> Portanto, para Agostinho, no final dos tempos, Satanás voltaria a ser solto. A exemplo da besta de Ap 13,5, o Diabo se "enfureceria com toda a sua força e a de seus anjos por 3 anos e 6 meses"[461]. Esse é o tempo do Anticristo (do qual falaremos mais adiante). Durante esse tempo a quantidade de crentes seria determinada em definitivo. Ele declarou:
> Aqueles que não foram inscritos no livro da vida cederão em grande quantidade às perseguições severas e sem precedentes e aos estratagemas do Diabo agora solto, de modo que não podemos deixar de pensar que não só aqueles que naquele tempo se encontrarem saudáveis na fé, mas também alguns que até ali estiverem sem ela obterão firmeza na fé que até aquele momento rejeitaram e poder para derrotar o Diabo, apesar de solto[462].

Depois que Cristo tiver chegado para o julgamento, o Diabo e seus anjos, em companhia dos perversos em seus corpos ressurretos, serão destinados às punições das chamas eternas em corpos indestrutíveis.

---

460. Ibid., 20.30.
461. Ibid., 20.8.
462. Ibid.

## O Anticristo

A escatologia cristã se tornou mais complexa com a doutrina do Anticristo (tanto um regente tirânico quanto um pseudocristo que precederia a vinda de Cristo no fim do mundo) e o complexo de ideias que o rodeavam: sua relação com Satanás, sua identificação com a besta de Ap 13, cujo número é 666, com a sétima cabeça do dragão (o Diabo) em Ap 12, com o "falso profeta" de Ap 16 e com uma lista de vultos ou grupos históricos – do passado, presente ou futuro (que podem ser o Anticristo, ou, pelo menos, um dos "anticristos" que o prefiguram). E a soltura de Satanás estava íntima e intrinsecamente ligada à vinda do Anticristo. Como Agostinho formulara, "então Satanás será solto e, por meio desse Anticristo, operará com todo poder de maneira mentirosa mas prodigiosa"[463].

Embora o Anticristo fosse identificado na tradição cristã com muitas das figuras do Apocalipse, ele não foi mencionado explicitamente nesse livro. Antes, os textos-chave constavam na Primeira Epístola de João: "Filhinhos, esta é a última hora. Ouvistes dizer que virá o Anticristo. Como já surgiram muitos anticristos, concluímos ser esta a última hora" (1Jo 2,18). Pouco depois, somos perguntados: "Quem é mentiroso senão quem nega que Jesus é o Cristo? Este é o Anticristo: o que nega o Pai e o Filho" (1Jo 2,22).

Essas passagens foram ampliadas com aqueles versículos na Segunda Carta de Paulo aos Tessalonicenses (2,3-11) sobre o homem da iniquidade e filho da perdição, que é identificado com o Anticristo pela tradição posterior. A interpretação cristã desses versículos, que os vê como referência ao Anticristo, nos dá a se-

---

463. Ibid., 20.19.

guinte descrição dele: O Anticristo – o homem da iniquidade e o filho da perdição – aparecerá antes da segunda vinda de Cristo. Nações e povos romperão com o poder romano (imperial e eclesiástico) antes de o Anticristo liderar uma grande apostasia. Ele então se levantará contra Deus e sua Igreja. Ele reconstruirá o templo em Jerusalém, destruído pelos romanos, reivindicará ser Deus e exigirá ser adorado. O poder do Anticristo (representado em seus predecessores) já está atuante, embora no momento o Império Romano (ou a Igreja ou um reino em continuidade com Roma) refreiem o Anticristo. Depois do fim do Império e no fim do mundo, ele será revelado. Satanás dará ao Anticristo poder para realizar falsos sinais e milagres, visando enganar os fiéis. Deus também permitirá que o Anticristo teste os cristãos e condene os pseudocristãos que preferem o mal à verdade. No fim do mundo, ele finalmente será derrotado e morto por Cristo ou pelo Arcanjo Miguel[464].

Ainda assim, as alusões bíblicas ao Anticristo eram suficientemente opacas e as interpretações a respeito dele suficientemente variadas para produzir mais fogo apocalíptico do que luz. O bispo anglicano de Salisbury, João Jewel (1522-1571), no seu comentário sobre a Segunda Carta de Paulo aos Tessalonicenses – ele próprio convencido, a exemplo da maioria dos seus contemporâneos protestantes, de que o Papado era o Anticristo – lamentou as confusões que surgiram desde a época do Imperador Nero:

> Alguns dizem que ele seria um judeu da tribo de Dã; alguns, que seria gerado em Betsaida e Corazim; alguns, que

---

[464]. Neste ponto sou particularmente grato a EMMERSON, R.K. *Antichrist in the Middle Ages*: A Study of Medieval Apocalypticism, Art, and Literature. Seattle: University of Washington Press, 1981, p. 38-39.

cresceria na Síria; alguns, que derrotaria Roma; alguns, que construiria a cidade de Jerusalém; alguns, que Nero foi o Anticristo; alguns, que nasceria de um frei e uma monja; alguns, que continuaria atuando, mas só por 3 1/2; alguns, que ele colocaria árvores de cabeça para baixo, com os topos na terra e forçaria as raízes a crescerem para cima, e então voaria alto para o céu, cairia e quebraria o pescoço. Esses contos foram habilmente compostos para seduzir nossos olhos, para que, enquanto pensamos sobre essas hipóteses e assim nos ocupamos em observar uma sombra ou provável conjectura de Anticristo, ele que é o Anticristo pode de fato nos enganar sem que nos demos conta[465].

Interpretada literalmente, a crença de que Satanás foi preso durante o tempo de vida de Cristo pode ter levado a expectativas de que Cristo retornaria em torno do fim do primeiro milênio (e, portanto, a soltura e derrota final de Satanás se daria) em algum momento entre o ano de 979 (um milênio desde a data mais antiga em que se presume o nascimento de Cristo) e o ano de 1033 (um milênio desde a data em que se presume sua morte). Apesar da interpretação não literal que Agostinho faz da prisão de Satanás por mil anos, alguns da elite eclesiástica, pelo menos a partir de meados do século X, repercutiam as convicções apocalípticas de Agostinho; mas, ao mesmo tempo, consideraram o milênio e de modo bem particular a vinda do Anticristo como acontecimentos referentes ao futuro mais ou menos imediato.

Um desses foi Thietland, abade do mosteiro de Einsiedeln, na Suíça, em meados do século X. Embora ele tenha sido significativamente influenciado pela descrição agostiniana do fim dos tempos em *A cidade de Deus*, divergindo de Agostinho, ele

---

465. JEWEL, J. *Exposition upon the Two Epistles of St. Paul to the Thessalonians*. Apud EMMERSON, R.K. *Antichrist in the Middle Ages*: A Study of Medieval Apocalypticism, Art, and Literature. Op. cit., p. 8.

interpretou literalmente a expectativa de que Satanás seria solto ao fim do milênio, que datou em mil anos após a paixão de Cristo, isto é, em 1033. Talvez escrevendo em um contexto no qual muitos dos seus contemporâneos estavam na expectativa de que o Anticristo surgisse a qualquer momento, Thietland provavelmente deva ser interpretado com base na intenção de acalmar seus medos, postergando o fim para 70-80 anos no futuro.

Os pontos de vista de Thietland sobre Satanás e o Anticristo constam em seu comentário sobre a Segunda Carta de Paulo aos Tessalonicenses, particularmente sobre os versículos que tinham sido interpretados como referência ao Anticristo (2,3-11)[466]. Rejeitando toda e qualquer origem sobrenatural do Anticristo, Thietland declarou que ele seria "um homem nascido de homem"[467]. Não obstante, ele é o inverso de Cristo; pois, como a plenitude da divindade habita em Cristo, assim também "a plenitude do engano e da maldade habitará nele"[468], e ele exaltaria a si mesmo inclusive acima do Filho de Deus. Ele prosseguiu, dizendo que o "homem da iniquidade" equivalia não só ao Anticristo, mas a "toda a massa das pessoas do mal que fazem parte do seu corpo"[469].

---

466. CARTWRIGHT, S.R. "Thietland's Commentary on the Antichrist and the End of the Millennium". In: LANDES, R.; GOW, A.G. & VAN METER, D.C. *The Apocalyptic Year 1000*: Religious Expectation and Social Change. Oxford: Oxford University Press, 2003, p. 93-108. Cf. tb. CARTWRIGHT, S.R. (trad.). "Thietland of Einsiedeln on 2 Thessalonians". In: CARTWRIGHT, S.R. & HUGHES, K.L. (trads.). *Second Thessalonians*: Two Early Medieval Commentaries. Kalamazoo, MI: Medieval Institute Publications, 2001, p. 41-76.
467. CARTWRIGHT, S.R. (trad.). "Thietland of Einsiedeln on 2 Thessalonians". In: Ibid., p. 51.
468. Ibid.
469. Ibid., p. 52.

O momento-chave do comentário de Thietland reside em sua discussão de 2Ts 2,8: "Então o ímpio será revelado". Thietland interpreta o "ímpio" como referência a Satanás. De acordo com Thietland, o anjo que desceu do céu para amarrar Satanás foi Jesus Cristo. Essa prisão de Satanás por um milênio ocorreu no tempo da paixão de Cristo[470]. Depois Satanás seria solto por um período de 3 1/2. Ele entraria no Anticristo. A exemplo de um mago, ele seria capaz de realizar muitas coisas "de modo prodigioso, ainda que enganoso"[471].

Então o Anticristo seria capaz de levar Gog e Magog para o mau caminho. E, para Thietland, Gog representava as pessoas más do seu tempo que sinalizavam a chegada iminente do Anticristo, e Magog representava o Diabo[472]. Talvez mais preocupado em prover um comentário sobre os sinais do seu tempo do que em elaborar algo sobre a derrota final de Satanás e do Anticristo, Thietland não nos conta mais nada a respeito do fim da história.

## Adso e o Anticristo

Todavia, devemos a primeira "vida do Anticristo" a um contemporâneo de Thietland. Ela foi composta por Adso, abade de Montier-en-Der, em torno de meados do século X[473]. Escrita por solicitação de Gerberga, esposa do rei francês Luís IV de Além--Mar, a *Epistola Adsonis ad Gerbergam Reginam de ortu et tempore Antichristi* (*Epístola de Adso à Rainha Gerberga sobre a origem e o*

---

470. Ibid., p. 56.
471. Ibid., p. 58.
472. Ibid., p. 57.
473. VERHELST, D. "Adso of Montier-en-Der and the Fear of the Year 1000". In: LANDES, R.; GOW, A.G. & VAN METER, D.C. *The Apocalyptic Year 1000*: Religious Expectation and Social Change. Op. cit., p. 81-92.

*tempo do Anticristo*) forneceu a primeira narrativa sobre o Anticristo e, invertendo o gênero literário tradicional das "vidas dos santos", assinalou um momento-chave na história da lenda do Anticristo[474]. Ela continuaria sendo um texto-chave para descrições subsequentes do Anticristo. Adso descreveu uma figura, da qual acreditava que ela viria, embora ele próprio não esperasse que sua chegada fosse iminente. Porém, ele estava escrevendo em um contexto no qual seus contemporâneos esperavam que a vinda do Anticristo acontecesse antes mais cedo do que mais tarde.

De acordo com Adso, o Anticristo é chamado assim porque será contrário a Cristo em todas as coisas, e todas as suas ações serão em oposição a Cristo. Dado que Cristo veio como homem humilde, o Anticristo virá como homem soberbo. Dado que Cristo veio para erguer os rebaixados, o Anticristo expulsará os solitários, exaltará os perversos e engrandecerá os pecadores. Ele excluirá o cristianismo, fará reviver a adoração de demônios no mundo, buscará a própria glória e se chamará de Deus Onipotente. Adso acompanhou a tradição de que o Anticristo dos últimos dias teve muitos predecessores; a saber, os imperadores romanos Nero e Domiciano e o imperador selêucida Antíoco Epífanes. Adso declarou que até em seus dias havia muitos anticristos, "pois qualquer um, leigo, clérigo ou monge que vive de modo contrário à justiça, ataca a vigência do seu modo de vida e blasfema contra o que é bom [...] é um Anticristo, ministro de Satanás"[475].

---

474. McGINN, B. *Anti-Christ*: Two Thousand Years of the Human Fascination with Evil. São Francisco: Harper, 1996, p. 101. Cf. uma tradução da *Epístola* em McGINN, B. *Apocalyptic Spirituality*. Londres: SPCK, 1979, p. 89-96.

475. ADSO. "Letter on the Origin and Time of the Antichrist". In: McGINN. B. *Apocalyptic Spirituality*. Op. cit., p. 90.

Seguindo a tradição que via o Anticristo como um judeu que visava tomar o lugar de Cristo, Adso acreditou que ele seria um judeu da tribo de Dã. Ele rejeitou a tradição que, atendo-se à ideia de que o Anticristo seria o Cristo posto de cabeça para baixo, via-o como produto do Diabo com uma virgem (ou uma prostituta). A exemplo da maioria dos comentaristas, ele também rejeitou a tradição de que o Anticristo seria o próprio Diabo em forma humana, imitando Cristo como Deus encarnado. Ainda assim, ele indubitavelmente se moveu na direção da ideia do Anticristo como encarnação do Diabo. Embora Adso seguisse a crença dominante de que o Anticristo nasceria de pai e mãe humanos, o Diabo entraria no útero de sua mãe no momento mesmo de sua concepção:

> Exatamente do mesmo modo que o Espírito Santo entrou na mãe do Nosso Senhor Jesus Cristo [...], também o Diabo descerá para dentro da mãe do Anticristo, preenchendo-a completamente, envolvendo-a completamente, dominando-a completamente, possuindo-a completamente por dentro e por fora, de modo que com a cooperação do Diabo ela conceberá por meio de um homem e o que nascer dela será totalmente perverso, totalmente mau, totalmente perdido[476].

Portanto, o Anticristo seria, mesmo que apenas metaforicamente, o filho de Satanás: "não por meio da natureza, mas por meio de imitação, porque ele cumprirá a vontade do Diabo em cada coisa que fizer. A plenitude do poder diabólico e do caráter inteiro do mal habitará nele de forma corporal"[477].

Enquanto Cristo nasceu em Belém, o Diabo sabia o lugar ideal para o Anticristo nascer – Babilônia, a sede do Império Persa pagão. E do mesmo modo que Cristo foi criado em Nazaré, o Anticristo seria criado nas cidades condenadas por Cristo:

---

476. Ibid., p. 91.
477. Ibid., p. 93.

"Ai de ti, Betsaida! Ai de ti, Corozaim" (Mt 11,21)[478]. Ele teria à sua disposição mágicos, encantadores, adivinhos e feiticeiros "que, ao comando do Diabo, o criariam e instruiriam em todo o mal, erro e arte perversa"[479]. Espíritos maus seriam seus companheiros e amigos constantes.

Por fim, o Anticristo viria a Jerusalém como um Messias, e mediante várias torturas (e exemplo de Nero) golpearia os cristãos que permanecerem fiéis à sua fé, "seja por meio da espada, da fornalha ardente, de serpentes, de bestas ou de alguma outra forma de tortura"[480]. Todos aqueles que creram no Anticristo teriam sua marca impressa na testa. Ele levantaria o templo que Salomão construíra e que os romanos destruíram. Então (ao estilo de Antíoco Epífanes), ele erigiria seu trono no templo, circuncidaria a si mesmo e fingiria ser o Filho de Deus.

Antes da chegada do Anticristo a Jerusalém, os profetas Henoc e Elias (os dois dignitários do Antigo Testamento que nunca morreram) voltariam a ser enviados ao mundo para preparar os fiéis a Deus para a batalha. Eles converteriam ao cristianismo os filhos de Israel que ainda estivessem no mundo[481]. Porém, quando o Anticristo viesse a Jerusalém, todos os judeus se juntariam ao seu rebanho, "acreditando estar recebendo Deus, mas eles de fato receberão o Diabo"[482].

---

478. Ibid., p. 91.
479. Ibid.
480. Ibid., p. 92.
481. Sobre a conversão dos judeus ao cristianismo antes do retorno de Cristo, cf. ALMOND, P.C. "Thomas Brightman and the Origins of Philo-Semitism: An Elizabethan Theologian and the Restoration of the Jews to Israel". In: *Reformation and Renaissance Review*, vol. 9, 2007, p. 4-25.
482. ADSO. "Letter on the Origin and Time of the Antichrist". In: McGINN. B. *Apocalyptic Spirituality*. Op. cit., p. 94.

Começando por matar Henoc e Elias (as duas testemunhas de Ap 11,3), o Anticristo passaria a aterrorizar o mundo por 3 1/2 anos (ou 42 meses). Ele converteria reis e príncipes à sua causa e enviaria mensageiros e pregadores ao mundo inteiro. Ele atacaria os lugares em que Cristo andou e os destruiria. Seu poder se estenderia por todo o mundo. Ele também parodiaria a obra de Cristo operando sinais e milagres[483].

Ao fim dos 3 1/2 anos de tribulação, o juízo de Deus finalmente viria sobre o Anticristo. Adso não tinha certeza se ele seria morto pelo próprio Jesus Cristo ou pelo Arcanjo Miguel. Em ambos os casos, "ele será morto pelo poder de Nosso Senhor Jesus Cristo, e não pelo poder de algum anjo ou arcanjo"[484]. Adso disse para Gerberga que Cristo não viria imediatamente. Ao contrário, os eleitos teriam 40 dias para fazer penitência por terem sido levados ao mau caminho pelo Anticristo. Esta é uma tradição que deriva dos 45 dias de diferença, em Dn 12,12-13, entre os 1.290 dias do reino do Anticristo e os 1.335 dias antes do fim dos tempos[485]. Adso declarou que ninguém sabe quanto

---

[483]. Ibid., p. 92. Uma questão muito debatida foi se ele tinha mesmo a capacidade de realizar milagres, como, p. ex., ressuscitar mortos, ou se apenas parecia tê-la (à maneira de um mago). Cf. AUGUSTINE. "The City of God". Op. cit.

[484]. ADSO. "Letter on the Origin and Time of the Antichrist". In: McGINN. B. *Apocalyptic Spirituality*. Op. cit., p. 96. O fato de que o Anticristo seria morto atestava sua condição humana mais do que sua condição de Diabo em forma encarnada que, como um anjo caído, era imortal.

[485]. Adso assumiu a noção do período de tempo posterior à morte do Anticristo de Haimo de Auxerre, comentarista de meados do século IX. Haimo diz: "Deve ser observado que o Senhor não virá imediatamente para julgar quando o Anticristo tiver sido morto; mas, como aprendemos do Livro de Daniel, após sua morte serão dados aos eleitos 45 dias para fazerem penitência. De fato, desconhece-se completamente a duração do intervalo de tempo anterior à vinda do Senhor". Cf. HUGHES, K.L. (trad.). "Haimo of Auxerre: Exposition of the Second Letter to the Thessalonians". In: CARTWRIGHT, S.R. & HUGHES,

tempo haveria após esse período de 40 dias até que o Senhor viesse para juízo. Isso permanecia afeto à providência de Deus, "que julgará o mundo na hora em que, por toda a eternidade, Ele predeterminou que deveria ser julgado"[486]. Podemos supor que só então o Diabo finalmente seria enviado ao inferno por toda a eternidade.

## A prisão futura de Satanás

Todavia, os últimos dias do Diabo seriam configurados de modo diferente entre aqueles que não acreditavam que sua prisão foi um evento que aconteceu no passado, mas que a prisão ainda estava por ocorrer no futuro. A revisão mais significativa da posição agostiniana (de que a prisão de Satanás ocorreu no tempo de Cristo e que sua soltura se daria no tempo do Anticristo) teria sido feita pelo monge cisterciense Joaquim de Fiore (c. 1135-1202). Diferentemente do ponto de vista de Agostinho, de que a soltura de Satanás era contemporânea ao surgimento do Anticristo, Joaquim associou a prisão de Satanás à derrota do Anticristo. Além disso, diferentemente de Agostinho, para quem o reino "de mil anos" dos santos não era terreno, para Joaquim, baseando-se na tradição de que haveria um período na terra entre o tempo da derrota do Anticristo e o Juízo Final, o reino "de

---

K.L. (trads.). *Second Thessalonians*: Two Early Medieval Commentaries. Op. cit., p. 28-29. Não está claro por que Adso encurtou o período de 45 dias de Daniel, Haimo e inicialmente de Jerônimo (embora equivalesse ao período que Cristo passou no deserto). Porém, a exemplo de Haimo, ele manteve um intervalo possível entre o fim dos 45 dias e a vinda de Cristo, cuja duração só Deus conhecia. Cf. LERNER, R.E. "Refreshment of the Saints: The Time after Antichrist as a Station for Earthly Progress in Medieval Thought". In: *Traditio*, vol. 32, 1976, p. 97-144.

486. ADSO. "Letter on the Origin and Time of the Antichrist". In: McGINN. B. *Apocalyptic Spirituality*. Op. cit., p. 96.

mil anos" dos santos era terreno, tendo início com a derrota do Anticristo e coincidindo com a prisão de Satanás (sendo, de fato, consequência dela).

A natureza inovadora da explicação de Joaquim residiu em duas peculiaridades. A primeira delas foi sua asserção de que não só houve muitos anticristos, mas que também houve muitos Anticristos (com A maiúsculo). A segunda estava relacionada com esta; a saber, que ele adotou uma abordagem *historicista* do Livro do Apocalipse. Isso significa dizer que ele interpretou o Apocalipse como referência a toda a história da Igreja cristã: seu passado, presente e futuro[487]. A questão-chave, portanto, foi onde exatamente começava o relato do futuro no Livro do Apocalipse. Por razões que não estão particularmente claras, Joaquim determinou que os últimos capítulos do Apocalipse, do capítulo 17 em diante, se referiam ao que ainda estava por vir e que isso incluía a predição no capítulo 20 de um "milênio" terreno em seguimento à derrota do grande Anticristo.

Essa leitura historicista do Apocalipse permitiu que Joaquim identificasse a besta de Ap 17 com o Diabo e suas 7 cabeças com 7 Anticristos que foram 7 reis, 5 dos quais já haviam caído. Em seu *Liber figurarum* (Livro das figuras), ele identificou esses 5 reis com Herodes, Nero, Constâncio II, Maomé e o rei mouro Mesulmut. O sexto Anticristo, aquele "que é", foi identificado com Saladino, o então líder dos islamitas. Durante o período do sexto Anticristo, surgiria também o sétimo Anticristo, "vindo do Ocidente", e "viria em socorro daquele rei que será o líder dos pagãos" – isto é, do sexto Anticristo no

---

487. LERNER, R.E. "Antichrists and Antichrist in Joachim of Fiore". In: *Speculum*, vol. 60, 1985, p. 553-570.

Oriente[488]. O sétimo Anticristo fingiria ser um rei, um profeta e um sacerdote. Diferentemente da tradição de que o Anticristo seria um judeu, o Anticristo de Joaquim era o líder de um grupo de hereges cristãos.

Esses dois, o Anticristo ocidental e o Anticristo oriental, conspirariam para varrer o nome de Cristo da face da terra, mas seriam derrotados por Ele. Após a destruição do Anticristo, o grande dragão, Satanás, seria amarrado e "aprisionado no abismo (i. é, nas raças remanescentes que viverão nos confins da terra)"[489]. Então, paz e justiça reinariam na terra por um "milênio", embora "só Deus saiba a quantidade de anos, meses e dias daquele período"[490].

A leitura histórica que Joaquim fez dos últimos capítulos do Apocalipse levou-o a outra inovação. Ele foi o primeiro a sugerir que haveria uma perseguição final liderada pelo Anticristo após o "milênio" terreno[491]. Naquele tempo, Satanás seria solto de novo para uma batalha final. Do mesmo modo que Jesus Cristo viria abertamente para julgamento no fim do mundo, o Diabo também apareceria abertamente. E ainda apareceria outro Anticristo, o oitavo e último Anticristo, um que foi identificado como o rabo do dragão de 7 cabeças. Joaquim escreveu: "Os santos de Deus falaram especificamente de um Anticristo e, não obstante, haverá dois, um dos quais será o sumo Anticristo"[492], o outro será o último Anticristo, será Gog (Ap 20,8), o coman-

---

488. McGINN, B. *Apocalyptic Spirituality*. Op. cit., p. 138.
489. Ibid., p. 140.
490. Ibid.
491. LERNER, R.E. "Antichrists and Antichrist in Joachim of Fiore". Op. cit., p. 566.
492. McGINN, B. *Apocalyptic Spirituality*. Op.cit., p. 140-141.

dante do exército de Satanás: "Gog. Ele é o último Anticristo", declarou Joaquim em seu *Liber Figurarum*[493]. De sua parte, Satanás apareceria abertamente com o exército de Gog. Deus então "julgaria a ele e seu exército derramando fogo e enxofre do céu"[494]. Ambos, o Diabo e Gog, seriam então lançados no lago de fogo por toda eternidade.

Para Joaquim, estava próximo o tempo em que o Anticristo, auxiliado pelo Diabo e seus demônios, faria seu ataque final contra as forças divinas, anterior à sua derrota e ao estabelecimento do Reino de Deus. Esperava-se que a terceira era do Espírito, subsequente às do Pai e do Filho – do "milênio" terreno – começasse no ano de 1260. Como isso não aconteceu, os seguidores de Joaquim, e principalmente os "franciscanos espirituais" – os franciscanos que se dedicavam, a exemplo do seu fundador, à pobreza, à observância estrita e às expectativas do tempo final – reajustaram a tabela cronológica. Por exemplo, para Pedro Olivi (c. 1248-1298), o Anticristo apareceria entre 1320 e 1340. E, em seu comentário ao Livro do Apocalipse, ele expressou sua crença em um Anticristo duplo – o Anticristo grande ou manifesto, cuja derrota precederia o Reino de Deus, e, precedendo-o, o Anticristo místico, um falso papa ainda por vir que atacaria os franciscanos espirituais: "Ele de fato será falso, porque ele cometerá heresia contra a verdade da pobreza e a perfeição evangélicas"[495].

---

493. Ibid., p. 136.
494. Ibid., p. 140.
495. McGINN, B. *Visions of the End*: Apocalyptic Traditions in the Middle Ages. Nova York: Columbia University Press, 1979, p. 211. Na Bula *Sancta Romana et Universa Ecclesia*, de 1318, o papa os excomungou, e em 1326 condenou o comentário de Olivi ao Livro do Apocalipse.

O próprio Joaquim havia chegado bem perto de identificar o Anticristo com o papa em seu comentário sobre as duas bestas de Ap 13. Ele escreveu:

> Do mesmo modo como a Besta que vem do Mar é considerada como um grande rei por sua seita, parecido com Nero e quase imperador do mundo inteiro, também a Besta que sobre da terra é considerada como um grande prelado [*magnum prelatum*] que será como Simão Mago e com um papa universal [*universalis pontifex*] no mundo inteiro. Ele é o Anticristo de quem Paulo disse que se levantaria e se oporia a tudo que se diz ser Deus ou que é cultuado, e que se assentaria no templo de Deus e se apresentaria como Deus [2Ts 2,4][496].

Mesmo que Joaquim *tenha* permanecido um tanto ambivalente em sua identificação do Anticristo com um papa, outros logo o identificariam com figuras papais do seu tempo. E com a identificação do Anticristo com figuras contemporâneas, o Anticristo passou a desempenhar um papel crucial na geopolítica apocalíptica europeia. Assim, por exemplo, para grande irritação do Papa João XXII (1316-1334), os seguidores de Pedro Olivi o identificaram o Anticristo místico[497]. O franciscano espiritual Ubertino de Casale (1259-1329) chegou a identificar o Anticristo místico com dois papas, Bonifácio VIII (1294-1303) e seu sucessor Bento XI (1303-1304).

## Apocalipse já

Uma coisa era identificar o Anticristo com um papa em particular. Um passo muito mais radical foi associar o Anticristo

---

496. Apud McGINN, B. *Antichrist*: Two Thousand Years of the Human Fascination with Evil. Op. cit., p. 141-142.

497. GUI, B. "Practica Inquisitionis Heretice Pravitatis", 5.4.5. In: WAKEFIELD, W.P. & EVANS, A.P. *Heresies of the High Middle Ages*: Selected Sources Translated and Annotated. Op. cit.

com a própria instituição do Papado. Contudo, o Anticristo foi identificado com o Papado em vários comentários radicais sobre o Livro do Apocalipse escritos nos séculos XIV e XV. Foi quando um desses comentários veio a público anonimamente em Wittenberg, na Alemanha, na década de 1520, a saber, o *Commentarius in Apocalypsin ante centum annos aeditus*, que Martinho Lutero (1483-1546) percebeu que não era o único a identificar o Anticristo tanto com um papa em particular quando com o Papado em sua totalidade. Já em 1520, um ano antes, ele havia sido excomungado pelo Papa Leão X e, sem dúvida, detectando o que o papa havia reservado para ele, Lutero escreveu: "O Papado nada mais é do que o Império da Babilônia e o verdadeiro Anticristo"[498].

Seguindo a tradição de Joaquim de Fiore, Lutero adotou uma abordagem historicista do Apocalipse, interpretando-o como um livro sobre o futuro, embora tratasse majoritariamente do passado, especialmente porque Satanás estava prestes a ser solto e Cristo prestes a vir para juízo. Assim, no seu prefácio de 1530 ao Livro do Apocalipse, ele interpretou a história do cristianismo através das lentes do Apocalipse. Ao fazer isso, ele estabeleceu o modelo para todas as leituras protestantes do Apocalipse até o período moderno. Seguindo a tradição agostiniana, Lutero considerava que Satanás havia sido preso na época em que o livro fora escrito, no início da Era Cristã, e, a exemplo de Agostinho, ele não esperava que o período milenar fosse exatamente de mil anos. Não obstante, parece que Lutero estava convicto de que Satanás estava prestes a ser solto e a trazer com ele Gog

---

498. RUSCONI, R. "Antichrist and Antichrists". In: McGINN, B (ed.). *The Encyclopedia of Apocalypticism* – Vol. 2: Apocalypticism in Western History and Culture. Nova York/Londres: Continuum, 2000, p. 312.

e Magog (os muçulmanos e os judeus vermelhos – as tropas de choque judaicas do Anticristo)[499]. O tempo que restava para o Anticristo papal era breve e o Juízo Final logo se seguiria, depois do qual "Cristo será o único Senhor; todos os ímpios serão condenados e lançados ao inferno com o Diabo"[500].

A identificação do Papado com o Anticristo também foi incorporada à tradição calvinista. João Calvino (1509-1564) acreditava que a manifestação plena e final do Anticristo aconteceu no Papado e entre os muçulmanos. Em seu comentário às cartas de Paulo aos tessalonicenses, ele rejeitou a tradição de que o Anticristo seria o Imperador Nero de volta à terra. Ele declarou que Paulo "não está falando de um indivíduo, mas de um reino que foi tomado por Satanás com o propósito de implantar a sede da abominação no meio do templo de Deus. Vemos isso implementado no Papado. A deserção de fato se espalhou mais amplamente, pois, já que Maomé era um apóstata, ele afastou seus seguidores, os turcos, de Cristo"[501].

Essa identificação do Papado com o Anticristo, associada à abordagem historicista do Livro do Apocalipse, tornou-se a chave para as leituras que os protestantes da Reforma faziam da história e de sua consumação. A história secular e a história sagrada, a história dos reinos e o Reino de Deus concresceram. Em consequência disso, o Livro do Apocalipse assumiu uma importância que não tivera antes. Como disse o protestante inglês João Bale:

---

499. KREY, P.D.W. & KREY, P.D.S. (eds.). *Luther's Spirituality*. Mahwah, NJ: Paulist Press, 2007, p. 55.

500. Ibid.

501. Apud FIRTH, K.R. *The Apocalyptic Tradition in Reformation Britain 1530-1645*. Oxford: Oxford University Press, 1979, p. 34-35.

Não há ponto necessário da crença em todas as Escrituras que não esteja também aqui em um lugar ou outro. Esse livro celestial é a suma mais completa e a textura inteira das verdades universais da Bíblia. [...] Quem não conhece esse livro não conhece a Igreja da qual é membro[502].

Todavia, que o Livro do Apocalipse tratava do papa e do Papado como Anticristo e que essa era a chave para a compreensão da história passada e futura eram quase consenso dos comentaristas protestantes. De fato, os comentaristas protestantes ingleses mais influentes dos séculos XVI e XVII – João Bale (1495-1563), John Napier (1550-1617), Tomás Brightman (1562-1607) e José Mede (1586-1638) – adotaram visões significativamente distintas.

Influenciado tanto por Agostinho quanto por Joaquim de Fiore, *A imagem das duas igrejas*, de João Bale (livro concluído em 1547), foi o primeiro comentário em inglês ao Livro do Apocalipse. Essa obra estabeleceu o modelo inglês para a interpretação dos tempos finais no século XVI e viu a história do cristianismo como uma luta permanente entre a Igreja "verdadeira" que permaneceu fiel aos ensinamentos de Cristo e a igreja "falsa" de Roma – "a igreja soberba dos hipócritas, a prostituta cor-de-rosa, a amante do Anticristo e a sinagoga pecadora de Satanás"[503].

---

502. BALE, J. "The Image of Bothe Churches after the Moste Wonderfull and Heavenly Revelation of Sainct John the Evangelist". In: CHRISTMAS, H. (ed.). *Select Works of John Bale, D.D. Bishop of Ossory* – Containing the Examinations of Lord Cobham, William Thorpe, and Anne Askewe, and The Image of Both Churches. Cambridge: Cambridge University Press, 1849, p. 252.
503. Ibid., p. 251. Cf. tb. BAUCKHAM, R. *Tudor Apocalypse: Sixteenth-Century Apocalypticism, Millennarianism and the English Reformation* – From John Bale to John Foxe and Thomas Brightman. Oxford: Sutton Courtenay Press, 1978. • FIRTH, K.R. *The Apocalyptic Tradition in Reformation Britain 1530-1645.* Op. cit.

Nas partes mais antigas dessa obra Bale seguiu a tradição de Joaquim de Fiore ao assumir que a prisão de Satanás e o milênio ainda estavam por vir[504]. Na terceira parte do seu comentário, todavia, ele tinha mudado de opinião e seguiu Agostinho, com a diferença de que entendeu o "milênio" literalmente. Ele acreditava que o Anticristo já havia tomado os "reinos" do Papa Bonifácio II (papa em 607), que havia obtido um decreto do Imperador Focas dizendo que a sede de Roma seria a cabeça de todas as igrejas e a do Profeta Maomé (c. 570-632). Porém, os mil anos durante os quais Satanás esteve preso haviam iniciado com o nascimento de Cristo e terminado quando o Diabo foi solto pelo mago e anticristo menor, o Papa Silvestre II (c. 946-1003): "Esse anticristo bestial, jactando-se não só de ser o vigário de Cristo na terra, mas também de ser igual a Ele em majestade e poder, começou pondo o Diabo em liberdade com sua necromancia, que tirou do coração dos humanos a palavra viva do Senhor, para que eles não fossem salvos"[505].

De acordo com Bale, após ser solto, Satanás, em companhia dos seguidores do papa e de Maomé (Gog e Magog) ficou mais poderoso e perseguiu os fiéis. Em toda parte, os católicos tinham "prisões episcopais e calabouços espirituais cheios de cordas, bastões e ferros, e tão pouca caridade quanto o Diabo tinha no inferno. Em toda parte, eles tinham feixes de lenha, fogo e estacas em abundância para queimar os hereges que não

---

504. BALE, J. "The Image of Bothe Churches after the Moste Wonderfull and Heavenly Revelation of Sainct John the Evangelist". In: CHRISTMAS, H. (ed.). *Select Works of John Bale, D.D. Bishop of Ossory* – Containing the Examinations of Lord Cobham, William Thorpe, and Anne Askewe, and The Image of Both Churches. Op. cit., 341.

505. Ibid., p. 561.

criam como a santa Igreja ordenara"[506]. Quando Satanás, acompanhado de Gog e Magog, alcançasse o auge de sua perseguição dos cristãos verdadeiros, um fogo consumidor desceria do céu direto da boca de Deus: "Essa palavra de indignação do Senhor lançará com grande violência o Diabo, aquela serpente astuta que enganou Gog e Magog com seus inumeráveis soldados, para dentro de um lago fedorento ou um abismo fervente de fogo violento e enxofre"[507].

Essa posição agostiniana modificada também pode ser encontrada nos escritos de John Napier. Hoje em dia ele é mais lembrado, na formulação do filósofo David Hume em sua *História da Inglaterra*, como "o famoso inventor dos logaritmos, a pessoa a quem o título Grande Homem é devido com mais justiça do que a qualquer outro que este país produziu"[508]. Porém, não há dúvida de que não causou impressão séria em Hume a obra pela qual Napier era mais renomado na sua época, a saber, a *Descoberta plena de todo o Apocalipse de João*, primeira publicação em 1593 (seguida de 3 reedições inglesas em 1594, 1611 e 1645, 2 em holandês, 6 em francês e 5 em alemão), na qual ele articulou uma matemática complexa da história[509]. Tratava-se de uma leitura de Apocalipse que implicava combater o Anticristo papal aqui e agora mediante o aporte da religião reformada e a divulgação do verdadeiro Evangelho.

Em contraste com o alinhamento agostiniano da prisão de Satanás com a vinda de Cristo, Napier a alinhou com o primei-

---

506. Ibid., p. 574.
507. Ibid., p. 575.
508. HUME, D. *The History of England*. Londres: T. Cadell, 1792, 7.44.
509. ALMOND, P.C. "John Napier and the Mathematics of the 'Middle Future' Apocalypse". In: *Scottish Journal of Theology*, vol. 63, 2010, p. 54-69.

ro imperador romano a se converter ao cristianismo "por volta desse ano 300 d.C". Ele prosseguiu, dizendo que foram "Constantino o Grande e seus sucessores (exceto poucos de breve domínio) que mantiveram o cristianismo e a verdadeira religião, a ponto de abolirem o reino público de Satã; e, por essa razão, dizemos que foi nesse ano que Satã foi preso"[510]. E, diferentemente de Agostinho, Napier levou a sério os mil anos de sua prisão. Satanás, portanto, foi solto por volta do ano de 1.300 para pôr em movimento os exércitos de Gog e Magog (os exércitos do papa e dos muçulmanos), a fim de fazer guerra.

No entanto, foi um erro interpretar os mil anos da prisão de Satanás como um período de paz para a verdadeira Igreja. Muito pelo contrário! Os anos do Anticristo começaram ao mesmo tempo, entre 300 e 316, quando o papa começou a se tornar poderoso[511]. Assim, de acordo com Napier, Deus, de modo inteligente, equilibrou o bem que adveio da prisão de Satanás com o mal que continuava no reino do Anticristo na pessoa dos papas. Esperava-se que o reino do Anticristo fosse durar, como vimos anteriormente, por cerca de 42 meses (Ap 13,5) ou 1.260 dias--anos (Sl 90,4), o que traria o fim do reino do Anticristo em torno de 1560 (ano no qual poderíamos dizer que, não por coincidência, a Escócia se declarou "reformada"), sendo que Napier esperava para essa época o colapso do Papado.

Embora o reino do Anticristo estivesse chegando ao fim, o retorno de Cristo ainda demoraria algum tempo. Surpreendentemente para alguém tão focado na matemática, Napier forneceu uma variedade de datas calculadas para o juízo final, que iriam de

---

510. NAPIER, J. *A Plaine Discovery of the Whole Revelation of Saint John*. Edimburgo, 1593, p. 62.

511. Ibid.

1688 a 1786. Naquele dia, o Diabo e seus anjos seriam lançados nas chamas do inferno[512]. De modo intrigante e, uma vez mais, diferentemente de Agostinho, Napier tinha em mente outro milênio além daquele em que Satanás permaneceria preso – um milênio "espiritual" no futuro. Pois, após a ressurreição de todos no último dia, os santos reinarão com Cristo por mil anos (aqui concebido apenas "figuradamente", já que, após o fim da história, "não haverá mais dia, nem ano, nem tempo nem distinção numérica dele, mas eternidade imensurável")[513].

Embora visualizada de modo bem diferente, encontramos essa noção do duplo milênio nos escritos do puritano inglês Tomás Brightman[514]. A exemplo de John Napier, o anticatolicismo e o anti-islamismo de Brightman foram incorporados a um complexo relato protestante da história cósmica que via a conversão dos judeus ao cristianismo e sua restauração em Israel como sinal central do fim da história.

Concordando novamente com Napier, Brightman situou a prisão de Satanás durante o reinado de Constantino. E, tomando os mil anos literalmente, fixou a soltura de Satanás em torno do ano de 1300 para pôr os muçulmanos em marcha contra a "verdadeira" Igreja que naquela época já estava começando sua obra de reforma do cristianismo. Assim, o ano de 1300 foi tanto o fim de um milênio quanto o começo do outro. A partir daquele ano Cristo passou a governar espiritualmente com seus santos, enquanto ainda estava engajado na batalha contra Satanás e o Anticristo. Sem detalhar as complexidades algorítmicas

---

512. Ibid., p. 243.
513. Ibid., p. 240.
514. ALMOND, P.C. "Thomas Brightman and the Origins of Philo-Semitism: An Elizabethan Theologian and the Restoration of the Jews to Israel". Op. cit.

mediante as quais Brightman fez seus cálculos, basta dizer que a conversão dos judeus e seu estabelecimento na Palestina, a destruição final do Diabo e seus aliados – o Papado e os muçulmanos – poderiam ser esperados para o período entre 1650 e 1695.

Em torno do mesmo tempo, com a derrota do Anticristo, a cidade "celestial" seria estabelecida na terra; no mínimo, pelos 600 anos restantes do segundo milênio. O que Brightman de fato estava propondo era repensar radicalmente o ponto de vista de Agostinho de que a cidade terrena e a cidade celestial estariam eternamente em oposição uma à outra. Para Brightman, as duas concresceram. Ele escreveu assim: "Porém, no tocante a essa nova Jerusalém, ela não é a cidade que os santos desfrutarão nos Céus, após esta vida, mas aquela Igreja que se deve buscar sobre a terra, a mais nobre e pura de todas as que existirão naquele tempo"[515]. Desse modo, ele foi o fundador da tradição do utopismo imanente com base em Jerusalém, uma cidade terrena que se tornaria o centro de uma terra na qual todos os humanos confessariam Cristo como o seu Senhor. Nessa nova Jerusalém, Cristo estaria espiritualmente presente, governando por meio dos seus santos. Assim, o Reino de Deus não seria estabelecido no fim da história, mas no decorrer dela. Só no final do segundo "milênio" Cristo viria fisicamente para o Juízo Final. Então, o Diabo "será lançado para sempre no lago de fogo, jamais voltará a sair de lá nem suscitará de novo qualquer desses problemas e tumultos"[516].

A exemplo de outros leitores protestantes do Livro do Apocalipse, o acadêmico anglicano José Mede aderiu à abordagem historicista em seu livro *A chave do Apocalipse investigada e de-*

---

515. BRIGHTMAN, T. *A Revelation of the Revelation*. Amsterdã, 1615, p. 121.
516. Ibid., p. 860.

*monstrada* (1643)[517]. Ele foi um crítico incansável do Papado, identificando-o com as bestas de Apocalipse e de Daniel, com o homem da iniquidade, a prostituta da Babilônia e, é claro, com o Anticristo[518]. Contudo, divergindo da maioria dos comentaristas protestantes, que se atinham a um tipo ou outro de agostinismo, Mede considerou a prisão de Satanás como um evento situado ainda no futuro, que se alinhava com a vinda de um milênio mais *terreno* do que *celestial*.

Mede datou o início do milênio em 1736, cerca de 1.260 anos após o colapso final do Império Romano ocidental em 476. Cristo viria naquele ano e teria início o Dia do Juízo. Trata-se de um "Dia de Juízo" que duraria mil anos[519]. No decurso desse dia, o Anticristo seria derrotado, Satanás seria preso e Cristo reinaria a partir do céu sobre os santos ressurrectos, em companhia dos cristãos ainda vivos por ocasião de sua vinda, em uma nova Jerusalém sobre a terra. Então, "ao acercar-se o entardecer do *grande dia*"[520], sucederia a soltura de Satanás e sua derrota final em companhia das "nações" de Gog e Magog, bem como a ressurreição e o julgamento de todos os mortos: "Concluídas essas coisas, os perversos serão lançados no inferno para serem atormentados para sempre; porém, os santos serão transportados ao céu para viver com Cristo para sempre"[521].

---

517. A versão latina original, intitulada *Clavis Apocalyptica* [Chave apocalíptica], foi publicada em 1632.

518. JUE, J.K. *Heaven upon Earth*: Joseph Mede (1586-1638) and the Legacy of Millenarianism. Dordrecht: Springer, 2006.

519. Apud ibid., p. 131.

520. MEDE, J. *The Key of the Revelation Searched and Demonstrated*. Parte 2. Londres, 1643, p. 123.

521. Ibid.

Com o renovado interesse protestante pelo Livro do Apocalipse e a identificação do Anticristo com o Papado não é motivo de surpresa que os acadêmicos católicos também tenham se engajado na interpretação desse livro. Os católicos sabiam que a leitura historicista de Apocalipse havia posto de cabeça para baixo o significado transcendente da Igreja Católica: "A Igreja era divina ou demoníaca? Ela era a noiva de Cristo ou a prostituta de Satanás?" A estratégia-chave católica foi despojar o presente de todo e qualquer significado apocalíptico, seja situando o Anticristo no passado, seja projetando sua chegada bem para o futuro[522]. Portanto, diante do "historicismo" protestante, os católicos adotaram o "preterismo", que encarava a maioria das profecias no Livro do Apocalipse (exceto as poucas que tinham a ver com o próprio fim da história) como cumpridas no breve intervalo de tempo que se seguiu à composição do livro, ou o "futurismo", que via a maioria das profecias no Livro do Apocalipse como referência a eventos ainda por ocorrer.

Foi o futurismo do jesuíta espanhol Francisco Ribera (1537-1591) e do jesuíta italiano Roberto Belarmino (1542-1621) que passaram a dominar as leituras católicas de Apocalipse[523]. De acordo com Ribera, só poucos capítulos iniciais de Apocalipse tinham a ver com o passado. Para ele, tratava-se de um livro eminentemente sobre o futuro. Longe de cobrir o período entre a Igreja antiga até a segunda vinda, o Livro do Apocalipse

---

522. Sobre as respostas católicas, cf. NEWPORT, K.G.C. *Apocalypse and Millennium*: Studies in Biblical Eisegesis. Cambridge: Cambridge University Press, 2000, cap. 4.

523. Ironicamente, as modernas interpretações protestantes evangélicas de Apocalipse favoreceram a leitura futurista católica. Brightman tinha familiaridade tanto com Ribera quanto com Belarmino, embora o último fosse seu alvo principal. Em seu comentário a Apocalipse, Brightman dedicou um excurso de 140 páginas para refutar a posição de Belarmino.

era concernente em sua totalidade (ou quase isso) a eventos futuros – e particularmente o reinado de 3 1/2 anos do Anticristo (agora concebido literalmente) anterior ao fim do mundo. Assim, o Anticristo não era nem o Papado nem o papa, mas um indivíduo que reinaria em Jerusalém imediatamente antes do fim da história, reconstruiria o templo, aboliria o cristianismo, negaria Cristo, seria aceito pelos judeus, fingiria ser Deus e conquistaria o mundo. O milênio não deveria ser entendido literalmente como mil anos, mas apenas espiritualmente (segundo Agostinho), e significando todo o período entre a morte de Cristo e a vinda do Anticristo.

De modo similar, Belarmino acompanhou a biografia do Anticristo iniciada por Adso em meados do século X. Belarmino argumentou que o Anticristo foi um indivíduo único, que ainda não tinha vindo, que seria um judeu da tribo de Dã que viria principalmente para os judeus e seria acolhido por eles, que se tornaria rei dos judeus e reinaria a partir de Jerusalém por 3 1/2 anos; ele seria o monarca do mundo inteiro e perseguiria os cristãos pelo mundo em uma grande guerra (a guerra de Gog e Magog), antes de finalmente ser derrotado.

## Satanás e as chamas do inferno

O problema referente a quando Satanás foi preso e solto não era fácil de resolver. O fato de o ser humano ter sido redimido mediante a vida e morte de Cristo indicou ser aquele o tempo em que Satanás fora preso por mil anos. E, no entanto, a objeção óbvia a qualquer prisão de Satanás em algum momento do passado foi a de que não era possível encontrar período algum com duração de mil anos a respeito do qual se podia alegar que o mal cessou e a Igreja desfrutou de um longo período de paz, tranquilidade e de bem-estar espiritual. Isso levou muitos a situarem a prisão de Satanás no futuro. A objeção tão justa quanto óbvia a qualquer asserção de que Satanás ainda não fora preso e que, por essa razão, ele estava tão ativo após a vida e morte de Cristo quanto estivera antes dela, foi que isso levantava dúvidas sobre a vitória sobre Satanás, o pecado e a morte, que se supunha que Cristo *já* havia conseguido.

Ainda assim, todos, sejam católicos ou protestantes, concordavam em que a obra de Cristo resultaria *por fim* na vitória sobre Satanás, o pecado e a morte. Após o Dia do Juízo não existiria mais pecado; os bons seriam recompensados com a felicidade eterna no céu e o Diabo e seus anjos caídos, o Anticristo e os perversos seriam punidos com a miséria eterna no inferno. Nesse sentido, o presbiteriano João Shower (c. 1657-1715) escreveu:

> Ouvimos falar de alguns que suportaram ser quebrados na roda, ter seus intestinos arrancados, ser esfolados vivos, ser desconjuntados, ter a carne queimada, ser triturados em um pilão, ser cortados em pedaços com ganchos para carne, ser queimados em óleo, assados em grelhas incandescentes etc. E, no entanto, todas essas coisas, ainda que deveis superar ademais todas as doenças, como a peste negra, cálculos, gota, estrangúria ou qualquer outra coisa que possais mencionar que seja sumamente torturante para o corpo [...], tudo isso nem se compara [...] com aquela ira, aquele horror, aquela inconcebível angústia que os condenados inevitavelmente sofrerão a cada momento, sem qualquer interrupção de suas dores, nas chamas infernais[524].

As punições dos condenados refletiam aquelas com que os contemporâneos de Shower estavam por demais familiarizados em sua vida cotidiana – infinitamente intensificadas por um pra-

---

524. SHOWER, J. *Heaven and Hell*: Or, The Unchangeable State of Happiness or Misery for all Mankind in Another World. Londres, 1700, p. 17-18.

zo infinito. Foi um ataque a todos os sentidos. Assim, os olhos seriam afrontados por visões horríveis. "O desejo entrou pelo olho a partir de belezas corpóreas?", perguntou o clérigo Roberto Sharrock da Catedral de Winchester (1630-1684). Ele declarou: "No inferno, o horror entrará mais abundantemente nele a partir de visões medonhas"[525]. O nariz seria atacado por cheiros desagradáveis. O anglicano Guilherme Gearing (c. 1625-1690) escreveu o seguinte: "Vós, pessoas finas e delicadas que agora não conseguem tolerar o menos desagradável dos cheiros, estareis deitados em uma masmorra fedorenta, em um lago repugnante que arderá em fogo e enxofre para sempre"[526]. Os ouvidos seriam atacados pelos gritos dos condenados, que "estarão sempre choramingando, suspirando, chorando, lamentando, atormentados sempre e sem alívio", como escreveu João Bunyan (1628-1688)[527]. Os terrores do inferno eram multiplicados pelo clamor e choro dos companheiros de alguém, por crianças gritando contra seus pais, maridos contra esposas e esposas contra maridos, senhores e servos, ministros e povo, magistrados e súditos, amaldiçoando e recriminando uns aos outros para dentro do futuro infinito.

Além disso, os horrores dessa cacofonia eterna da miséria e culpa eram aumentados por gritos de demônios. Guilherme Gearing imaginava que condenados seriam afrontados pelo barulho horripilante de espíritos condenados, "berrando e urrando com gritos lúgubres"[528]. João Bunyan deu a entender que, em

---

525. SHARROCK, R. *De Finibus Virtutis Christianae.* Oxford, 1673, p. 41.
526. GEARING, W. *A Prospect of Heaven: Or, A Treatise of the Happiness of the Saints in Glory.* Londres, 1673, p. 226.
527. SHARROCK, R. (ed.). *The Miscellaneous Works of John Bunyan.* Oxford: Clarendon, 1976-, p. 1.300.
528. GEARING, W. *A Prospect of Heaven: Or, A Treatise of the Happiness of the Saints in Glory.* Op. cit., p. 226.

nossa vida atual, o simples pensar em demônios aparecendo era suficiente para fazer o corpo tremer e arrepiar os cabelos. Porém, os espíritos dos perversos seriam assombrados por duendes e demônios. Ele perguntou:

> O que farás quando não aparecer só a suposição dos demônios, mas quando a sociedade real de todos os demônios no inferno estiver contigo uivando e urrando, guinchando e gritando de maneira tão hedionda, que terás chegado a ponto de perder teu juízo e estarás prestes a enlouquecer de tanta angústia e tormento?[529]

Os papéis do Diabo no inferno refletiam a ambivalência conceitual no centro da tradição cristã. Como vimos, de um lado, o Diabo era o inimigo implacável de Deus e merecedor da ira infinita de Deus e sua eterna punição. Contudo, em contrapartida, o Diabo e seus asseclas eram servos de Deus na punição divina dos condenados. Eles eram tanto atormentados quanto torturadores. De acordo com o platônico Henrique More (1614-1687), de Cambridge, as almas perversas seriam expostas a oficiais de justiça cruéis e sem remorsos, tão destituídos de senso para o bem quanto aqueles que eles puniriam. Esses demônios "saciam sua crueldade lasciva com todo tipo de abusos e tormentos que conseguiam imaginar", ao passo que as almas das pessoas seriam torturadas de maneiras muito além "das que a tirania mais cruel infligiu aqui; seja ao culpado, seja ao inocente"[530]. O puritano Cristóvão Love (1618-1651), nomeado assim de maneira um tanto infeliz[531], fez a

---

529. SHARROCK, R. (ed.). *The Miscellaneous Works of John Bunyan*. Op. cit., p. 1.274-1.275.
530. MORE, H. *The Immortality of the Soul, so Farre forth as it is Demonstrable from the Knowledge of Nature and the Light of Reason*. Londres, 1659, p. 441, 434.
531. "*Love*" tomado como significado de "amor" [N.T.].

analogia entre o sadismo dos demônios no inferno e a misericórdia dos carrascos terrenos:

> Amados, os tormentos de um homem seriam um tanto atenuados, ainda que ele fosse condenado a suportar alguma punição, se o homem que vier a ser o executor da sua pena fosse alguém misericordioso; se ele o poupasse o quanto pudesse: devendo um homem ter a mão queimada, se o homem que tiver de queimá-la o poupasse e mal e mal o tocasse, ele consideraria isso uma grande felicidade; os vossos tormentos seriam atenuados se só houvesse criaturas misericordiosas no inferno. Porém, quem são os vossos torturadores? Vossos torturadores são demônios, nos quais não há compaixão, que não vos pouparão, mas vos infligirão todos os tormentos de que forem capazes ou que vós fordes capazes de suportar: estejais seguros de que vossos torturadores não terão misericórdia; mas vos cobrirão ao máximo com rios de enxofre e montanhas de fogo[532].

Portanto, as punições infligidas pelo Diabo e seus anjos aos condenados no inferno manifestavam a glória e a justiça de Deus. Em seu *Tratado sobre os espectros* (1658), Tomás Bromhall escreveu que eles eram torturadores e executores de penas em homens perversos, "de modo que sua justiça possa brilhar de modo tanto mais glorioso, para consolo do Divino e do seu Eleito"[533].

Enquanto se pode dizer que, no curso da história, o Diabo teve autonomia suficiente em suas ações contra humanidade para livrar Deus da responsabilidade por elas, após sua derrota final foi diferente. O Diabo finalmente havia sido privado de

---

532. LOVE, C. *Hell's Terror, Or, A Treatise of the Torments of the Damned as a Preservative against Security.* Londres, 1653, p. 46-47.
533. BROMHALL, T. *A Treatise of Specters: Or, An History of Apparitions, Oracles, Prophecies, and Predictions, with Dreams, Visions, and Revelations. And the Cunning Delusions of the Devil.* Londres, 1658, p. 350.

todo poder. Agora só Deus podia ser responsabilizado pelos sofrimentos infligidos aos condenados no inferno por Ele e seus anjos maus. Em seu *Discurso sobre a punição do pecado no inferno* (1680), o calvinista Tomás Goodwin declarou "que os demônios são os maiores torturadores dos homens ou de suas consciências no inferno: ou, se alguém afirmasse isso eu perguntaria quem é que atormenta as consciências dos próprios demônios? Certamente ninguém senão Deus"[534].

No âmbito da ortodoxia protestante do século XVII, o furor de Deus substituiu tanto o ódio satânico quanto o amor divino. Na ortodoxia católica do mesmo período, a justiça de Deus sobrepujou sua bondade. Para o católico Ângelo Maria de São Filipe (1670-1703), a tentação de privilegiar o amor em relação à justiça era do Diabo; e parte da felicidade de Deus consistia nos sofrimentos dos condenados ao inferno:

> Se Deus olhasse para aqueles réprobos apenas com um olhar de desagrado, seria de esperar que, para evitar arrependimento eterno, ele pingasse uma gota de sua infinita misericórdia e apagasse aquele fogo imenso; mas visto que a tortura das almas condenadas faz parte de sua felicidade soberana, não se pode esperar misericórdia, exceto se alguém acreditar que Deus queira se privar de parte de sua glória por toda a eternidade e reduzir pela metade a beatitude que recebe do sofrimento deles[535].

Antes do fim da história, o paradoxo satânico forneceu uma maneira de atenuar a responsabilidade de Deus pelo mal. Com a derrota final do Diabo no fim da história, o paradoxo foi re-

---

534. GOODWIN, T. *A Discourse of the Punishment of Sin in Hell*: Demonstrating the Wrath of God to be the Immediate Cause Thereof. Londres, 1680, p. 98.

535. Apud CAMPORESI, P. *The Fear of Hell*: Images of Damnation and Salvation in Early Modern Europe. Cambridge: Polity Press, 1990, p. 93.

movido. O Diabo já não era mais o poderoso inimigo de Deus, mas seu servo derrotado. Embora o Diabo punisse os condenados no inferno, Deus era o único responsável pelos seus sofrimentos. Sua onipotência já não estava mais em dúvida. Em contrapartida, sua bondade parecia ter sido suplantada por sua justiça furiosa.

# 9
# A "morte" do Diabo

*Dizem os insensatos em seu coração: "Não há Deus"* (Sl 14,1).

## Satanás e superstição

No ano de 1550, era tão impossível não crer no Diabo quanto era impossível não crer em Deus. Em meados do século XVIII, as condições intelectuais haviam mudado suficientemente para que pelo menos alguns da elite "letrada", tanto religiosa quanto não religiosa, contemplassem a não existência do Diabo ou, no mínimo, se perguntassem se ele ainda tinha um papel na história ou poderia agir no mundo.

Esse banimento de Satanás a recantos distantes da mente europeia culta é exemplificado por Guilherme Hogarth em seu impresso *Credulidade, superstição e fanatismo*, publicado pela primeira vez em abril de 1762. Nesse impresso, o que haviam sido componentes centrais da crença religiosa em meados do século XVI passam a ser desacreditados como superstição, a serem cridos apenas pelos crédulos e fanáticos. O domínio da superstição havia crescido consideravelmente, enquanto o da religião decrescera de modo correspondente.

O impresso de Hogarth estampa um sacerdote jesuíta com tonsura disfarçado de metodista, pregando sobre o texto "Falo como louco" (2Cor 11,21). Por baixo da veste clerical ele traz uma roupa de palhaço. Sua mão esquerda segura uma boneca de bruxa dando de mamar para um espírito familiar com forma animal; na outra mão, um boneco do Diabo com um rabo bifurcado, segurando uma grelha.

Cada uma das três figuras em torno do púlpito segurava uma vela. Elas faziam referência aos três fantasmas mais famosos daquele período: o fantasma de Sir Jorge Villiers, que avisou um servo do iminente assassinato de seu filho Jorge, duque de Buckingham; o fantasma de Júlio César assassinado, aparecendo diante de Bruto; e o fantasma da Sra. Veale, sobre a qual Daniel Defoe escreveu em seu conto *Relato verdadeiro do aparecimento de certa Sra. Veale no dia seguinte à sua morte a certa Sra. Bargrave em Cantuária em 8 de setembro de 1705.*

Em um banco na base do púlpito, outro ministro empurra uma estátua do fantasma de Cock Lane pela frente do vestido de uma jovem mulher, enquanto um demônio sussurra ao ouvido de outro membro da comunidade. O termômetro à direita do púlpito, que mede as emoções humanas e os transtornos mentais (desde as profundezas do desespero até os píncaros do desejo, do êxtase e da loucura) é encimado por outra imagem do fantasma de Cock Lane e do fantasma conhecido como o Baterista de Tedworth. Diante do púlpito estava deitada a figura de Maria Toft, uma mulher de Godalming em Surrey, que era conhecida por dar à luz coelhos vivos. Perto dela, um engraxate, provavelmente o endemoninhado Guilherme Perry, o Menino de Bilson, vomita pregos. Ele segura uma garrafa de urina, na qual foi confinado o espírito mau que o possuiu, ainda que a rolha tenha saltado, permitindo que o espírito escapasse.

Para Hogarth, a credulidade, a superstição e o fanatismo se baseavam (literalmente) em vários livros retratados no impresso. Proeminente entre eles foi o famoso livro de José Glanvill em defesa de espíritos, demônios e bruxas, intitulado *Saducismus triumphatus: ou evidência plena e clara concernente a bruxas e aparições* (1681), editado após sua morte pelo platônico Henrique More. Próximo ao Menino de Bilson aparecia a mais influente de todas as demonologias inglesas, a *Daemonologie* do Rei Jaime, de 1597.

O que antes havia sido uma parte aceita do mundo intelectual passou a ser objeto de sátira e ridículo. Então, quais foram as condições intelectuais que tornaram possível o banimento do Diabo da posição central dentro do pensamento cristão que ele ocupara até aquela época? Nos termos mais amplos possíveis, foi a exclusão gradual do espiritual – tanto o sobrenatural (milagres operados por Deus) quanto o preternatural (milagres com frequência operados por demônios) – do domínio do natural. Ela sinalizava o desenvolvimento de novas formas de espiritualidade cristã que não fundamentaram a fé pessoal e a religião na revelação divina, na Escritura ou na presença do divino ou do demoníaco no mundo, mas na contemplação racional de um mundo desencantado.

O ponto inicial para isso foi o começo do século XVI, o período que antecedeu a Reforma, no qual ainda predominava a explicação tomista medieval do elo entre milagres [*miracles*] e maravilhas [*wonders*], dominante desde o começo do século XV. Em sua *Summa contra gentiles* (*Suma contra os gentios*), Tomás de Aquino havia feito a distinção entre três tipos de eventos ou ocorrências físicas. Os primeiros eram os naturais – aquilo que existe sempre ou na maior parte do tempo. Essa ordem natural podia ser violada de duas maneiras. Ela podia ser rompida por milagres (*miracula*) – atos realizados diretamente por Deus sem a mobilização de causas secundárias (o sobrenatural) –, ou podia ser interrompida por maravilhas (*miranda*) – eventos incomuns que dependiam unicamente de causas secundárias e não exigiam a suspensão da providência ordinária de Deus (o preternatural)[536]. Essa categoria de maravilhas podia ser subdividida em maravilhas causadas por agentes espirituais (como Satanás e seus asseclas) e aquelas que se produziam sem agentes por meio de causas naturais (embora com frequência encobertas ou ocultas).

A distinção mais clara entre o divinamente milagroso e o demonicamente maravilhoso foi feita pelo teólogo dominicano Jacopo Passavanti († 1357) em seu *Lo specchio della vera penitenzia* (*O espelho da verdadeira penitência*). Ele escreveu o seguinte:

> O Diabo conhece toda ciência e toda arte e, por isso, é capaz de juntar uma coisa com a outra, porque todas as coisas têm de lhe obedecer no que concerne ao movimento local. E ele é capaz de fazer e de simular coisas maravilhosas. Naturalmente não estou dizendo que o Diabo seja capaz de realizar milagres verdadeiros, mas que ele é capaz de fazer coisas maravilhosas, entendendo por milagres verdadeiros propriamente as coisas que sabemos que estão acima ou fora da verdadeira ordem da natureza, tais como reviver um morto, criar algo a partir de nada ou devolver a visão ao cego e coisas como essas. Tais milagres somente Deus pode realizar[537].

---

536. DASTON, L. & PARK, K. *Wonders and the Order of Nature, 1150-1750*. Nova York: Zone, 2001.

537. KORS, A.C. & PETERS, E. *Witchcraft in Europe, 400-1700*: A Documentary History. Op. cit., p. 108.

Tratou-se de uma distinção que, ao mesmo tempo que limitava os poderes do Diabo, não obstante, propiciava um amplo escopo para suas atividades.

## A cessação de milagres

Em 1651, quando Tomás Hobbes (1588-1679) publicou seu *Leviatã*, a doutrina da cessação de milagres se tornou lugar-comum, o suficiente para Hobbes ser capaz de propor os direitos de governadores e os deveres dos súditos sem recorrer a nada além das Sagradas Escrituras. Hobbes declarou:

> Por isso, vendo que os milagres agora cessam, não nos resta nenhum sinal pelo qual reconhecer as supostas revelações ou inspirações de qualquer homem particular; nem obrigação de dar ouvidos a qualquer doutrina além da que é coadunável com as Sagradas Escrituras, que desde o tempo do nosso Salvador, supre o lugar e compensa suficientemente a falta de toda e qualquer outra profecia[538].

Ao dizer isso, Hobbes declarou a revelação divina concluída a partir da época das Escrituras. Ele também excluiu a necessidade de levar em conta quaisquer verdades religiosas emitidas desde a época do Novo Testamento, particularmente alguma que reivindicasse ser verdadeira em decorrência de milagres a ela associados. Não se tratou de uma doutrina que chegou a dizer que Deus não podia mais operar milagres. Porém, ela alegou que, pelo menos desde o tempo de Cristo (ou desde alguns poucos séculos depois disso), Deus escolheu não fazer mais isso (ou só raramente o fez). Foi uma doutrina que surgiu do princípio protestante do *sola Scriptura* (somente pela Escritura) e o refor-

---

538. HOBBES, T. "Leviathan", 32. In: MALCOLM, N. (ed.). *Thomas Hobbes: Leviathan*. Oxford: Clarendon, 2012, 3.584.

çou. E tratou-se de uma crítica das pretensões do catolicismo de estender o alcance da doutrina cristã para além da doutrina bíblica, tanto quanto uma declaração de que Deus não mais interveio de modo sobrenatural nos assuntos humanos.

A alegação de que os milagres cessaram foi a mais importante dentre uma gama de argumentos contra milagres na teologia protestante inglesa do século XVI formulados com a intenção de criticar as pretensões da Igreja Católica de ser a única a ter a verdade e a legitimidade religiosas e de estabelecer a identidade do protestantismo inglês. Alegações de que aparentes milagres eram atos fraudulentos de um sacerdócio charlatão, obras de Satanás ou parte das atividades escatológicas do Anticristo papal foram todas dirigidas contra os milagres como legitimadores da verdade do catolicismo. Como observou D.P. Walker:

> O propósito dessa doutrina da cessação de milagres é demolir completamente de um só golpe todos os milagres católicos modernos, apresentados como sinais divinamente dados da verdadeira Igreja, em vez de mostrar que cada um deles é fraudulento ou produzido por magia supersticiosa e, ao mesmo tempo, provar que a Igreja romana é o Anticristo[539].

Porém, os argumentos para atingir esse efeito eram bem mais do que isso. Eles eram centrais para o alinhamento do próprio protestantismo inglês com a "racionalidade" contra o sacerdócio católico fraudulento e um laicato ignorante e crédulo. Esses foram, portanto, os primeiros tiros na guerra contra o catolicismo, os quais tiveram a consequência não intencionada de acionar o estabelecimento de novas espiritualidades racionais, do tipo que, em meados do século XVIII, viriam a ser parte da crítica

---

539. WALKER, D.P. *Unclean Spirits*: Possession and Exorcism in France and England in the Late Sixteenth and Early Seventeenth Centuries. Op. cit., p. 67.

geral do sobrenaturalismo na religião como o domínio do irracional e do supersticioso e como o refúgio tanto de charlatães quanto de tolos ingênuos.

Embora os teólogos protestantes ingleses pudessem ser ambivalentes a respeito da cessação de milagres, eles estavam sem exceção comprometidos com vê-los criticamente. Eles teriam buscado em vão o apoio dos principais reformadores europeus. Ainda que estes reconhecessem o valor de uma crítica dos milagres para sua causa contra o catolicismo, eram igualmente ambivalentes. Martinho Lutero assumiu que Deus fez milagres para estabelecer o cristianismo e que, na medida em que a fé se estabeleceu, os milagres cessaram gradualmente. Enquanto ele assumia que o "milagre" da alma transformada pela fé continuaria a ocorrer até o último dia, os milagres muito mais raros do corpo, como exemplificados nos milagres de cura operados por Cristo, não eram mais necessários, já que a fé cristã passou a apoiar-se de modo seguro nas Escrituras. Isso desculpava a ausência de milagres no âmbito do protestantismo, embora ele não chegasse ao ponto de depreciar sua aparente continuação no catolicismo[540].

Mais do que Lutero, Calvino se envolveu diretamente com a alegação católica de que milagres validavam o catolicismo e sua ausência falsificava o protestantismo. Contra isso, Calvino construiu um contra-argumento a partir da Escritura, dizendo que os milagres, longe de indicar a verdade das doutrinas, apontam muito mais para falsos profetas e anticristos[541]. Ele declarou que

---

540. WALKER, D.P. "The Cessation of Miracles". In: MERKEL, I. & DEBUS, A.G. *Hermeticism and the Renaissance*: Intellectual History and the Occult in Early Modern Europe. Washington, DC: Folger, 1988, p. 111-112.

541. PRINGLE, W. (trad.). *Commentary on a Harmony of the Evangelists, Matthew, Mark, and Luke by John Calvin*. Grand Rapids, MI: Baker Book House, 1984, 3.140.

milagres alimentam a idolatria, afastando as pessoas do verdadeiro culto a Deus. Seus milagres são "muito tolos e ridículos, muito vãos e falsos"[542]. E ele deu a entender que a doutrina católica, em vez de ser confirmada por milagres, era deslegitimada por maravilhas satânicas ilusórias[543]. Ainda assim, a opinião ponderada de Calvino foi que os milagres provavelmente cessaram na época da Igreja antiga. Sem dúvida, ele achou melhor criticar todos os milagres católicos como fraudulentos como base em sua cessação do que argumentar a favor da possibilidade de milagres protestantes. Assim, ele declarou:

> Embora Cristo não tenha afirmado expressamente se pretendia que esse dom fosse temporário ou que permanecesse perpetuamente em sua Igreja, é mais provável que milagres tenham sido prometidos somente por um tempo, visando abrilhantar o Evangelho, enquanto ele fosse novo e se encontrasse na obscuridade [...]. E certamente vemos que o uso deles cessou não muito tempo depois ou, pelo menos, que exemplos deles se tornaram tão raros, a ponto de nos autorizar a concluir que não seriam igualmente comuns em todas as eras[544].

Com tudo isso não se quer dar a entender que, a partir da época da Reforma, o milagroso tenha desaparecido dos modos de pensar protestantes. Porém, o que podemos dizer é que, a partir dessa época, "milagre" se tornou uma categoria contestada no âmbito das discussões teológicas da elite protestante; isso permaneceu assim mesmo quando, no século XVIII, o debate se deslocou da questão referente a quando Deus teria cessado de

---

542. McNEILL, J.T. (ed.). *Calvin*: Institutes of the Christian Religion. Louisville, KT: Westminster John Knox Press, 2006, p. 16.
543. Ibid., p. 17.
544. PRINGLE, W. (trad.). *Commentary on a Harmony of the Evangelists, Matthew, Mark, and Luke by John Calvin*. Op. cit., 3.389.

operar milagres para a questão se Deus podia operar milagres (como no caso de Spinoza) ou se poderia haver evidência suficiente para demonstrar que Ele fez isso (como no caso de David Hume). De modo crucial, a doutrina da cessação de milagres implicou que, na ausência da intervenção miraculosa cotidiana de Deus, o mundo se tornou um lugar muito mais "ordeiro" do que ele havia sido concebido antes disso. E aquilo que antes tinha sido concebido como miraculoso pôde passar a ser concebido como supersticioso.

## O Diabo privado de suas habilidades

O debate sobre a possibilidade de haver milagres não afetou o Diabo diretamente. Como sabemos, ele nunca teve poderes sobrenaturais e só podia operar dentro do domínio do "natural"; ou melhor, do "preternatural". Afinal, ele era o senhor do "preternatural", um criador de maravilhas, o praticante exemplar da "magia natural". Como formulou o teólogo puritano Guilherme Perkins (1558-1602), o Diabo tinha seu

> conhecimento sofisticado de todas as coisas naturais; como o das influências dos astros, as constituições dos humanos e de outras criaturas, as espécies, virtudes e substâncias ativas de plantas, raízes, ervas, pedras etc., sendo que esse seu conhecimento ia muitos graus além da habilidade de todos os humanos, sim, até mesmo daqueles que têm maior excelência nesse gênero, como os filósofos e os médicos[545].

Com efeito, então, a atividade do Diabo fazia parte do domínio da "natureza" e a demonologia era parte da "filosofia natural". Foi por isso que José Glanvill (1636-1680), em companhia de outros colegas da Real Sociedade, não viu contradição entre

---

545. PERKINS, W. *A Discourse of the Damned Art of Witchcraft*. Op. cit., p. 59.

sua adesão ao método experimental emergente na ciência, seu apoio à magia natural e sua crença nas atividades de espíritos, demônios e bruxas. Ele escreveu o seguinte à Real Sociedade:

> *De fato*, do jeito que estão as coisas no presente, a TERRA DE ESPÍRITOS é uma espécie de *América*, e uma *Região* não bem explorada; sim, ela consta no *Mapa da Ciência humana* como *Áreas desconhecidas*, cheias de *Montanhas, Mares e Monstros* [...]. Pois não sabemos coisa alguma do mundo em que vivemos, a não ser por meio de *experimentação* e *Fenômenos*; e há o mesmo modo de *especular* a natureza *imaterial* por meio de *Eventos* e *Aparições* extraordinários, que possivelmente poderia ser aprimorado, resultando em *notas* não *desprezíveis*, se houvesse uma *História Cautelosa* e *Fidedigna* feita daquelas *aparições certas* e *incomuns*[546].

Em suma, não se percebia contradição entre ciência terrena moderna e demonologia. A consequência disso foi que, na prática, era difícil tanto para os filósofos da natureza quanto para os demonologistas distinguir entre maravilhas naturalmente causadas e maravilhas em que demônios desempenharam algum papel. A única diferença entre a obra dos demônios e as maravilhas naturais que ocorriam por si sós era a iniciativa de um livre-arbítrio no primeiro caso.

Assim, talvez não cause surpresa que tenha havido uma tendência crescente entre os filósofos, e também entre seus irmãos demonólogos, de ver a presença do demoníaco como teoricamente redundante. Até José Glanvill, por exemplo, apesar de suas intenções de apoiar a realidade dos espíritos e da bruxaria, se propôs a fornecer, por meio de sua doutrina do "fermento venenoso", uma explicação "naturalista" de temas-chave na de-

---

546. GLANVILL, J. *A Blow at Modern Sadducism in some Philosophical Considerations about Witchcraft*. Londres, 1668, p. 115-117.

monologia. De acordo com Glanvill, o espírito familiar da bruxa não só se alimenta da bruxa, mas também infunde um "fermento venenoso" nela. Ele prossegue: "Claramente se vê que o *espírito mau*, tendo *soprado* algum *vapor vil* no *corpo* da *bruxa*, pode *tingir* seu *sangue* e *espírito* com uma *qualidade nociva*, pela qual sua *imaginação infectada*, intensificada pela *melancolia* e por essa *causa pior*, pode causar profundo ferimento"[547]. Esse fermento venenoso foi, em primeira linha, o responsável pela capacidade da bruxa de praticar o mal, "de modo que me sinto autorizado a pensar que pode haver um *poder* de *fascinação real* nos *olhos* e na *imaginação da bruxa*, mediante o qual, na maioria das vezes, ela atua sobre corpos *sensíveis*"[548]. E ele capacitou a bruxa a transformar seu corpo terrestre em um corpo mais adequado para viajar ao *sabbat* e em um mais maleável para ser transformado em formas animais.

Ainda assim, durante o século XVII, apesar do ceticismo crescente a respeito de seu papel como causa de maravilhas, o Diabo estava bem servido pela fascinação intelectual exercida por aqueles eventos. Em contraste com o domínio dos milagres aparentemente encolhido, o século XVII começou com uma expansão das maravilhas de cunho preternatural, tanto em relação ao espiritual quanto ao natural, consistindo em providências divinas especiais, expectativas apocalípticas e possessões demoníacas. Como quer que isso tenha sido, no decorrer do século, o domínio das maravilhas preternaturais *causadas por*

---

547. GLANVILL, J. *A Philosophical Endeavour towards the Defence of Witches and Apparitions*. Londres, 1666, p. 18. Cf. tb. DAVIES, J.A. "Poisonous Vapours: Joseph Glanvill's Science of Witchcraft". In: *Intellectual History Review*, vol. 22, 2012, p. 163-179.

548. GLANVILL, J. *A Philosophical Endeavour towards the Defence of Witches and Apparitions*. Op. cit., p. 24.

*agentes espirituais* encolheu na mesma medida em que as maravilhas perderam seu valor evidenciador enquanto sinais de atividades divinas ou demoníacas. O mundo das "maravilhas naturais" não causadas por agentes espirituais tornou-se o território predominante da filosofia natural e os filósofos da natureza se tornaram os árbitros do que devia ser concebido como o domínio do natural.

Na mente dos filósofos da natureza o Diabo perdeu valor intelectual em consequência do fim da relação entre maravilhas e agentes espirituais como causas delas; além disso, ele perdeu o controle quando as próprias maravilhas foram intelectualmente marginalizadas. E, na primeira parte do século XVIII, houve de modo mais generalizado uma perda de interesse em maravilhas. Elas também se tornaram intelectualmente redundantes em decorrência de uma mudança na investigação científica da natureza, que se deslocou de sua falta de ordem para um enfoque em seu caráter ordeiro, sua simplicidade e sua uniformidade. Um mundo de maravilhas, seja ele natural ou demoníaco, era um mundo não subordinado a Deus. Um mundo subordinado a Deus no papel de criador não era um mundo de rupturas maravilhosas, mas um mundo de ordem, decoro, regularidade e uniformidade. A "ordem da natureza", sua regularidade e uniformidade evidenciando seu projetista divino, passou a excluir o preternatural e as maravilhas ficaram relegadas ao domínio da superstição e da vulgaridade. Como formularam Lorraine Daston e Katherine Park:

> A rejeição erudita de maravilha e maravilhas no início do século XVIII contou com a participação da metafísica e do esnobismo. A "ordem da natureza", a exemplo da "ilustração", era definida em grande medida pelo que ou por quem era excluído. Maravilhas e vulgaridade desempe-

nharam papéis simétricos e sobrepostos nesse processo de exclusão: a ordem da natureza era o antimaravilhoso; os ilustrados eram os antivulgares; e, [...] as maravilhas eram vulgares[549].

E "o Diabo", deixando de ocupar um espaço intelectual viável, foi relegado ao domínio da credulidade e da superstição.

Pode-se dizer que algo similar aconteceu com os efeitos mágicos, considerados como um subconjunto "do maravilhoso". Como vimos no final do capítulo 4, a magia da Renascença tentou incorporar a magia natural ao domínio em expansão da filosofia natural. Esse projeto de incorporar a magia natural à filosofia natural de modo mais geral constituiu efetivamente uma negação de que a magia natural fosse mesmo mágica. Formulado de outro modo, ele foi uma tentativa de deslocar a magia (ou, pelo menos, algumas partes dela) do domínio do preternatural para o do puramente natural. Com efeito, quanto mais a magia era identificada pela Igreja com bruxaria, feitiçaria e demonologia, tanto mais os defensores da magia natural se preocupavam em identificá-la puramente com o natural. Quanto mais ela pudesse ser naturalizada pelos filósofos naturais tanto menos podia ser demonizada pelos demonologistas.

Assim, durante o período que vai da Renascença, no início do século XVI, até o despontar da ciência, no final do século XVII, as fronteiras da magia foram continuamente debatidas e acabaram sendo retraçadas. Na última parte do século XVII, as partes da magia natural que eram congeniais com a filosofia da natureza acabaram sendo incorporadas à ciência moderna inicial emergente. No século XVIII, as partes da magia que não

---

549. DASTON, L. & PARK, K. *Wonders and the Order of Nature, 1150-1750*. Op. cit., p. 350.

eram passíveis de serem absorvidas – necromancia, magia ritual, magia angelical e demoníaca, feitiçaria e bruxaria – foram relegadas ao domínio da superstição. Assim, a mágica preternatural foi naturalizada ou rejeitada como supersticiosa. O Diabo tinha perdido seu *modus operandi*. A teologia reagiu de modo correspondente: a teologia natural converteu-se em teologia da natureza. Como observam Daston e Park: "A saída silenciosa dos demônios da teologia respeitável coincide em termos temporais e corresponde em termos estruturais quase exatamente ao desaparecimento do preternatural da filosofia natural respeitável"[550].

## O Diabo desencarnado

A doutrina da cessação de milagres implicou que toda causação no âmbito do mundo era natural, em virtude de sua negação de qualquer incursão sobrenatural do divino no domínio natural. Em suma, todos os eventos no âmbito do mundo eram considerados como causados unicamente de modo natural. Os eventos preternaturais passaram a ser vistos como ocorrendo independentemente da atividade de quaisquer agentes espirituais, como o Diabo e seus asseclas. O Diabo se tornou vítima de mudanças de compreensão do que é "o natural", as quais excluíram a possibilidade de que ele tivesse algum papel nele.

O Diabo também sofreu um ataque vindo de outra direção, não de mudanças na compreensão da natureza, mas de ataques à natureza dos entes espirituais e sua capacidade de ter existência física ou mesmo presença física. Assim, paralelamente aos debates sobre as fronteiras do natural, houve, a partir do final do século XVI, um debate sobre a natureza do demoníaco, mais

---

550. Ibid., p. 361.

especificamente sobre a possibilidade da encarnação do demoníaco. A negação dessa possibilidade estava no centro da crítica de Reginaldo Escoto à demonologia em seu livro *A descoberta da bruxaria*, de 1584.

Como vimos no capítulo 4, a bruxaria como imaginada pelos demonologistas era fundamentalmente dependente do pressuposto da corporalidade dos demônios e da possibilidade de sua interação corporal com os humanos. Sexo com o Diabo era a forma extrema dessa interação. E foi nesse ponto que se encontrava o argumento-chave de Escoto contra a demonologia, pois ele contrapôs demonologia e fisiologia. Ele argumentou que sexo só era possível entre seres *essencialmente* corpóreos. Os espíritos, incorpóreos por natureza, eram incapazes dos desejos da carne: "Igualmente onde faltam os membros genitais não pode haver desejo da carne: a natureza tampouco dá qualquer desejo de geração onde não é exigida a propagação ou sucessão. E, do mesmo modo que não podem ser afligidos pela fome, os espíritos não podem se inflamados por desejos"[551].

Escoto não ignorava os argumentos sutis dos demonologistas, que tinham em vista as possibilidades de sexo em corpos "virtuais". Porém, sua estratégia retórica foi restringir todo discurso sobre sexualidade aos processos fisiológicos em corpos reais e não supostos; e, portanto, excluir por princípio quaisquer interações corpóreas entre o Diabo e entes humanos. Ele declarou que

> Os ataques de Satanás são espirituais e não temporais. Nesse tocante, *Paulo* não desejou que providenciássemos um corselete de aço para nos defender de suas garras, mas ordenou que nos revestíssemos de toda a armadura de Deus

---

551. SCOT, R. *The Discoverie of Witchcraft*. Op. cit., p. 87.

[...]. Porque nossa luta não é contra carne e sangue, mas contra principados e potestades, e contra a maldade espiritual. E, por essa razão, ele nos aconselhou a estar sóbrios e vigiar: porque o diabo ronda como um leão que ruge, procurando alguém para devorar. Ele não tinha em mente os dentes carnais [...]. Então por que deveríamos pensar que um diabo, que é um espírito, poderia ser conhecido ou se tornar doméstico e familiar sob a forma de homem natural? Ou, como ele poderia, contrariamente à natureza, estar com a bruxa em feitura corporal, quando foi destinado por Deus a uma dimensão espiritual[552].

Escoto não negou a existência do Diabo nem dos demônios ou espíritos em geral. O que ele fez foi restringir a atividade do Diabo exclusivamente ao domínio espiritual – de espírito para espírito:

Enquanto nos alimentávamos, Satanás ou o Diabo nos tentou com glutonaria: ele introduziu lascívia em nossa geração; e indolência em nosso afazer; inveja na nossa conversação; avareza em nosso comércio; ira em nossa correção; soberba em nosso governo; [...] Quando despertamos, ele nos move a praticar obras más; quando adormecemos, a sonhos maus e imundos[553].

A rejeição das operações "exteriores" dos espíritos no mundo por Escoto era radical. Porém, a localização das atividades do "domínio espiritual" no âmbito do mundo "interior" da mente coadunava com a corrente principal da teologia protestante. O demonismo incorporado na liturgia, nos sermões, nos livros de conduta, nos panfletos impressos em papel, nos diários e florilégios e nas autobiografias e biografias populares estava centrado sobretudo na noção de "tentação interior" da alma protestan-

---

552. Ibid., p. 508.
553. Ibid.

te. Como observa Nathan Johnstone: "Enquanto o raio de ação medieval do Diabo incluía a tentação como uma dentre uma variedade de atividades com as quais ele podia afligir a humanidade, os protestantes a elevaram à condição de aspecto singular mais importante de sua atividade, que virtualmente eclipsou das demais"[554]. E, para Escoto, ela era a *única* atividade de Satanás em função de todas as suas intenções e todos os seus propósitos.

Além disso, a interiorização da obra do Diabo foi crucial no desenvolvimento da autorregulação protestante, pois ela problematizou a origem dos pensamentos íntimos do indivíduo. Eles vinham do Espírito de Deus ou do Diabo? Assim, libertação do demoníaco somente era possível por meio da mais rigorosa introspecção, autorregulação e exame de consciência. Por essa via, o Diabo desencarnado de Reginaldo Escoto já não era um "outro" exótico no mundo exterior de pactos com Satanás, *sabbats* de bruxas e possuídos pelo demônio. As normas do satanismo deixaram de ser encontradas no Diabo oculto em tempestades de raios e trovões ou aparecendo na forma de um cão preto ou com um íncubo. Em Escoto, bem como no protestantismo de modo mais generalizado, o Diabo foi normalizado. Ele estava presente na vida interior de todos os cristãos. Para Escoto, o Diabo já não era aquele que provocava uma inversão (ao estilo de Stuart Clark) do mundo físico exterior[555], mas, de modo mais crucial, aquele que provocava a subversão do mundo espiritual interior do indivíduo[556]. Ele já não desempenha

---

554. JOHNSTONE, N. *The Devil and Demonism in Early Modern England*. Cambridge: Cambridge University Press, 2006, p. 16. Sou grato a Johnstone por essa análise do demonismo protestante.

555. CLARK, S. "Inversion, Misrule and the Meaning of Witchcraft". In: *Past and Present*, vol. 87, 1980, p. 98-127.

556. Essa ainda é a imagem dominante do papel do Diabo no interior das formas do moderno cristianismo liberal, que ainda atribuem ao Diabo um papel na vida espiritual das pessoas.

um papel na história cósmica, mas somente na história pessoal do cristão individual.

Foi Tomás Hobbes que levou a análise de Reginaldo Escoto a dar aquele passo decisivo adiante. Para Escoto, entes incorpóreos não podiam interagir com humanos. Para Tomás Hobbes, a noção de que poderiam existir entes que seriam por natureza substâncias incorpóreas era contraditória. De acordo com Hobbes, a palavra "corpo" denotava algo que preenchia ou ocupava um lugar particular. Em seu *Leviatã*, ele argumentou que os termos "substância" e "corpo" significam a mesma coisa. E, por essa razão, "*substância* e *incorpórea* são palavras que, quando associadas uma à outra, anulam-se mutuamente, como se alguém dissesse *corpo incorpóreo*"[557].

Diante disso e para muitos dos seus leitores, isso pareceu ser a negação da existência de espíritos e, portanto, de anjos e demônios. É certo que Hobbes argumentou que, em muitos casos, os espíritos foram produtos da imaginação humana. Ele alegou que isso foi decorrência de uma compreensão errônea da verdadeira natureza da visão; a saber, tomar os objetos que aparecem à imaginação como se fossem objetos realmente existentes fora de nós, objetos que também eram tomados como essencialmente incorpóreos por desaparecerem da vista com frequência. Sem saber que a "visão" podia ser enganosa, "era difícil para as pessoas conceberem as Imagens na Fantasia e nos Sentidos de modo diferente do que como coisas reais fora de nós: algumas das quais teriam de ser absolutamente Incorpóreas"[558].

---

557. HOBBES, T. "Leviathan", 34. In: MALCOLM, N. (ed.). *Thomas Hobbes*: Leviathan. Op. cit., 3.610.
558. Ibid., 45. In: Ibid., 3.1012.

No que dizia respeito a anjos, Hobbes estava convicto de que não havia menção deles no Antigo Testamento, onde eles não podiam ser interpretados como "aparições sobrenaturais da Fantasia, suscitadas pela ação especial e extraordinária de Deus para, por esse meio, tornar sua presença e seus mandamentos conhecidos da humanidade"[559]. Ele foi forçado a mudar de ideia por sua leitura do Novo Testamento, que "extorquiu da minha débil razão um reconhecimento e uma crença de que ali também existem anjos de modo substancial e permanente"[560]. E o que se aplicava a anjos também se aplicou a demônios – eles podiam ser invenção da imaginação, mas podiam também ser criaturas que tinham existência real fora de nós.

Portanto, por se ater a sua filosofia materialista e a sua crença nas Escrituras, Hobbes foi forçado a um reconhecimento que, na medida em que os espíritos existiam fora de nós e porque a noção de corpos incorpóreos era contraditória, eles existiam só como entes naturalmente *corpóreos* no espaço. Em seu tratado sobre *A natureza humana*, ele escreveu: "Entendemos pelo termo 'espírito' um *corpo natural* [...] que preenche o lugar que a imagem de um corpo visível pode preencher [...] e consequentemente, conceber um espírito é conceber algo que tem dimensão"[561].

Isso deve ter possibilitado o acesso da demonologia ao domínio da filosofia natural, do mesmo modo que viabilizou a suposição dos demonologistas de que demônios podiam assumir corpos. É claro que os demônios corpóreos, como concebidos por Hobbes, asseguradamente faziam parte do domínio natu-

---

559. Ibid., 34. In: Ibid., 3.630.
560. Ibid.
561. HOBBES, T. *Humane nature: Or, The Fundamental Elements of Policy*. Londres, 1651, p. 133-134.

ral e eram capazes de interagir com humanos. Porém, Hobbes quis evitar essa conclusão. Ele fez isso negando que espíritos pudessem ser percebidos pelos sentidos. Como tais, eles não podiam ser conhecidos de modo natural e, por essa razão, não podiam ser parte de nenhuma filosofia natural. Era impossível haver "evidência natural" da existência de anjos, sejam ele bons ou maus, pois, como ele declarou, "supomos que os espíritos sejam aquelas substâncias que *não* exercem influência sobre o *sentido*; e, por essa razão, não são concebíveis"[562]. Em suma, demonologia não podia ser ciência.

Quanto à possessão demoníaca, Hobbes excluiu por princípio a possibilidade de que um demônio corpóreo possa entrar fisicamente no corpo de uma pessoa. Corpos não podiam "mesclar-se". Assim, quando Jesus ordenou que os espíritos saíssem dos possessos, Ele estava meramente falando em linguagem figurada àqueles que sofriam, não de possessão pelos demônios, mas de doenças naturais como loucura, demência, frênesi ou epilepsia. Para Hobbes, tanto a demonologia quanto o exorcismo eram meros meios pelos quais os sacerdotes católicos tentavam conservar seu prestígio e manter "o povo mais reverente diante do seu poder"[563]; logo, diminuindo a dependência apropriada dos súditos em relação ao seu poder soberano.

Uma coisa foi negar a capacidade do Diabo de interagir com humanos, uma negação vista como o primeiro passo na ladeira escorregadia rumo ao ateísmo; outra bem diferente foi negar completamente sua existência. Assim, foi um momento significativo tanto da história da demonologia quanto da teologia

---

562. Ibid., p. 135.
563. HOBBES, T. "Leviathan", 47. In: MALCOLM, N. (ed.). *Thomas Hobbes*: Leviathan. Op. cit., 3.1110.

quando Baruc Spinoza (1632-1677) negou a existência do Diabo. Em um breve capítulo intitulado "Sobre os demônios", em seu curto tratado *Deus, ser humano e seu bem-estar*, por volta de 1660, Spinoza concluiu que "não é possível que demônios existam"[564]. Foi a consequência inevitável de uma filosofia para a qual havia uma única substância – um Deus identificado com a natureza. Alguns viam essa identificação de Deus e natureza como divinização da natureza; a maioria a via como naturalização do divino. Em qualquer dos casos, não podia haver nada contrário a Deus: "Se o Diabo for algo contrário a Deus e nada tiver de Deus, ele concorda completamente com nada"[565]. Ademais, Satanás era desnecessário como resposta ao problema do mal no âmbito das emoções humanas. Ele escreveu: "Pois não temos a mesma necessidade que outros têm de estabelecer demônios, visando encontrar causas de ódio, inveja, raiva e paixões como essas. Nós passamos a conhecê-las suficientemente sem a ajuda dessas ficções". Spinoza tinha percebido o paradoxo demoníaco no coração do cristianismo. Assim, para submeter a uma crítica particular ele elegeu a ideia do Diabo tanto como aliado quanto como oponente de Deus. Ele via como absurdo Deus permitir que o Diabo iludisse as pessoas e depois as punisse eternamente por se deixarem iludir dessa forma. Assim, em 1675, Spinoza respondeu o seguinte a uma carta de Alfredo Burgh, acusando-o de ter caído na armadilha do Diabo:

> Agora você sonha com um Príncipe, inimigo de Deus, que contra a vontade de Deus ilude a maioria das pessoas (pois as boas são poucas) e as engana, as quais Deus, por isso mesmo, entrega a esse senhor da maldade para tortura per-

---

564. LEVACK, B.P. (ed.). *The Witchcraft Sourcebook*. Op. cit., p. 306.
565. Ibid., p. 306.

pétua. Assim, a justiça divina permite que o Diabo engane os humanos com impunidade, mas não permite que os humanos, desafortunadamente enganados e iludidos pelo Diabo, escapem impunes[566].

A Hugo Boxtel, Spinoza escreveu que Satanás e seus asseclas são, a exemplo dos espíritos e fantasmas em geral, meramente produtos da imaginação humana, resultado do desejo que os "humanos costumam ter de narrar coisas, não como são, mas como gostariam que fossem"[567]. Ao mesmo destinatário, ele observou em tom de provocação que achava enigmático que os crentes estivessem incertos quanto à existência de demônios femininos bem como masculinos e, em particular, por que "aqueles que viram espíritos nus não lançaram um olhar sobre as partes genitais; talvez estivessem demasiado temerosos ou fossem demasiado ignorantes quanto à diferença"[568]. Ele concluiu que argumentos a favor de espíritos, associados a qualquer evidência aparente de sua existência, "não convencerão ninguém de que existam fantasmas e espectros de todas as espécies, exceto quem, fechando seus ouvidos à voz da razão, deixa-se levar para o mau caminho pela superstição, que é tão hostil à justa razão que, do mesmo modo que diminui o prestígio dos filósofos, prefere crer em contos de viúvas idosas"[569].

## Corpos platônicos e demoníacos

Para José Glanvill e seu colega platônico de Cambridge Henrique More, a negação de espíritos, se não equivalia ao ateísmo,

---

566. SHIRLEY, S (trad.). *Spinoza*: The Letters. Indianápolis/Cambridge: Hackett Publishing Company, 1995, ep. 76, p. 341.
567. Ibid., ep. 52, p. 262-263.
568. Ibid., ep. 54, p. 267-268.
569. Ibid., ep. 54, p. 270.

era a rota direta para ele. Glanvill escreveu: "O ateísmo teve início no saducismo [a negação de espíritos]. E aqueles que não ousam dizer sem rodeios que NÃO HÁ DEUS, contentam-se [...] em negar que haja ESPÍRITOS ou BRUXAS"[570]. Já em 1653, Henrique More estava convencido

> de que uma descrença insolente no tipo de Narrativas concernente a *Espíritos* e um esforço para torná-las ridículas e inconcebíveis constituem um Prelúdio perigoso ao *Ateísmo* em si; ou então, uma profissão ou insinuação mais próxima e ardilosa dele. Pois com certeza o dizer "*Não há bispo, não há rei*" não foi tão verdadeiro na política quanto foi na metafísica o dizer "*Não há espírito, não há Deus*"[571].

O ateísmo, o materialismo e o libertinismo moral que, como se acreditava, necessariamente acompanhava os dois primeiros, ajudam a explicar a paixão com que muitos, no final do século XVII, elegeram narrativas críveis de atividades de bruxas falecidas, anjos e demônios. A credibilidade dessas "relações" era percebida como o baluarte mais resistente contra o ateísta: "se houve no passado espectros ou espíritos visíveis reconhecidos como coisas permanentes, não será fácil para alguém apresentar uma razão pela qual não pode haver um espectro supremo também, presidindo todos eles e o mundo inteiro", escreveu o platônico de Cambridge Ralph Cudworth em 1678[572]. José Glanvill, de sua parte, como já observamos, estava convencido de que a abordagem empírica na filosofia natural podia ser usada para verificar a realidade de alma e espírito. Essa foi a arma preferencial contra o ataque devastador do materialismo e a chave

---

570. GLANVILL, J. *Saducismus triumphatus*. Londres, 1681, sig. F.3.r.
571. MORE, H. *An Antidote against Atheisme*. Londres, 1652, p. 164.
572. BIRCH, T. (ed.). *The True Intellectual System of the Universe... by Ralph Cudworth*. Andover: Gould and Newman, 1838, 2.115.

para a defesa da coexistência de espírito e matéria. Roberto Boyle, colega de Glanvill na Sociedade Real, escreveu-lhe em 1677, exortando-o a examinar meticulosamente todas as explicações, "pois vivemos em uma era e um lugar em que todas as narrativas de bruxarias ou outros feitos mágicos são postos sob suspeita por muitos e até pelos sábios; são ridicularizados e detonados por muitos que se passam por ajuizados"[573]. Seguidores de Hobbes e Spinoza eram especialmente suspeitos. Assim, em carta a seu amigo José Glanvill, Henrique More exclamou:

> E já que filósofos tão grosseiros quanto aqueles *hobbesianos* e *spinozianos* e o restante daquela gentalha insultam a religião e as Escrituras, porque há nelas tal menção expressa a espíritos e anjos, [...] eu vejo como um lance especial da Providência que haja sempre tais exemplos renovados de aparições e bruxarias, de modo a reanimar e despertar suas mentes entorpecidas e letárgicas para, pelo menos, chegarem à suspeita, se não à certeza de que há outros entes inteligentes ao lado dos que foram modelados em terra ou argila pesadas[574].

No centro da defesa da existência de espíritos por More e Glanvill havia a doutrina platônica dos "veículos" da alma. Por manterem a sua adesão à preexistência de almas, a jornada de almas, demônios e anjos desde o tempo da criação até a eternidade era temporal. Todas as almas humanas, a exemplo dos demônios e anjos, existiram desde o tempo da criação. Porém, a jornada de almas e espíritos também era espacial. Os espíritos estiveram e sempre estariam situados nesse domínio espaçotemporal, seja em corpos etéreos, aéreos ou terrestres (no caso de

---

573. BIRCH, T. (ed.). *The Works of the Honourable Robert Boyle*. Londres, 1744-1772, 6.57-58.
574. GLANVILL, J. *Saducismus triumphatus*. Op. cit., sig. B.8.v.

almas humanas), todo espírito estaria conectado com um corpo apropriado aos céus, ao ar ou à terra.

A crença de que espíritos estão necessariamente ligados a corpos era legado de uma filosofia do século III conhecida como neoplatonismo. Como Ralph Cudworth resumiu, os filósofos da Antiguidade geralmente conceberam a alma em seu estado preexistente como "tendo um corpo luminoso e etéreo [...] como sua carruagem ou veículo; que, sendo incorruptível, sempre aderia inseparavelmente à alma em seus pós-lapsos e descensos, primeiro para dentro de um corpo aéreo e, em seguida, para dentro de um corpo terrestre"[575]. Ao assegurar que os espíritos estivessem sempre *fisicamente* localizados, a noção platônica da corporalidade dos espíritos angelicais ou demoníacos em corpos etéreos e aéreos garantiu seu papel na filosofia natural, contra aqueles que, a exemplo de Reginaldo Escoto e Tomás Hobbes, os havia excluído do domínio do "natural" ou do perceptível e contra aqueles que, a exemplo de Spinoza, negavam sua existência.

A doutrina dos veículos da alma também forneceu a Henrique More o argumento-chave contra o filósofo francês René Descartes (1596-1650), que definiu "espírito" ou "alma" como uma substância incorpórea sem extensão no espaço. Para More, negar a qualquer coisa a possibilidade de ter extensão era negar a possibilidade de existir *em algum lugar de modo geral*; portanto, isso era equivalente à negação de sua existência, "sendo a essência mesma de tudo que existe ter partes ou extensão de uma maneira ou de outra". Ele prosseguiu: "Excluir toda extensão é reduzir uma coisa unicamente a um ponto matemático, que nada mais é do que pura negação ou não entidade; e por não

---

[575]. BIRCH, T. (ed.). *The True Intellectual System of the Universe... by Ralph Cudworth*. Op. cit., 3.270.

haver meio-termo entre *extenso* e *não extenso*, assim como não há entre entidade e não entidade, fica claro que para que a coisa *exista* mesmo ela tem de ser *extensa*"[576].

Assim, a concepção de More de que a alma tinha extensão no espaço implicou que o domínio de espírito e alma não poderia ser retirado da filosofia natural. Sendo *essencialmente* extenso, o espírito estava inextricavelmente localizado no mundo do espaço e do tempo. Contudo, enquanto a noção da extensão do espírito tivesse assegurado que ele existe em algum lugar do universo, ela deixou de suprir a possibilidade de ele existir em alguma localização específica. A implicação de ele ter *extensão* foi que, a exemplo de Deus, ele existe em toda parte ao mesmo tempo – isto é, ele é coextensivo com o universo – o que obviamente não era desejável. A Teoria dos Veículos da Alma permitiu que More evitasse esse desfecho, pois ela permitia uma localização *específica* do espírito. O veículo do espírito, seja ele etéreo, aéreo ou terrestre, limitou a extensão potencialmente infinita do espírito. Este estava "contido" no e pelo veículo, era o feitio e a forma *deste*, em virtude de sua capacidade inata de penetrar no corpo que possuía (sua "espessura essencial"), determinada pelo feitio e pela forma do seu veículo. Assim, uma pluralidade de espíritos – demoníaco, angelical e humano – coexistiam dentro do mesmo universo e estavam disponíveis para observação empírica.

Todavia, as esperanças de More e Glanvill de manter o Diabo dentro do domínio da filosofia natural foram em vão. Sua proposta implicava a adoção de um neoplatonismo demasiado extravagante em termos filosóficos para alguns, demasiado não

---

576. MORE, H. "The Immortality of the Soul". In: MORE, H. *A Collection of Several Philosophical Writings*. Londres, 1662, p. 3.

ortodoxo em termos teológicos para a maioria. Seus esforços por assegurar que os espíritos permanecessem empiricamente observáveis por meio da doutrina platônica dos veículos da alma foi a última tentativa significativa de reter o demoníaco dentro do domínio da filosofia natural.

## Desencantando o mundo

Os momentos no desencantamento do mundo que examinamos até agora neste capítulo seriam reunidos na obra em quatro volumes do teólogo protestante holandês Baltasar Bekker (1634-1698), intitulada *De Betoverde Weereld* (*O mundo encantado*), publicada em holandês entre 1691 e 1693, e numa forma resumida em inglês no ano de 1700 com o título *The World Turn'd Upside Down* (*O mundo de cabeça para baixo*)[577]. Como observa Jonathan Israel, medida em termos de publicações geradas, a controvérsia criada por *O mundo encantado* "seguramente foi a maior controvérsia da fase inicial do Iluminismo na Europa, produzindo uma quantidade estupenda de 300 publicações pró e contra"[578].

Bekker foi acusado de ser um seguidor de Hobbes e Spinoza e, portanto, de ateísmo, embora ele não tivesse lido o *Leviatã* antes de ter completado os dois primeiros volumes de *O mundo encantado* e tenha se empenhado explicitamente em rejeitar a identificação spinoziana de Deus e da natureza[579]. Ainda assim,

---

577. O vol. 1 dessa obra também foi publicado na Inglaterra em 1695 com o título *The World Bewitch'd* (*O mundo enfeitiçado*). A publicação de 1700 também inclui uma tradução do vol. 1.
578. ISRAEL, J.I. *Radical Enlightenment*: Philosophy and the Making of Modernity 1650-1750. Oxford: Oxford University Press, 2001, p. 382. Sou grato a Israel por essa discussão sobre Bekker.
579. B[EKKER], B. *The World Turn'd Upside Down*. Londres, 1700, prefácio.

apesar de não negar a existência do Diabo, ele lhe negou todo e qualquer poder: "Expulso do universo aquela criatura abominável e a acorrento no inferno, para que Jesus, nosso Rei Supremo, reine com mais poder e segurança"[580]. Ele acreditava que havia sido concedido ao Diabo tanto poder, que o monoteísmo fora substituído pelo dualismo, diteísmo "ou o mesmo que acreditar em dois deuses"[581].

De acordo com Bekker, a demonologia foi uma incursão ilícita do paganismo no judaísmo e no cristianismo inicial. Ele alegou que as coisas só pioraram no catolicismo medieval, que imputou ao Diabo todos os milagres que os pagãos atribuíam aos demônios, diabos e deuses inferiores. Ele acreditava que o cristianismo protestante havia melhorado um pouco as coisas, mas muito da opinião católica comum sobre demônios permaneceu.

Nos quatro volumes de *O mundo encantado*, uma série abrangente de assuntos satânicos passou por um escrutínio crítico – demonologia, espíritos, fantasmas, aparições, espectros, magia, bruxaria, adivinhação, vaticínio, maldições, feitiços, casas assombradas e possessão demoníaca. Mesmo que não tenha negado a existência de anjos ou demônios, Bekker negou a premissa central de toda demonologia; a saber, que Satanás, os demônios, anjos ou espíritos possam atuar dentro do domínio da natureza e exercer todo tipo de influência sobre a vidas dos humanos. A retirada dos demônios da natureza permitiu a Bekker distinguir a verdadeira fé da superstição, na convicção de que a verdadeira fé tornou tudo na natureza sujeito à providência de Deus, e não aos caprichos do demoníaco. E foi em consequência de sua

---

580. Ibid.
581. Ibid.

crença calvinista na soberania de Deus que Bekker invalidou as atividades dos demônios ou outros espíritos na natureza.

Seu ceticismo não foi só (ironicamente talvez) resultado de seu calvinismo. Em sua convicção de que entes incorpóreos não podiam interagir dentro da natureza, ele foi um sucessor direto de Reginaldo Escoto, de cujo livro *A descoberta da bruxaria* seria encontrado em sua biblioteca um exemplar da edição holandesa de 1606 e cuja influência Bekker atestou. Porém, tratou-se de um Reginaldo Escoto que passou pelo filtro do dualismo "corpo–alma" de Descartes. Bekker se posicionou firmemente dentro da dicotomia cartesiana entre "pensamento" e "extensão". A razão nos diz ser possível que espíritos, anjos e demônios existam independentemente do corpo. Em contrapartida, o ser humano é composto por ambos. Ele argumentou que, a partir da nossa experiência, sabemos que sem um corpo as nossas almas não podem afetar outras almas ou corpos. Em suma, a corporalidade é crucial para agir no mundo. Consequentemente, um espírito sem corpo não pode interagir com coisa alguma, exceto consigo mesmo. Em consequência disso, o contato entre demônios e humanos é impossível e a demonologia está baseada em uma falsa premissa.

Ainda assim, como estava comprometido com a verdade da Escritura, Bekker precisou dar sentido às passagens dela que davam a entender a interação do demoníaco com o humano. Ele fez isso interpretando as Escrituras relevantes não como referência ao satânico, mas às más inclinações dentro do ser humano. Assim, ele não viu razão para ler a narrativa da serpente no Jardim do Éden como implicando o Diabo na tentação de Eva e provocando a queda, nem para ler a narrativa da tentação de Cristo como algo além de uma experiência visionária. Ele procedeu de modo similar com as narrativas neotestamentárias a respeito da expulsão de espíritos dos possessos: "de modo que a cura de *daemonia* não foi propriamente uma expulsão de diabos, mas a cura milagrosa de doenças incuráveis"[582]. Ele argumentou que o Diabo não tem conhecimento natural, nem civil e nem espiritual. Ele escreveu: "Até aqui me apoio no mesmo fundamento da Escritura e da razão para provar que o império do Diabo não passa de uma quimera e que ele não tem nem o poder nem a administração que ordinariamente lhe são atribuídas"[583]. Bekker concluiu que nem a razão, nem a revelação e nem experimentos "nos fornecem razões para imputar a espíritos malignos todas as ações e todos os efeitos que geralmente se supõe que procedem do Diabo ou de humanos aliados a ele"[584]. Em suma, o mundo de Baltasar Bekker foi o primeiro a ser desencantado de modo completo e abrangente. Só faltava mais um pequeno passo de Baltasar Bekker até Guilherme Hogarth e a relegação do Diabo ao domínio da credulidade, da superstição e do fanatismo.

Assim, no início do século XVIII, como um ser então sem corpo, o Diabo deixou de ter uma existência literal dentro da natureza e fora do ser humano. Para Daniel Defoe (1660-1731), todos os antigos emissários do Diabo – bruxas, bruxos, mágicos, conjuradores, astrólogos – pareciam estar fora de combate. Satanás levava uma existência meramente "espiritual" ou mesmo apenas metafórica dentro da mente humana. Como formulou Defoe, em sua *História do Diabo*, de 1726:

> Não é de se admirar, então, que ele também tenha trocado de mãos e deixado de escarvar nestas partes do mun-

---

582. Ibid., "An Abridgement of the Whole Work".
583. Ibid.
584. Ibid.

do; que não encontramos mais nossas casas reviradas como costumavam estar, nem bancos e cadeiras caminhando por aí de um recinto ao outro como antes; que as crianças não vomitem mais alfinetes tortos e tocos de pregos enferrujados como antigamente, que o ar não esteja cheio de ruídos estranhos, nem o pátio da igreja repleto de duendes; que os fantasmas não andem mais por aí enrolados em mortalhas nem as boas e velhas esposas briguentas visitem e atormentem seus maridos depois de mortas, do mesmo modo que faziam quando estavam vivas. A nossa era se tornou demasiado sabida para se deixar abalar por esses espantalhos maçantes que mexiam com seus antepassados; *Satanás* foi obrigado a pôr de lado seus fantoches e acrobatas, coisas que se tornaram antiquadas; seus diabos dançarinos, seu charlatanismo e sua impostura não fazem mais efeito[585].

---

585. DEFOE, D. *The History of the Devil*. Londres, 1727, p. 388-389.

# Epílogo

Para algumas formas de cristianismo conservador moderno, marginalizado dentro do moderno pensamento "secular" ocidental, permanece a crença de que o Diabo está ativo e que continuará assim até finalmente ser entregue a uma eternidade no inferno, no fim da história. Para muitos cristãos, tanto protestantes quanto católicos, a existência do Diabo e sua capacidade de agir na história, na natureza e nas vidas humanas continua sendo uma explicação satisfatória do infortúnio natural e do sofrimento humano, atenuado pela convicção paradoxal de que, no final do dia, Satanás terá cumprido a vontade de Deus e que, no fim da história, ele será derrotado e eternamente punido por fazer isso.

Essa foi a narrativa que perdeu seu papel central e paradigmático na vida intelectual ocidental em torno de meados do século XVIII. Naquele tempo, pelo menos para uma elite culta, o Diabo se tornara um personagem da história – mais do passado do que do presente ou do futuro –, e não um participante ativo nela. A biografia do Diabo tinha se tornado ficção, e não fato. A história do Diabo se convertera em mera história de uma ideia. Em decorrência disso, tornou-se intelectualmente possível escrever histórias "quase seculares" do Diabo, a exemplo da *História do Diabo*, de Daniel Defoe, em 1726, ou histórias "seculares" de bruxaria, como o *Ensaio histórico concernente à bruxaria*, de Francis

Hutchinson (1660-1739), de 1718 – histórias que reconheceram o significado do "Diabo" para a história intelectual ocidental, enquanto não confirmava nenhum dos papéis reais que tradicionalmente se entendeu que ele tivesse tido na história.

Portanto, foi só a partir daquele tempo que se tornou possível fazer duas narrativas. Uma é a narrativa cristã tradicional que vê Satanás como um ator-chave na história cósmica desde a criação, passando pela queda e redenção, até o Juízo Final, seguido da entrega do Diabo em companhia dos condenados ao inferno pela eternidade. A outra é a história secular de como a ideia do Diabo foi historicamente criada dentro daquele contexto teológico, de como ela foi formulada e reformulada durante um período que se estende do "nascimento" daquela ideia nos séculos anteriores à Era Cristã, a sua elaboração em uma narrativa da queda e redenção na Igreja antiga e medieval, a seu papel central na magia, bruxaria e possessão na demonologia clássica do período medieval e da primeira fase da Era Moderna, a seu lugar na história do apocalipsismo cristão e, por fim, à "morte" da ideia na primeira metade do século XVIII.

Ironicamente foi o surgimento da história secular da ideia do Diabo que tornou possível sua eliminação efetiva das teologias cristãs liberais, sendo sua relegação à irrelevância teológica a consequência mais importante do crescimento do protestantismo liberal a partir do início do século XIX. Como formulou o teólogo protestante Friedrich Schleiermacher em seu livro *A fé cristã* (1830-1831): "A ideia do Diabo, como desenvolvida entre nós, é tão inconsistente que não podemos esperar que alguém se convença de sua verdade"[586].

---

586. SCHLEIERMACHER, F. *The Christian Faith*. Edimburgo: T. & T. Clark, 1928, p. 161. Cf. tb. KELLY, H.A. *Satan*: A Biography. Op. cit., p. 308-315.

De modo igualmente irônico, a marginalização da narrativa cristã ortodoxa do Diabo no Ocidente moderno permitiu uma proliferação de "vidas" do Diabo na cultura popular. O Diabo ainda existe dentro da narrativa cristã, mas também para além dela, na objetificação do mal muitas vezes incompreensível que reside dentro e em torno de nós, ameaçando nos destruir. O feitiço do desencantamento foi quebrado. O Diabo passou a ter novos domínios e novas fronteiras. Protegido pela cerca da narrativa cristã tradicional de um lado e do outro pelo moderno agnosticismo secular, já de novo ele "ronda, procurando alguém para devorar", tão encantador quanto perigoso, tão fascinante quanto aterrorizante, tão familiar quanto estranho, em um mundo novamente encantado.

Na condição de história secular da ideia do Diabo, esta obra é uma daquelas que só poderia ter sido pensada e escrita após meados do século XVIII. Porém, ela também é sensível para a profundidade e amplitude da história cristã de salvação, no âmbito da qual Satanás viveu, se moveu e teve sua existência. É de se esperar que esta nova biografia do Diabo de alguma maneira contribua para reconduzi-lo ao lugar central que ele ocupou na história intelectual ocidental durante a maior parte dos últimos 2 mil anos e para o reconhecimento do papel crucial que ele teve e continua desempenhando na história de todos nós.

# Referências

ALMOND, P.C. *The Lancashire Witches*: A Chronicle of Sorcery and Death on Pendle Hill. Londres: I.B. Tauris, 2012.

_____. "John Napier and the Mathematics of the 'Middle Future' Apocalypse". In: *Scottish Journal of Theology*, vol. 63, 2010, p. 54-69.

_____. *The Witches of Warboys*: An Extraordinary Story of Sorcery, Sadism and Satanic Possession. Londres: I.B. Tauris, 2008.

_____. "Thomas Brightman and the Origins of Philo-Semitism: An Elizabethan Theologian and the Restoration of the Jews to Israel". In: *Reformation and Renaissance Review*, vol. 9, 2007, p. 4-25.

_____. *Demonic Possession and Exorcism in Early Modern England*: Contemporary Texts and their Cultural Contexts. Cambridge: Cambridge University Press, 2004.

_____. *Adam and Eve in Seventeenth-Century Thought*. Cambridge: Cambridge University Press, 1999.

_____. *Heaven and Hell in Enlightenment England*. Cambridge: Cambridge University Press, 1994.

ANDERSON, G.A. & STONE, M.E. *A Synopsis of the Books of Adam and Eve*. Atlanta, GA: Scholars Press, 1994.

ANDERSON, G.A.; STONE, M.E. & TROMP, J. (eds.). *Literature on Adam and Eve*: Collected Essays. Leiden: Brill, 2000.

[ANÔNIMO]. *Wonderfull Newes from the North*. Londres, 1650.

_____. *A Strange and True Relation of a Young Woman Possest with the Devill by Name Joyce Dovey*. Londres, 1647.

_____. *A True and Fearefull Vexation of One Alexander Nyndge*. Londres, 1615.

_____. *The Witches of Northamptonshire*. Londres, 1612.

_____. *A Breife Narration of the Possession, Dispossession, and, Repossession of William Sommers*. Londres, 1598.

_____. *The Most Wonderful and True Storie, of a Certaine Witch Named Alse Gooderidge*. Londres, 1597.

_____. *The Most Strange and Admirable Discoverie of the Three Witches of Warboys, Arraigned, Convicted, and Executed at the Last Assises at Huntington*. Londres, 1593.

_____. *The Disclosing of a Late Counterfeyted Possession by the Devyl in Two Maydens within the Citie of Londres*. Londres, 1574.

_____. *The Examination and Confession of Certaine Wytches at Chensforde in the Countie of Essex*, 1566.

APPS, L. & GOW, A. *Male Witches in Early Modern Europe*. Manchester: Manchester University Press, 2003.

ASHWIN, E.A. (trad.). *Francesco Maria Guazzo*: Compendium maleficarum. Nova York: Dover, 1988.

AUGUSTINE. "On the Holy Trinity". In: SCHAFF, P. (ed.). *A Select Library of the Nicene and Post-Nicene Fathers*. Vol. 3. Grand Rapids, MI: Eerdmans, 2005.

_____. "Sermon 263". In: ROTELLE, J.E. (ed.). *The Works of Saint Augustine*: A Translation for the 21st Century. Charlottesville, VA: InteLex Corporation, 2001.

AULÉN, G. *Christus Victor*: An Historical Study of the Three Main Types of the Idea of Atonement. Eugene, OR: Wipf & Stock, 2003.

BAILEY, M.D. *Battling Demons*: Witchcraft, Heresy, and Reform in the Late Middle Ages. University Park, PA: Pennsylvania State University Press, 2003.

_____. "The Feminization of Magic and the Emerging Idea of the Female Witch in the Late Middle Ages". In: *Essays in Medieval Studies*, vol. 19, 2002, p. 120-134.

_____. "From Sorcery to Witchcraft: Clerical Conceptions of Magic in the Later Middle Ages". In: *Speculum*, vol. 76, 2001, p. 960-990.

_____. "The Medieval Concept of the Witches' Sabbath". In: *Exemplaria*, vol. 8, 1996, p. 420-439.

BAILEY, M.D. & PETERS, E. "A Sabbat of Demonologists: Basel, 1431-1440". In: *The Historian*, vol. 65, 2003, p. 1.375-1395.

BARBER, M. *The Cathars*: Dualist Heresies in Languedoc in the High Middle Ages. Harlow: Pearson Education, 2000.

BARNEY, S.A. et al. *The Etymologies of Isidore of Seville*. Cambridge: Cambridge University Press, 2006.

[BARROW, J.]. *The Lord's Arm Stretched Out*. Londres, 1664.

BAUCKHAM, R. *Tudor Apocalypse: Sixteenth-Century Apocalypticism, Millennarianism and the English Reformation* – From John Bale to John Foxe and Thomas Brightman. Oxford: Sutton Courtenay Press, 1978.

BAXTER, R. *The Certainty of the World of Spirits*. Londres, 1691.

B[EKKER], B. *The World Turn'd Upside Down*. Londres, 1700.

BERNARD, R. *A Guide to Grand-Jury Men*. Londres, 1627.

BHATTACHARJI, S. *Reading the Gospels with Gregory the Great*: Homilies on the Gospels 21-26. Petersham, MA: St. Bede's Publications, 2001.

BIRCH, T. (ed.). *The True Intellectual System of the Universe... by Ralph Cudworth*. Andover: Gould and Newman, 1838.

_____. *The Works of the Honourable Robert Boyle*. Londres, 1744-1772.

BLAGRAVE, J. *Blagraves Astrological Practice of Physick*. Londres, 1672.

BLENKINSOPP, J. *Creation, Un-creation, Re-creation*: A Discursive Commentary on Genesis 1–11. Londres: T. & T. Clark International, 2011.

BLISS, J. (trad.). *Morals on the Book of Job by St. Gregory the Great*. 3 vols. Oxford/Londres: John Henry Parker/J.G.F. and J. Rivington, 1844.

BOUREAU, A. *Satan the Heretic*: The Birth of Demonology in the Mediaeval West. Chicago/Londres: Chicago University Press, 2006.

BOWEN, A. & GARNSEY, P. (trad.). *Lactantius*: Divine Institutes. Liverpool: Liverpool University Press, 2003.

BRADWELL, S. "Mary Glovers Late Woeful Case, Together with her Joyfull Deliverance" (1603). In: MacDONALD, M. (ed.). *Witchcraft and Hysteria in Elizabethan London*. Londres: Routledge, 1991.

BRAKKE, D. "Ethiopian Demons: Male Sexuality, the Black-skinned Other, and the Monastic Self". In: *Journal of the History of Sexuality*, vol. 10, 2001, p. 501-535.

BRIGHTMAN, T. *A Revelation of the Revelation*. Amsterdã, 1615.

BROEDEL, H.P. *The* Malleus Maleficarum *and the Construction of Witchcraft*: Theology and Popular Belief. Manchester: Manchester University Press, 2003.

BROMHALL, T. *A Treatise of Specters: Or, An History of Apparitions, Oracles, Prophecies, and Predictions, with Dreams, Visions, and Revelations* – And the Cunning Delusions of the Devil. Londres, 1658.

BROWN, P. *Religion and Society in the Age of Augustine*. Londres: Faber and Faber, 1972.

BROWNLOW, F.W. *Shakespeare, Harsnett, and the Devils of Denham*. Newark, DE: University of Delaware Press, 1993.

BUGNOLO, A. (trad.). *St. Bonaventure's Commentaries on the Four Books of Sentences of Master Peter Lombard*, 2006-2007 [Disponível em http://www.franciscan-archive.org/bonaventura/sent.html – Acesso em 20/11/2013].

_____. *Master Peter Lombard's Book of Sentences*, 2006 [Disponível em http://www.franciscan-archive.org/ lombardus/index.html – Acesso em 20/11/2013].

BURKE, P. "Witchcraft and Magic in Renaissance Italy: Gianfrancesco Pico and his Strix". In: ANGLO, S. (ed.). *The Damned Art*: Essays in the Literature of Witchcraft. Londres: Routledge & Kegan Paul, 1977.

BURGHARTZ, S. "The Equation of Women and Witches: A Case Study of Witchcraft Trials in Lucerne and Lausanne in the Fifteenth and Sixteenth Centuries". In: EVANS, R.J. (ed.). *The German Underworld*: Deviants and Outcasts in German History. Londres: Routledge, 1988.

BURKE, R.B. (trad.). *The Opus Maius of Roger Bacon*. Filadélfia: University of Pennsylvania Press, 1928.

BUTTERWORTH, G.W. (trad.). *Origen*: On First Principles. Gloucester, MA: Peter Smith, 1973.

CAMPORESI, P. *The Fear of Hell*: Images of Damnation and Salvation in Early Modern Europe. Cambridge: Polity Press, 1990.

CARTWRIGHT, S.R. & HUGHES K.L. (trads.). *Second Thessalonians*: Two Early Medieval Commentaries. Kalamazoo, MI: Medieval Institute Publications, 2001.

CERTEAU, M. *The Possession at Loudun*. Chicago: University of Chicago Press, 2000.

CHADWICK, H. (trad.). *Origen*: Contra Celsum. Cambridge: Cambridge University Press, 1953.

CHAMPION, M. "Crushing the Canon: Nicolas Jacquier's Response to the Canon Episcopi in the *Flagellum Haereticorum Fascinariorum*". In: *Magic, Ritual, and Witchcraft*, vol. 6, 2011, p. 183-211.

CHARLESWORTH, J.H. *The Old Testament Pseudepigrapha*. Vol. 2. Nova York: Doubleday, 1985.

CHITTY, D.J. (trad.). *The Letters of St. Antony the Great*. Oxford: SLG Press, 1975.

CHRISTMAS, H. (ed.). *Select Works of John Bale, D.D. Bishop of Ossory* – Containing the Examinations of Lord Cobham, William Thorpe, and Anne Askewe, and The Image of Both Churches. Cambridge: Cambridge University Press, 1849.

CLARK, S. *Thinking with Demons*: The Idea of Witchcraft in Early Modern Europe. Oxford: Oxford University Press, 1997.

_____. "Inversion, Misrule and the Meaning of Witchcraft". In: *Past and Present*, vol. 87, 1980, p. 98-127.

CLARKE, S. *The Lives of Two and Twenty English Divines*. Londres, 1660.

COHN, N. *Europe's Inner Demons*. St. Albans: Paladin, 1976.

COTTA, J. *The Triall of Witch-craft*. Londres, 1616.

COX, J.E. *The Works of Thomas Cranmer*. Cambridge: Cambridge University Press, 1844.

CROUZEL, H. *Origen*. Edimburgo: T. & T. Clark, 1989.

CUDWORTH, R. *The True Intellectual System of the Universe*. Londres: Thomas Tegg, 1845.

DALES, R.C. *The Scientific Achievements of the Middle Ages*. Filadélfia: University of Pennsylvania Press, 1973.

DALEY, B.E. *The Hope of the Early Church*. Cambridge: Cambridge University Press, 1991.

DALTON, M. *The Countrey Justice*. Londres, 1697.

_____. *The Countrey Justice Containing the Practice of the Justices of the Peace out of their Sessions*. Londres, 1630.

DANEAU, L. *A Dialogue of Witches*. Londres, 1575.

DANIELOU, J. *Origen*. Londres: Sheed and Ward, 1955.

DARRELL, J. *A True Narration of the Strange and Grevous Vexation by the Devil, of 7 – Persons in Lancashire*. Inglaterra [?], 1600.

_____. *The Doctrine of the Possession and Dispossession of Demoniakes*. Inglaterra [?], 1600.

_____. *An Apologie, or Defence of the Possession of William Sommers*. Amsterdã [?], 1599 [?].

DASTON, L. & PARK, K. *Wonders and the Order of Nature, 1150-1750*. Nova York: Zone, 2001.

DAVIDSON, M.J. *Angels at Qumran*: A Comparative Study of Enoch 1–36, 72–108 and Sectarian Writings from Qumran. Sheffield: Sheffield Academic Press, 1992.

DAVIES, B. (ed.) & REGAN, R. (trad.). *The De Malo of Thomas Aquinas*. Oxford: Oxford University Press, 2001.

DAVIES, J.A. "Poisonous Vapours: Joseph Glanvill's Science of Witchcraft". In: *Intellectual History Review*, vol. 22, 2012, p. 163-179.

DEACON, J. & WALKER, J. *A Summarie Answere to al the Material Points in any of Master Darel his Bookes More Especiallie to that One Booke of his, Intituled, the Doctrine of the Possession and Dispossession of Demoniaks out of the Word of God*. Londres, 1601.

_____. *Dialogicall Discourses of Spirits and Divels*. Londres, 1601.

DEFERRARI, R. (ed.). *Saint Augustine*: Treatises on Marriage and Other Subjects. Nova York: Fathers of the Church, 1955.

DEFOE, D. *The History of the Devil*. Londres, 1727.

DELLA SPINA, B. *Quaestio de Strigibus*. Veneza, 1523.

DIMANT, D. "Between Qumran Sectarian and Non-Sectarian Texts: The Case of Belial and Mastema". In: ROITMAN, A.D.; SCHIFFMAN, L.H. & TZOREF, S. (eds.). *The Dead Sea Scrolls and Contemporary Culture*. Leiden: Brill, 2011.

DODS, M.; REITH, G. & PRATTEN, B.P. (trads.). *The Writings of Justin Martyr and Athenagoras*. Edimburgo: T. & T. Clark, 1879 [Ante-Nicene Christian Library, vol. 2].

DRAGE, W. *Daimonomageia*. Londres, 1665.

DRISCOLL, D.J. (ed.). *The Sworn Book of Honourius the Magician, as Composed by Honourius through Counsel with the Angel Hocroel*. Gillette, NJ: Heptangle Press, 1977.

ELLIOTT, D. *Fallen Bodies*: Pollution, Sexuality, and Demonology in the Middle Ages. Pensilvânia: University of Pennsylvania Press, 1999.

ELLIS, F.S. (ed.). *The Golden Legend or Lives of the Saints Compiled by Jacobus de Voragine, Archbishop of Genoa*. Edimburgo: Edinburgh University Press, 1900.

EMMERSON, R.K. *Antichrist in the Middle Ages*: A Study of Medieval Apocalypticism, Art, and Literature. Seattle: University of Washington Press, 1981.

EWEN, C.l'E. *Witchcraft and Demonianism*. Londres: Heath Cranton, 1933.

FAIRFAX, E. *Daemonologia*: A Discourse on Witchcraft. Londres: Muller, 1971.

FAIRWEATHER, E.R. (ed. e trad.). *A Scholastic Miscellany*: Anselm to Ockham. Londres: SCM Press, 1956.

FANGER, C. "Things Done Wisely by a Wise Enchanter: Negotiating the Power of Words in the Thirteenth Century". In: *Esoterica*, vol. 1, 1999, p. 97-132.

_____. "Plundering the Egyptian Treasure: John the Monk's Book of Visions and its Relation to the Ars Notoria of Solomon". In: FANGER, C. (ed.). *Conjuring Spirits*: Texts and Traditions of Medieval Ritual Magic. Stroud: Sutton Press, 1998.

FANGER, C. (ed.). *Invoking Angels*: Theurgic Ideas and Practices, Thirteenth to Sixteenth Centuries. University Park, PA: Pennsylvania State University Press, 2012.

_____. *Conjuring Spirits*: Texts and Traditions of Medieval Ritual Magic. Stroud: Sutton Press, 1998.

FANGER, C. & WATSON, N. (eds.). "John of Morigny, Prologue to Liber Visionum" (c. 1304-1318). In: *Esoterica*, vol. 3, 2001, p. 108-217.

FATHERS OF THE ENGLISH DOMINICAN PROVINCE (trad.). *St. Thomas Aquinas*: Summa Theologica. Nova York: Benziger Bros, 1947.

FAULKNER, T.C. et al. *Robert Burton*: The Anatomy of Melancholy. Oxford: Clarendon Press, 1989-.

FERBER, S. *Demonic Possession and Exorcism in Early Modern France*. Londres: Routledge, 2004.

FERREIRO, A. "Simon Magus: The Patristic-Medieval Traditions and Historiography". In: *Apocrypha*, vol. 7, 1996, p. 147-165.

FIRTH, K.R. *The Apocalyptic Tradition in Reformation Britain 1530-1645*. Oxford: Oxford University Press, 1979.

FLINT, V. "The Demonisation of Magic and Sorcery in Late Antiquity: Christian Redefinitions of Pagan Religions". In: ANKARLOO, B. & CLARK, S. (eds.). *Witchcraft and Magic in Europe*:

Ancient Greece and Rome. Londres: Athlone Press, 1999, p. 279-348.

FROEHLICH, K. "Pseudo-Dionysius and the Reformation of the Sixteenth Century". In: LUIBHEID, C. (trad.). *Pseudo-Dionysius*: The Complete Works. Nova York: Paulist Press, 1987.

FROOM, L.E. *The Prophetic Faith of our Fathers*. Washington, DC: Review and Herald Publishing Association, 1946-1954.

GEARING, W. *A Prospect of Heaven*: Or, A Treatise of the Happiness of the Saints in Glory. Londres, 1673.

GIBSON, M. *Possession, Puritanism and Print*: Harsnett, Shakespeare and the Elizabethan Exorcism Controversy. Londres: Pickering & Chatto, 2006.

GIFFORD, G. *A Dialogue Concerning Witches and Witchcraftes*. Londres, 1593.

GLANVILL, J. *Saducismus triumphatus*. Londres, 1681.

_____. *A Blow at Modern Sadducism in some Philosophical Considerations about Witchcraft*. Londres, 1668.

_____. *A Philosophical Endeavour towards the Defence of Witches and Apparitions*. Londres, 1666.

GOODWIN, T. *A Discourse of the Punishment of Sin in Hell* – Demonstrating the Wrath of God to be the Immediate Cause Thereof. Londres, 1680.

GRANT, F. [Lorde Cullen]. *Sadducismus Debellatus*. Londres, 1698.

GREENBLATT, S. "Loudun and London". In: *Critical Inquiry*, vol. 12, 1985-1986, p. 326-346.

GREGORY OF NISSA. "The Great Catechism". In: SCHAFF, P. (ed.). *A Select Library of the Nicene and Post-Nicene Fathers*. Série 2. Vol. 5. Grand Rapids, MI: Eerdmans, 2005.

HAAR, S. *Simon Magus*: The First Gnostic? Berlim: Walter de Gruyter, 2003.

HACKETT, J. "Roger Bacon on Astronomy-Astrology: The Sources of the Scientia Experimentalis". In: HACKETT, J. (ed.). *Roger Bacon and the Sciences*: Commemorative Essays. Leiden: Brill, 1997.

HALLIWELL, J.O. *Letters of the Kings of England*. Londres: H. Colburn, 1848.

_____. *The Private Diary of John Dee*. Londres: Camden Society, 1842.

HAMILTON, B. "The Cathars and Christian Perfection". In: BILLER, P. & DOBSON, B. (eds.). *The Medieval Church*: Universities, Heresy, and the Religious Life. Woodbridge: Boydell Press, 1999.

HANEGRAAFF, W.J. (ed.). *Dictionary of Gnosis and Western Esotericism*. Leiden: Brill, 2006.

HANSEN, J. *Quellen und Untersuchungen zur Geschichte des Hexenwahns und der Hexenverfolgung im Mittelalter*. Bon: Carl Georgi, 1901.

HARRISON, G.B. (ed.). *King James the First*: Daemonologie. Londres: John Lane, 1924.

HARSNETT, S. "A Declaration of Egregious Popish Impostures" (1603). In: BROWNLOW, F.W. *Shakespeare, Harsnett, and the Devils of Denham*. Newark, DE: University of Delaware Press, 1993.

_____. *A Discovery of the Fraudulent Practices of John Darrel*. Londres, 1599.

HART, J. *The Firebrand Taken out of the Fire*. Londres, 1654.

HARTWELL, A. (trad.). *A True Discourse upon the Matter of Martha Brossier of Romorantin*. Londres, 1599.

HASKINS, C.H. *Studies in the History of Mediaeval Science*. Nova York: Frederick Ungar Publishing, 1960.

HENDEL, R. "The Nephilim Were on the Earth: Genesis 6: 1-4 and its Ancient Near Eastern Context". In: AUFFARTH, C. & STUCKENBRUCK, L.T. (eds.). *The Fall of the Angels*. Leiden/Boston, MA: Brill, 2004.

HENRY, J. "The Fragmentation of Renaissance Occultism and the Decline of Magic". In: *History of Science*, vol. 46, 2008, p. 1-48.

HERZIG, T. "The Demons' Reaction to Sodomy: Witchcraft and Homosexuality in Gianfrancesco Pico della Mirandola's 'Strix'". In: *Sixteenth Century Journal*, vol. 34, 2003, p. 53-72.

HILL, W.S. *Richard Hooker*: Of the Laws of Ecclesiastical Polity. Cambridge, MA: Belknap Press, 1977-.

HOBBES, T. *Humane nature*: Or, The Fundamental Elements of Policy. Londres, 1651.

HOLLIDAY, L.R. "Will Satan be Saved? – Reconsidering Origen's Theory of Volition in Peri Archon". In: *Vigiliae Christianae*, vol. 63, 2009, p. 1-23.

HOLMES, P. (trad.). *The Five Books of Quintus Sept. Flor. Tertullianus against Marcion*. Edimburgo: T. & T. Clark, 1878 [Ante-Nicene Christian Library, vol. 7].

HUME, D. *The History of England*. Londres: T. Cadell, 1792.

IRENAEUS. "Against Heresies". In: SCHAFF, P. (ed.). *The Ante-Nicene Fathers*. Vol. 1. Grand Rapids, MA: Christian Classics Ethereal Library, 1993.

ISRAEL, J.I. *Radical Enlightenment*: Philosophy and the Making of Modernity 1650-1750. Oxford: Oxford University Press, 2001.

JAMES, M.R. *The Apocryphal New Testament*. Oxford: Clarendon, 1953.

JEFFREY, D.L. (ed.). "Adam". In: *Dictionary of Biblical Tradition in English Literature*. Grand Rapids, MI: Eerdmans, 1992.

JOHNSTONE, N. *The Devil and Demonism in Early Modern England*. Cambridge: Cambridge University Press, 2006.

JOLLIE, T. *A Vindication of the Surey Demoniack*. Londres, 1698.

_____. *The Surey Demoniack*. Londres, 1697.

JONES, J.H. (ed.). *The English Faust Book*: A Critical Edition Based on the Text of 1592. Cambridge: Cambridge University Press, 1994.

JORDEN, E. "A Briefe Discourse of a Disease Called the Suffocation of the Mother" (1603). In: MacDONALD, M. (ed.). *Witchcraft and Hysteria in Elizabethan London*. Londres: Routledge, 1991.

JUE, J.K. *Heaven upon Earth*: Joseph Mede (1586-1638) and the Legacy of Millenarianism. Dordrecht: Springer, 2006.

KARLSEN, C. *The Devil in the Shape of a Woman*: Witchcraft in Colonial New England. Nova York: Vintage Books, 1989.

KAY, R. "The Spare Ribs of Dante's Michael Scot". In: *Dante Studies*, vol. 103, 1985, p. 1-14.

KECK, D. *Angels and Angelology in the Middle Ages*. Oxford: Oxford University Press, 1998.

KELLY, H.A. *Satan*: A Biography. Cambridge: Cambridge University Press, 2006.

KELLY, J.N.D. *Early Christian Doctrines*. Londres: A. & C. Black, 1985.

KIECKHEFER, R. *Magic in the Middle Ages*. Cambridge: Cambridge University Press, 2000.

_____. "Avenging the Blood of Children: Anxiety over Child Victims and the Origins of the European Witch Trials". In: FERREIRA, A. (ed.). *The Devil, Heresy and Witchcraft in the Mi-*

ddle Ages – Essays in Honour of Jeffrey B. Russell. Leiden: Brill, 1998.

_____. *Forbidden Rites*: A Necromancer's Manual of the Fifteenth Century. University Park, PA: Pennsylvania State University Press, 1998.

_____. "The Devil's Contemplatives: The *Liber Iuratus*, the *Liber Visionum* and Christian Appropriation of Jewish Occultism". In: FANGER, C. (ed.). *Conjuring Spirits*: Texts and Traditions of Medieval Ritual Magic. Stroud: Sutton Press, 1998.

KING, R.A. *Justin Martyr on Angels, Demons, and the Devil*. Casa Grande, AZ: King and Associates, 2011.

KLAASEN, F. "Ritual Invocation and Early Modern Science: The Skrying Experiments of Humphrey Gilbert". In: FANGER, C. (ed.). *Invoking Angels*: Theurgic Ideas and Practices, Thirteenth to Sixteenth Centuries. University Park, PA: Pennsylvania State University Press, 2012.

_____. "English Manuscripts of Magic, 1300-1500: A Preliminary Survey". In: FANGER, C. (ed.). *Conjuring Spirits*: Texts and Traditions of Medieval Ritual Magic. Stroud: Sutton Press, 1998.

KLINGSHIRN, W.E. "Isidore of Seville's Taxonomy of Magicians and Diviners". In: *Traditio*, vol. 58, 2006, p. 59-90.

KOCHER, P.H. "The Idea of God in Elizabethan Medicine". In: *Journal of the History of Ideas*, vol. 51, 1950, p. 3-29.

KORS, A.C. & PETERS, E. *Witchcraft in Europe, 400-1700*: A Documentary History. Filadélfia: University of Pennsylvania Press, 2001.

_____. *Witchcraft in Europe, 1100-1700*: A Documentary History. Londres: J.M. Dent and Sons, 1973.

KREY, P.D.W. & KREY, P.D.S. (eds.). *Luther's Spirituality*. Mahwah, NJ: Paulist Press, 2007.

LANDES, R.; GOW, A. & METER, D.C. *The Apocalyptic Year 1000*: Religious Expectation and Social Change. Oxford: Oxford University Press, 2003.

LÁNG, B. *Unlocked Books*: Manuscripts of Learned Magic in the Medieval Libraries of Central Europe. University Park, PA: Pennsylvania State University Press, 2008.

LARNER, C. *Enemies of God*: The Witch-Hunt in Scotland. Londres: Blackwell, 1981.

LEA, H.C. *Materials toward a History of Witchcraft*. Nova York: Thomas Yoselhoff, 1957.

LE GOFF, J. *The Birth of Purgatory*. Chicago: University of Chicago Press, 1986.

LEMNIUS, L. *The Secret Miracles of Nature*. Londres, 1658.

LERNER, R.E. "Antichrists and Antichrist in Joachim of Fiore". In: *Speculum*, vol. 60, 1985, p. 553-570.

_____. "Refreshment of the Saints: The Time after Antichrist as a Station for Earthly Progress in Medieval Thought". In: *Traditio*, vol. 32, 1976, p. 97-144.

LEVACK, B.P. (ed.). *The Witchcraft Sourcebook*. Nova York: Routledge, 2004.

"Life of St. Anthony". In: DEFERRARI, Roy J. (ed.). *Early Christian Biographies*. Washington, DC: Catholic University of America Press, 1952.

LOVE, C. *Hells Terror*: Or, A Treatise of the Torments of the Damned as a Preservative against Security. Londres, 1653.

MacCULLOCH, J.A. *The Harrowing of Hell*: A Comparative Study of an Early Christian Doctrine. Edimburgo: T. & T. Clark, 1930.

MacDONALD, M. (ed.). *Witchcraft and Hysteria in Elizabethan Londres*: Edward Jorden and the Mary Glover Case. Londres: Tavistock, 1991.

MACKAY, C.S. (ed. e trad.). *Malleus Maleficarum*. Cambridge: Cambridge University Press, 2006.

MALCOLM, N. (ed.). *Thomas Hobbes*: Leviathan. Oxford: Clarendon, 2012.

MARKUS, R.A. "Augustine on Magic: A Neglected Semiotic Theory". In: *Revue des Études Augustiniennes*, vol. 40, 1994, p. 375-388.

MARRONE, S.P. "William of Auvergne on Magic in Natural Philosophy and Theology". In: AERTSEN, J. & SPEER, A. (eds.). "Was ist Philosophie im Mittelalter". *Miscellania Medievalia*, vol. 26, 1998, p. 741-748.

MARTINEZ, F.G. *The Dead Sea Scrolls Translated*: The Qumran Texts in English. Leiden: Brill, 1994.

MARTINEZ, F.G. & TIGCHELAAR, E.J.C. *The Dead Sea Scrolls Study Edition*. Leiden: Brill, 1997.

MARX, C.W. *The Devil's Rights and the Redemption in the Literature of Medieval England*. Cambridge: D.S. Brewer, 1995.

MASON, J. *The Anatomie of Sorcerie*. Londres, 1612.

MATHIESEN, R. "A Thirteenth-Century Ritual to Attain the Beatific Vision from the Sworn Book of Honorius of Thebes". In: FANGER, C. (ed.). *Conjuring Spirits*: Texts and Traditions of Medieval Ritual Magic. Stroud: Sutton Press, 1998.

MAXWELL-STUART, P.G. *Martín del Rio*: Investigations into Magic. Manchester/Nova York: Manchester University Press, 2000.

_____. *The Occult in Early Modern Europe*: A Documentary History. Nova York: St Martin's Press, 1999.

McGINN, B. *Antichrist*: Two Thousand Years of the Human Fascination with Evil. São Francisco: Harper, 1996.

_____. *Apocalyptic Spirituality*. Londres: SPCK, 1979.

_____. *Visions of the End*: Apocalyptic Traditions in the Middle Ages. Nova York: Columbia University Press, 1979.

McGINN, B (ed.). *The Encyclopedia of Apocalypticism* – Vol. 2: Apocalypticism in Western History and Culture. Nova York/Londres: Continuum, 2000.

McNEILL, J.T. (ed.). *Calvin*: Institutes of the Christian Religion. Louisville, KT: Westminster John Knox Press, 2006.

MEDE, J. *The Key of the Revelation Searched and Demonstrated*. Londres, 1643.

MESLER, K. "The Liber Iuratus Honorii and the Christian Reception of Angel Magic". In: FANGER, C. (ed.). *Invoking Angels*: Theurgic Ideas and Practices, Thirteenth to Sixteenth Centuries. University Park, PA: Pennsylvania State University Press, 2012.

MIDELFORT, H.C.E. "The Devil and the German People: Reflections on the Popularity of Demon Possession in Sixteenth-Century Germany". In: OZMENT, S.E. (ed.). *Religion and Culture in the Renaissance and Reformation*. Kirksville, MO: Sixteenth Century Publishers, 1989.

MONTAGU, R. *The Acts and Monuments of the Church before Christ Incarnate*. Londres, 1642.

MONTER, E.W. *Witchcraft in France and Switzerland*: The Borderlands during the Reformation. Ithaca, NY/Londres: Cornell University Press, 1976.

MORA, G. (ed.). *Witches, Devils, and Doctors in the Renaissance: Johann Weyer, De Praestigiis Daemonum*. Binghamton, NY: Medieval and Renaissance Texts and Studies, 1991.

MORE, G. *A True Discourse Concerning the Certain Possession and Dispossession of 7 Persons in One Family in Lancashire*. Londres, 1600.

MORE, H. "The Immortality of the Soul". In: MORE, H. *A Collection of Several Philosophical Writings*. Londres, 1662.

_____. *The Immortality of the Soul, so Farre forth as it is Demonstrable from the Knowledge of Nature and the Light of Reason*. Londres, 1659.

_____. *An Antidote against Atheisme*. Londres, 1652.

MOSHER, D.L. (trad.). *Saint Augustine*: Eight-Three Different Questions. Washington, DC: Catholic University of America Press, 1982.

MUMFORD, J. *The Catholic-Scripturist*: Or, The Plea of the Roman Catholics. Edimburgo, 1687.

MURDOCH, B. *The Apocryphal Adam and Eve in Medieval Europe*. Oxford: Oxford University Press, 2009.

NAPIER, J. *A Plaine Discovery of the Whole Revelation of Saint John*. Edimburgo, 1593.

NEUSNER, J. *Genesis Rabbah* – The Judaic Commentary to the Book of Genesis: A new American Translation. Atlanta, GA: Scholars Press, 1985.

NEVINSON, C. *Later Writings of Bishop Hooper*. Cambridge: Cambridge University Press, 1852.

NEWMAN, W.R. "An Overview of Roger Bacon's Alchemy". In: HACKETT, J. (ed.). *Roger Bacon and the Sciences*: Commemorative Essays. Leiden: Brill, 1997.

NEWPORT, K.G.C. *Apocalypse and Millennium*: Studies in Biblical Eisegesis. Cambridge: Cambridge University Press, 2000.

NICKELSBURG, G.W.E. *A Commentary on the Book of 1Enoch, chapters 1–36; 81–108*. Mineápolis: Fortress Press, 2001.

O'CEALLAIGH, G.C. "Dating the Commentaries of Nicodemus". In: *Harvard Theological Review*, vol. 56, 1963, p. 21-58.

PAGELS, E. *The Origin of Satan*. Nova York: Random House, 1995.

_____. "The Social History of Satan, the 'Intimate Enemy': A Preliminary Sketch". In: *Harvard Theological Review*, vol. 84, 1991, p. 105-128.

PALMER, P.M. & MORE, R.P. *The Sources of the Faust Tradition from Simon Magus to Lessing*. Nova York: Oxford University Press, 1936.

PATRIDES, C.A. "The Salvation of Satan". In: *Journal of the History of Ideas*, vol. 28, 1967, p. 467-478.

PAXIA, G. (trad.). *The Devil's Scourge*: Exorcism during the Italian Renaissance. Boston, MA: Weiser Books, 2002.

PERKINS, W. *A Discourse of the Damned Art of Witchcraft*. Cambridge, 1608.

PINGREE, D. "The Diffusion of Arabic Magical Texts in Western Europe". In: BURNETT, C.S.F. et al. (eds.). *La Diffusione delle Scienze Islamiche nel Medioevo Europeo*. Roma: Accademia Nazionale dei Lincei, 1987.

POTTS, T. *The Wonderfull Discoverie of Witches in the Countie of Lancaster*. Londres, 1613.

PRATTEN, B.P.; DODS, M.D. & SMITH, T. (trads.). *The Writings of Tatian and Theophilus, and the Clementine Recognitions*. Edimburgo: T. & T. Clark, 1883 [Ante-Nicene Christian Library, vol. 3].

PRINGLE, W. (trad.). *Commentary on a Harmony of the Evangelists, Matthew, Mark, and Luke by John Calvin*. Grand Rapids, MI: Baker Book House, 1984.

RANKIN, D.I. *From Clement to Origen*: The Social and Historical Context of the Church Fathers. Aldershot: Ashgate, 2006.

RASHDALL, H. *The Idea of Atonement in Christian Theology*. Londres: Macmillan, 1919.

REED, A.Y. "The Trickery of the Fallen Angels and the Demonic Mimesis of the Divine: Aetiology, Demonology, and Polemics in the Writings of Justin Martyr". In: *Journal of Early Christian Studies*, vol. 12, 2004, p. 141-171.

RIDDLE, M.B. (trad.). "Acts of the Apostles Peter and Paul". In: ROBERTS, A. & DONALDSON, J. (eds.). *The Ante-Nicene Fathers*. Vol. 8. Grand Rapids, MI: Eerdmans, 1951.

RIDER, C. *Magic and Impotence in the Middle Ages*. Oxford: Oxford University Press, 2006.

ROBERTS, A. *A Treatise of Witchcraft*. Londres, 1616.

ROBERTS, A. & DONALDSON, J. (eds.). *Fathers of the Third Century*. Peabody, MA: Hendrickson Publishers, 2004 [The Ante-Nicene Fathers, vol. 6].

_____. *Latin Christianity*: Its Founder, Tertullian. Grand Rapids, MI: Eerdmans, 1980 [The Ante-Nicene Fathers, vol. 3].

ROBERTS, A., DONALDSON, J. & RAMBAUT, W.H. (trads.). *The Writings of Irenaeus*. Vol. 2. Edimburgo: T. & T. Clark, 1883 [Ante-Nicene Christian Library, vol. 9].

ROPER, L. *Witch Craze*: Terror and Fantasy in Baroque Germany. New Haven, CT/Londres: Yale University Press, 2004.

RUSCONI, R. "Antichrist and Antichrists". In: McGINN, B. (ed.). *The Encyclopedia of Apocalypticism* – Vol. 2: Apocalypticism in Western History and Culture. Nova York/Londres: Continuum, 2000, p. 287-325.

RUSSEL, J.B. *Satan*: The Early Christian Tradition. Ithaca, NY/Londres: Cornell University Press, 1987.

_____. *Lucifer*: The Devil in the Middle Ages. Ithaca, NY/Londres: Cornell University Press, 1984.

_____. *Witchcraft in the Middle Ages*. Ithaca, NY/Londres: Cornell University Press, 1972.

RUST, G. *A Letter of Resolution Concerning Origen and the Chief of his Opinions*. Londres, 1661.

RYAN, G. & RIPPERGER, H. (trad.). *The Golden Legend of Jacobus de Voragine*. Nova York: Arno Press, 1969.

SCHAFF, P. (ed.). *St. Augustine's City of God and Christian Doctrine*. Búfalo, NY: Christian Literature, 1887.

SCHECK, T.P. (trad.). *Homilies on Numbers*: Origen. Downers Grove, IL: IVP Academic, 2009.

SCHLEIERMACHER, F. *The Christian Faith*. Edimburgo: T. & T. Clark, 1928.

SCHNEEMELCHER, W. *New Testament Apocrypha*. Vol. 2. Cambridge: James Clarke, 1991.

SCHREIBER, S. "The Great Opponent: The Devil in Early Jewish and Formative Christian Literature". In: REITERER, F.V. et al. (eds.). *The Concept of Celestial Beings*: Origins, Development and Reception. Berlim: Walter de Gruyter, 2007.

SCOT, R. *The Discoverie of Witchcraft*. Londres, 1584.

SCOTT, H.E. & BLAND, C.C.S. *The Dialogue on Miracles*: Caesarius of Heisterbach (1220-1235). Londres: George Routledge & Sons, 1929.

SCOTT, R.A. (trad.). *On the Demon-Mania of Witches*. Toronto: Centre for Reformation and Renaissance Studies, 1995.

SHARPE, J. *The Bewitching of Anne Gunter*. Londres: Profile, 1999.

SHARROCK, R. *De Finibus Virtutis Christianae*. Oxford, 1673.

SHARROCK, R. (ed.). *The Miscellaneous Works of John Bunyan*. Oxford: Clarendon Press, 1976-.

SHIRLEY, S. (trad.). *Spinoza*: The Letters. Indianápolis/Cambridge: Hackett Publishing Company, 1995.

SHOWER, J. *Heaven and Hell*: Or, The Unchangeable State of Happiness or Misery for All Mankind in Another World. Londres, 1700.

SINKEWICZ, R.E. *Evagrius of Pontus*: The Greek Ascetic Corpus. Oxford: Oxford University Press, 2003.

SMITH, G.A. "How Thin is a Demon?" In: *Journal of Early Christian Studies*, vol. 16, 2008, p. 479-512.

STEARNE, J. *The Discoverie of Witchcraft*. Londres, 1648.

STEPHENS, W. *Demon Lovers*: Witchcraft, Sex, and the Crisis of Belief. Chicago: University of Chicago Press, 2002.

STEUDEL, A. "God and Belial". In: SCHIFFMAN, L.; TOV, E. & VANDERKAM, J. (eds.). *The Dead Sea Scrolls*: Fifty Years After their Discovery, 1947-1997. Jerusalém: IES, 2000.

STONE, H. & WILLIAMS, G.S. (trads.). *On the Inconstancy of Witches*: Pierre de Lancres Tableau de l'Inconstance des Mauvais Anges et Demons (1612). Tempe, AZ: Arizona Center for Medieval and Renaissance Studies with Brepols, 2006.

STRAW, C. *Gregory the Great*: Perfection in Imperfection. Berkeley, CA: University of California Press, 1988.

STUBBS, W. (ed.). *Gesta Regis Henrici Secundi Benedicti Abbatis: The Chronicle of the Reigns of Henry II, and Richard I. A.D. 1169-1192* – Known Commonly under the Name of Benedict of Peterborough. Londres: Longmans/Green/Reader/Dyer, 1867.

STUCKENBRUCK, L. "The Origins of Evil in Jewish Apocalyptic Tradition: The Interpretation of Genesis 6: 1-4 in the Second and Third Centuries B.C.E." In: AUFFARTH, C. & STUCKENBRUCK, L.T. (eds.). *The Fall of the Angels*. Leiden/Boston, MA: Brill, 2004.

SUMMERS, M. (ed.). *An Examen of Witches (Discours Des Sorciers)* by Henri Boguet. Warrington: Portrayer, 2002.

_____. *Demoniality by Ludovico Maria Sinistrari Friar Minor*. Nova York: Benjamin Blom, 1972.

SUMMERS, M. (trad.). *The Malleus Maleficarum of Heinrich Kramer and James Sprenger*. Nova York: Dover, 1971.

SWAN, J. *A True and Breife Report, of Mary Glovers Vexation*. Londres, 1603.

TAYLOR, J. (trad.). *The* Didascalicon *of Hugh of St. Victor*. Nova York: Columbia University Press, 1991.

TERTULLIAN. "The Prescription against Heretics". In: ROBERTS, A. & DONALDSON, J. (eds.). *Latin Christianity*: Its Founder, Tertullian. Grand Rapids, MI: Eerdmans, 1980 [The Ante-Nicene Fathers, vol. 3].

THELWALL, S. (trad.). *The Writings of Quintus Sept. Flor. Tertullianus*. Vol. 1. Edimburgo: T. & T. Clark, 1882 [Ante-Nicene Christian Library, vol. 11].

_____. *The Writings of Quintus Sept. Flor. Tertullianus*. Vol. 3. Edimburgo: T. & T. Clark, 1880 [Ante-Nicene Christian Library, vol. 18].

THORNDIKE, L. *Michael Scot*. Londres: Nelson, 1965.

_____. *A History of Magic and Experimental Science*. Nova York: Columbia University Press, 1923-1958.

THWAITES, E. *A Marvellous Work of Late Done*. Londres, 1576.

TRUMBOWER, J.A. *Rescue for the Dead*: The Posthumous Salvation of Non-Christians in Early Christianity. Oxford: Oxford University Press, 2001.

TSCHACHER, W. *Der Formicarius des Johannes Nider von 1437/1438*. Aachen: Shaker Verlag, 2000.

TURNER, R.V. "Descendit ad Inferos: Medieval Views on Christ's Descent into Hell and the Salvation of the Ancient Just". In: *Journal of the History of Ideas*, vol. 27, 1966, p. 173-194.

TWELFTREE, G.H. *Jesus the Exorcist*: A Contribution to the Study of the Historical Jesus. Tubinga: J.C.B. Mohr, 1993.

VANDERKAM, J.C. *The Book of Jubilees*. Sheffield: Sheffield Academic Press, 2001.

_____. "1Enoch, Enochic Motifs, and Enoch in Early Christian Literature". In: VANDERKAM, J.C. *The Jewish Apocalyptic Heritage in Early Christianity*. Assen/Mineápolis: Van Gorcum/ Fortress Press, 1996.

VAN DER TOORN, K.; BECKING, B. & VAN DER HORST, P.W. *Dictionary of Deities and Demons in the Bible*. Leiden: Brill, 1995.

WAKEFIELD, W.P. & EVANS, A.P. *Heresies of the High Middle Ages* – Selected Sources Translated and Annotated. Nova York/ Londres: Columbia University Press, 1969.

WALKER, D.P. "The Cessation of Miracles". In: MERKEL, I. & DEBUS, A.G. (eds.). *Hermeticism and the Renaissance*: Intellectual History and the Occult in Early Modern Europe. Washington, DC: Folger, 1988.

_____. *Unclean Spirits*: Possession and Exorcism in France and England in the Late Sixteenth and Early Seventeenth Centuries. Filadélfia: University of Pennsylvania Press, 1981.

WALLIS, R.E. (trad.). "On Jealousy and Envy". In: ROBERTS, A. & DONALDSON, J. (eds.). *The Writings of Cyprian, Bishop of Carthage*. Vol. 2. Edimburgo: T. & T. Clark, 1880 [Ante-Nicene Christian Library, vol. 13].

WATSON, N. "John the Monk's Book of Visions of the Blessed and Undefiled Virgin Mary". In: FANGER, C. (ed.). *Conjuring Spirits*: Texts and Traditions of Medieval Ritual Magic. Stroud: Sutton Press, 1998.

WILLIS, T. *The Londres Practice of Physick*. Londres, 1685.

YOUNG, F.M. "Insight or Incoherence? – The Greek Fathers on God and Evil". In: *Journal of Ecclesiastical History*, vol. 24, 1973, p. 113-126.

ZAMBELLI, P. *The Speculum Astronomiae and its Enigma*. Dordrecht: Kluwer Academic, 1992.

ZIMMERMAN, O.J. (trad.). *Saint Gregory the Great*: Dialogues. Washington, DC: Catholic University of America, 1959.

# Índice

Adão 26, 27, 35, 36, 54-58,
  64-68, 75, 78, 84, 87,
  89-90, 107
  e Eva 26-27, 36, 52, 54-58,
  61, 64-68, 75, 107, 203, 302
Adso 247-249, 250, 251, 267
Angelologia 26-27, 105,
  111-113, 133
Anselmo de Cantuária 85,
  100-101
Anticristo 76, 248-249
  derrota do 244, 247, 252-255,
  267
  e o juízo de Deus 251
  e papel como perseguidor
  241, 247-252
  identificação com o Papado
  e o 244, 257-267, 279-281
  local de nascimento 249
  marca do 250
  poder do 128, 244
  sinais e maravilhas do 244
  tempo do 95, 238, 242-248,
  252-253, 256, 262, 266
Apocalipse de Moisés 66, 67
Astrologia 33, 115, 118,
  122-124, 126-128, 190, 303

Ateísmo 30, 233, 293, 295,
  300
Atenágoras 32
*Atos dos Apóstolos Pedro e
  Paulo* 50, 112, 116-119
Azael 24-25, 37, 45

Bacon, Roger 125-128
Balaão 38-39
Bale, João 258-260
Bancroft, Ricardo 208, 232
Barnabé 51, 115
Baxter, Ricardo 210
Beaune, João de 103, 138
Bekker, Baltasar 170, 300-304
Belarmino, Roberto 266-267
Belial 37, 41-44, 132
Beliar 46
Belzebu 37, 46, 49, 132, 191,
  204
Bento XI, papa 256
Bernardino de Sena 174
Boaventura 91, 95, 166-169
Boguet, Henrique 151, 156,
  159, 183, 194-195, 202

Bonifácio II, papa  260
Bonifácio VIII, papa  256
Boxtel, Hugo  295
Boyle, Roberto  297
Bradwell, Stephen  207
Brightman, Tomás  259, 263
Bromhall, Tomás  271
Brown, Pedro  139
Browne, Tomás  210
Bruxaria  141-147, 185-186, 190, 196, 224-225, 283, 286-288, 305-306
  e gênero  147-156
  julgamentos por  142, 146, 173, 195-198, 206, 210, 226
Bruxas
  confissões de  144, 150-152, 155, 174
  de Lancashire  171-173, 223, 226, 239
  e a marca do Diabo  193-196, 198-199
  e antimães  174, 197
  e caça às  141, 156, 174, 195
  e espíritos familiares  196-198, 226, 283, 289
  e heresia  64, 144-146, 149, 154, 184, 196
  e infanticídio  171-177, 181, 187
  e pacto com Satanás  186, 194-195
  perseguição às  64, 104, 142, 152, 196
  transporte, mágica do  172, 175-184
Bunyan, João  269-270
Burgh, Alfredo  269
Burton, Roberto  210-211

Calvinismo  193-195, 258
Calvino, João  258, 280
Canibalismo  171-174, 181
Cátaros  105, 108-111, 142-145
Cesário de Heisterbach  164-165
Céu  24, 31-33, 43, 48, 50-51, 52-53, 58-61, 66, 68, 71, 74, 86, 91-92, 99-100, 106, 108, 116, 129, 134, 146, 202, 218, 238, 245, 255, 261, 265, 268, 297
Clark, Stuart  290
Clemente de Alexandria  87
*Commentaries in Apocalypsin ante Centum Annos Aeditus*  257
Concílio de Basileia  142
Condenados  91-92, 99-101, 268-273, 306
Constantino  262-263
Constâncio de Lyon  179
Cotta, João  220, 234
Cranmer, Tomás  218
Crisóstomo, João  81-82
Cudworth, Ralph  296, 298

Dalton, Miguel 198
Daneau, Lambert 193, 196
Daniel 251, 265
Dante 92, 122
Daston, Lorraine 285-287
Deacon, João 205, 211-212
Defoe, Daniel 275, 303, 305
Del Rio, Martín 181
Della Mirandola, Gianfrancesco Pico 151, 155
Della Porta, Giambattista 182-183
Della Spina, Bartolomeu 178-181
Demônios 20, 25, 28, 30, 32, 37, 38, 49, 58-60, 63, 69-71, 75-76, 80, 96-98, 101-103, 109, 111, 118, 131-133, 140, 144, 147, 179, 186-187, 255, 276, 289-292, 296-297, 301-302
  corporalidade de 113, 160-170, 288, 292-293
  e magia 33, 103-105, 114-141, 186
  e sexo e sexualidade 113, 149-160, 168-169, 197, 288, 295
  e torturadores dos mortos 89-93, 99, 270
  localização dos 95, 99
  nomes dos 131
  poderes dos 162-163, 176, 180, 221
  príncipe dos 37, 43-46, 58
Demonologia 68, 93, 105, 111, 120, 133, 148, 150, 169, 178, 190, 199, 282-283, 286-288, 292-293, 301-302
  calvinista 193-194
  católica 96, 148, 194
  cristã 42, 68, 83, 89, 306
  e James I, rei da Inglaterra 142, 198, 275
  e Tomás de Aquino 96-99, 112, 167
  europeia 173
  forense 213-221
  judaica 23, 26, 42
  ocidental 29, 74
  protestante 230
Descartes, René 298, 302
Deus
  banimento do Diabo by 62, 70, 106
  bondade de 39, 41, 75, 81, 97, 105, 108, 272
  e conflito com Satanás 40, 69-71, 77, 84-86, 105, 224
  e destruição da humanidade 22, 25-26
  e maldição da serpente 57
  filhos de 20-23, 27, 34-37
  inimigos de 26, 100
  ira de 66, 74, 270-273
  juízo de 251, 254

justiça de 73, 86, 271-272
milagres operados por 113, 276-282
providência de 86, 252, 277, 301
Reino de 47-145, 255, 258, 264
soberania 42, 223, 302
Deuses dos gregos e romanos 30, 61, 118
Dia do Juízo 25, 27-30, 94-96, 99, 238, 265
Dilúvio, o 22-23, 25-28, 33, 36
Dionísio; cf. Pseudo-Dionísio
Dragão
queda do 51-53, 243, 254
Drage, Guilherme 220
Dualismo/dualistas 41-42, 69, 86, 105, 108, 133, 301-302

Endemoninhado(s) 202, 219-221, 224-228, 231-239
comportamento animalesco 222
e epilepsia 209-210
e histeria 208
fraudulência dos 213-214, 235-236, 239
geraseno 47-48, 204, 233
cf. tb. Exorcismo
Epifanés, Antíoco, imperador 248-250
*Episcopi*, cânon 176-181
Erasmo (de Roterdã) 73

Erígena, João Escoto 112
Escoto, Miguel 121-123
Escoto, Reginaldo 170, 182, 198, 288-291, 298, 302
Essênios 41
Eugênio IV, papa 138, 140, 184
Eva 26, 64-67, 107, 148
cf. tb. Adão
Evágrio Pôntico 162
Evangelho de Nicodemos 87-90
Exorcismo 49, 131, 173, 205-206, 208, 211, 227-233, 236-238, 293
Expiação
Teoria do Resgate pela 77, 101, 111
Eymeric, Nicolau 177

Fariseus 49
Filhos
da justiça 43-45
da luz 43-45
Focas, imperador 260
Franciscanos "espirituais" 255-257
Fründ, João 176

Gearing, Guilherme 269-270
Géraud, Hugues 105

Gesner, Conrado  211
Gigantes  22-28, 32, 48, 60,
    161, 170
    cf. tb. *Nefilim*
Glanvill, Joseph  276, 282-284,
    295-297, 299
Gnóstico(s)  60, 69
Goethe, Johann Wolfgang von
    190
Gog  53, 247, 254, 257,
    260-261, 265, 267
Goodwin, Tomás  272
Graciano  176
Gregório de Nissa  80-84
Gregório Magno, papa  83-87,
    98, 111, 164, 203
Guazzo, Francisco Maria  187,
    203, 215
Gui, Bernardo  103, 138-140,
    177
Guilherme de Auvérnia
    123-125

Hades  53, 79
    desolação do  86-93
Harsnett, Samuel  204, 208,
    211-212, 232, 233, 235
Heresia/hereges  63-64, 104,
    141, 143, 145-146, 170, 174,
    196, 252-255, 260
Hilduíno, abade de São Diniz
    112
Hobbes, Tomás  205, 278,
    291-293, 297-298, 300

Hogarth, Guilherme  274-276,
    303
Honório de Tebas  134-135
Hugo de São Vítor  121-122
Hume, Davi  261, 282
Hutchinson, Francis  306
Hutchinson, Jaime  195

Íncubo(s)  36, 149, 156, 169,
    290
Inferno  30, 36, 74, 85-87,
    90-91, 93-96, 99-103, 106,
    109-111, 192, 218, 238-240,
    260, 270, 301, 305
    descenso de Cristo ao  87-88,
        89, 110-111
    desolação do  29, 86-88, 111
    fogo/chamas do  99, 107, 263,
        267-273
    poderes do  86, 129
    tormento do  72, 90-92, 238,
        265, 268-273
Inocêncio VIII, papa  153
Irineu  61, 78-79
Iscariotes, Judas  50
Isidoro de Sevilha  119-120, 164
Israel, Jonathan  300

Jacquier, Nicolau  150, 178
Jaime VI e I, rei da Escócia e
    da Inglaterra  142, 198,
    208-209, 219, 237, 276

Jardim do Éden 26, 38, 52,
    54-56, 57, 62, 65-68, 80,
    100, 148, 203, 222, 302
  e a árvore da vida 56, 57
  e a árvore do conhecimento
    27, 56-57, 67
  e Paraíso 65-67, 107
  inveja 61, 67, 97-98, 136,
    294
  localização do 56
  rio do 56
  serpente do 38, 51, 54,
    57-61, 67-68, 148, 302
Jewel, João, bispo de Salisbury
    244
João de Lúgio 109-110
João de Morigny 136
João de Patmos 52
João XXII, papa 101-104, 129,
    136, 138, 256
Joaquim de Fiore 105, 252-260
Johnstone, Nathan 290
Jorden, Eduardo 206-208, 229
Judas; cf. Iscariotes, Judas
Julio Africano 34
Justino Mártir 31, 32, 58-64

Knox, João 195
Kramer, Henrique 148-150,
    152-156, 175-176

Lactâncio 32-34, 36
Lancre, Pedro de 156-159, 171
Leão X, papa 257

Lêmnio, Levino 209, 224
Livre-arbítrio 34, 58, 63,
    70-72, 75-76, 83, 96-98,
    109, 124
Livro
  do Apocalipse 46-47, 52-54,
    93-95, 230, 237, 241-243,
    251, 254-261, 264-266
  dos Jubileus 26-29, 37, 41,
    49
Lombardo, Pedro 91-95, 112,
    165-166
Love, Cristóvão 270
Lúcifer 37, 46, 54, 68, 74,
    93-95, 132, 191
Lutero, Martinho 73, 155,
    257-258, 280

Magia 117-130, 135-137, 139,
    141, 146, 185-186, 190,
    279, 286, 301, 306
  angelical 31, 135-137, 287
  demoníaca 33, 103-104,
    114, 119, 124, 127-132,
    137-140, 287
  demonização da 114-120
  e adivinhação 120-123
  e cristianismo antigo 117
  e feiticeiros 139
  e inquisidores 140
  e o Diabo 101, 113, 120, 128
  imagem 105, 114, 124
  natural 114, 120, 123, 128,
    137, 182, 282-283,
    285-287

ritual 115, 131, 133, 137-138, 186, 287
sacerdotal 228
taxonomia da 119
cf. tb. Necromancia; Bruxas
Mágicos 104, 116-117, 125-127, 129, 133-134, 141-142, 146, 182, 185-187, 188-190, 247, 250, 303
Magno, Alberto 92, 124
Mago, Simão 116-117, 190, 256
Magog 53, 247, 258, 260-262, 265, 267
Mal
 da humanidade 28
 domínio do 109-111
 e bem 43, 49, 56-57, 71, 75, 202, 205
 e Deus 108-111
 e espíritos 21, 23, 25-29, 31, 37, 84, 130-131, 176, 209-211, 216, 221, 227-229, 233, 250, 276, 283
 origem do 20, 23, 34, 36, 42-43, 108
Maligno 46-47, 51, 79
*Manuscritos do Mar Morto* 41, 45
Maomé 258, 260-261
Maria a Virgem 107, 129, 136, 187-189, 192
Marlowe, Christopher 190
Mastema 28-29, 37-38, 45, 49

Mather, Cotton 210
Mede, José 259, 264
Menghi, Girolamo 227
Midelfort, Erik 201
Milagres 113, 118, 276-282, 284, 301
Montagu, Ricardo 74
More, Henrique 270, 276, 295-299
Muçulmanos 253, 258, 262-264

Napier, John 259-263
Necromancia 115, 118, 124-125, 130-133, 138-139, 142, 147, 190, 260, 287
*Nefilim* 20-22, 24
Neopolitano, João Batista; cf. Della Porta, Giambattista
Nero, imperador 116, 244, 248-250, 253, 256, 258
Níder, João 147-149, 175, 179, 209

Olivi, Pedro 255-256
Orígenes 68-74, 75, 79, 87, 97, 160-162

Pagels, Elaine 23, 40
Paraíso 86, 89
 cf. tb. Jardim do Éden
Park, Catarina 285-287
Passavanti, Jacopo 277

Paulo, monge beneditino de Chartres 145
Pedro Godin, cardeal Guilherme 103
Perkins, Guilherme 185-186, 282
Porfírio 160
Priérias, Silvestre 155
Príncipe
 das luzes 43-44
 das trevas 43, 139
Pseudo-Dionísio 112
Purgatório 91-92
Puritanos 200, 205, 212, 231, 263, 270, 282

Qumrã 41

Religião greco-romana 30, 64, 117-118
Remy, Nicolau 194
Ribera, Francisco 266
Roberts, Alexandre 148
Russell, Jeffrey Burton 98
Rust, Jorge 73, 75

*Sabbat* 142, 146, 171-173, 177-188, 241, 290
 aparição do Diabo no 143
 sacrifícios no 143
 viagens ao 175-178, 180-184, 188, 284
Sacconi, Rainier 109-110
Saladino 253

Santo Agostinho 35-37, 72, 80-82, 86, 100, 118, 127, 139, 160-168, 185, 241-247, 252-253, 257-267
Santo Antão 161-162
São Filipe, Ângelo Maria de 272
São Jerônimo 22
Satanás
 aprisionamento no Hades 53, 59, 86, 88-90, 93-96, 108, 240-242
 derrota de 51-53, 247, 264, 267, 305
 e a besta do Apocalipse 243
 emissário de Deus 38-42, 224
 e o chefe dos anjos 58, 83, 97
 e punidor dos perversos 89-91, 99
 e soberba 67, 69, 83
 e superstição 274
 e tentação de Cristo 48-50
 exército de 255
 furor de 219, 237-239
 identificação com a serpente 27, 51-53, 57-59, 67
 nascimento de 37-39, 43
 nomes alternativos para 37-38, 45-46
 papéis de 270
 prisão de 240-241, 245, 252-265, 267
 queda de 51, 54-59, 61-65, 67-70, 73, 76, 77, 84, 97

Satanismo 170, 290
Schleiermacher, Friedrich 306
Semiaza 23-25, 28, 37, 45
Sentinelas 23-26, 28, 32, 42, 60, 68
*Septuaginta* 22, 45
Sérgio Paulo 51, 115
Serpente; cf. Jardim do Éden
Shakespeare, William 235
Sharrock, Robert 269
*Sheol* 89
Shower, João 268-269
Silvestre, papa 260
Soberba 67, 69, 74-75, 83, 94, 95, 97-98, 136, 289
Spies, João 190
Spinoza, Baruc de 282, 294-295, 297-298, 300
Sprenger, Jacó 153, 209
Stearne, João 148
Stephens, Walter 149
Súcubos 156
Swan, João 240

Taciano 59-61
Tártaro 90
Teodoreto, bispo de Cirro 34
Teófilo de Antioquia 61-62, 188-190, 192

Teoria do Resgate pela Expiação 77-85, 101-103
Tertuliano 62-64, 68
Thietland de Einsiedeln 245-247
Tholosan, Claude 146-147
Tomás de Aquino 92, 96-101, 112, 124, 153, 167-169, 186, 276
Tomás de Cantimprato 153

Ubertino de Casale 256
Universidade de Paris 131, 133-135, 186

Virgem Maria; cf. Maria a Virgem
Voragine, Tiago de 92, 116, 179

Walker, Daniel P. 202, 279
Walker, John 205, 211-212
Weyer, João 182
Whiston, Guilherme 237

Young, Frances 77

Zoroastriana, Pérsia 119

## CULTURAL

Administração
Antropologia
Biografias
Comunicação
Dinâmicas e Jogos
Ecologia e Meio Ambiente
Educação e Pedagogia
Filosofia
História
Letras e Literatura
Obras de referência
Política
Psicologia
Saúde e Nutrição
Serviço Social e Trabalho
Sociologia

## CATEQUÉTICO PASTORAL

**Catequese**
Geral
Crisma
Primeira Eucaristia

**Pastoral**
Geral
Sacramental
Familiar
Social
Ensino Religioso Escolar

## TEOLÓGICO ESPIRITUAL

Biografias
Devocionários
Espiritualidade e Mística
Espiritualidade Mariana
Franciscanismo
Autoconhecimento
Liturgia
Obras de referência
Sagrada Escritura e Livros Apócrifos

**Teologia**
Bíblica
Histórica
Prática
Sistemática

## REVISTAS

Concilium
Estudos Bíblicos
Grande Sinal
REB (Revista Eclesiástica Brasileira)

## VOZES NOBILIS

Uma linha editorial especial, com importantes autores, alto valor agregado e qualidade superior.

## VOZES DE BOLSO

Obras clássicas de Ciências Humanas em formato de bolso.

## PRODUTOS SAZONAIS

Folhinha do Sagrado Coração de Jesus
Calendário de mesa do Sagrado Coração de Jesus
Agenda do Sagrado Coração de Jesus
Almanaque Santo Antônio
Agendinha
Diário Vozes
Meditações para o dia a dia
Encontro diário com Deus
Guia Litúrgico

CADASTRE-SE
**www.vozes.com.br**

**EDITORA VOZES LTDA.**
**Rua Frei Luís, 100 – Centro – Cep 25689-900 – Petrópolis, RJ**
**Tel.: (24) 2233-9000 – Fax: (24) 2231-4676 – E-mail: vendas@vozes.com.br**

UNIDADES NO BRASIL: Belo Horizonte, MG – Brasília, DF – Campinas, SP – Cuiabá, MT
Curitiba, PR – Fortaleza, CE – Goiânia, GO – Juiz de Fora, MG
Manaus, AM – Petrópolis, RJ – Porto Alegre, RS – Recife, PE – Rio de Janeiro, RJ
Salvador, BA – São Paulo, SP